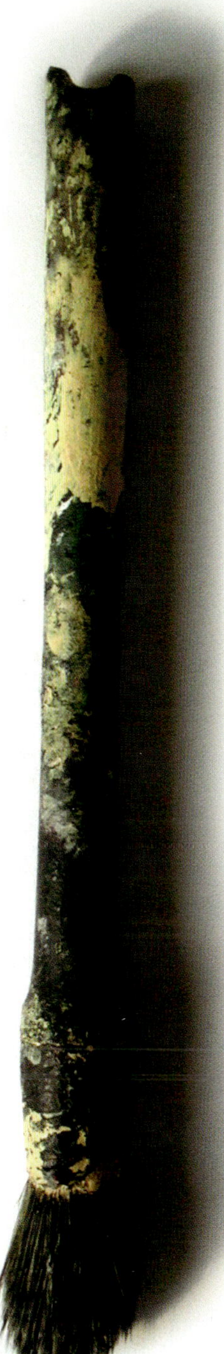

“ M.CHAT.VUILLE ’

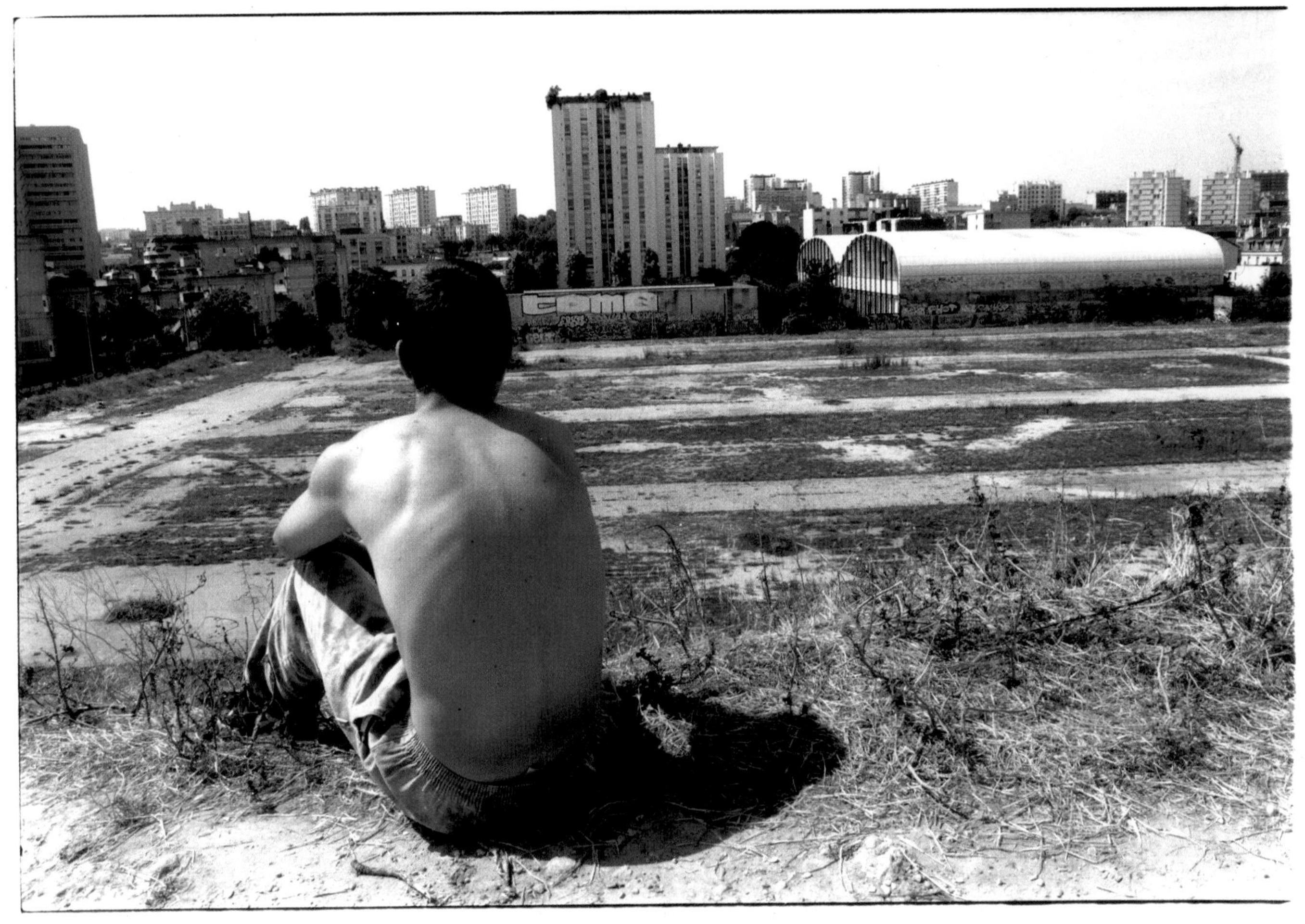

Note au lecteur

L'ordinateur portable sur lequel j'ai commencé ce livre et le disque dur renfermant toutes les archives que je conserve depuis 1997, m'ont été dérobés lors d'un de mes derniers voyages.
Par chance, j'ai pu récupérer, grâce aux messages envoyés par Internet, les photographies les plus importantes. Certaines d'entre elles étant en basse définition apparaîtront pixelisées, je m'excuse d'avance de ce désagrément.
J'ai tenté de compiler dans ce livre l'essentiel que proches et inconnus ont conservé de ma vie, les seules traces qui prouvent que je n'ai pas rêvé... Ce livre est le seul rempart que je puisse construire contre l'obscurité. Comme les êtres vivants, les peintures disparaissent avec les années qui passent...

Avant-propos

Le cadre de mon travail est la ville, ses rues, ses murs, et le regard de ceux qui l'habitent. J'utilise la rue et l'environnement public comme une toile, cherchant à proposer aux passants des fenêtres imaginatives et colorées. Je marque mes parcours dans l'espace urbain.

Je cherche à participer à la naissance et à l'échange d'une culture de proximité. Il s'agit avant tout de rendre « beau » l'environnement que je traverse ; en utilisant les moyens que je prends, ou que l'on me donne. Lassé par l'individualisme du graffiti, je cherche depuis plusieurs années à développer une idée fédératrice et positive. En 1997, lors d'un atelier de dessin à l'école du Nécotin dans le quartier de l'Argonne à Orléans, une petite fille me tend, sourire aux lèvres, un dessin de chat. L'enthousiasme et la naïveté marquent à jamais ma mémoire, le personnage se peaufine et l'envie d'offrir des sourires s'étoffe.

Depuis ce jour, ma principale activité est de peindre des sourires jaunes. Des centaines de chats sont nés sur les toits des capitales européennes, situés à des emplacements visibles du plus grand nombre. Ils assurent un réseau d'optimisme international.

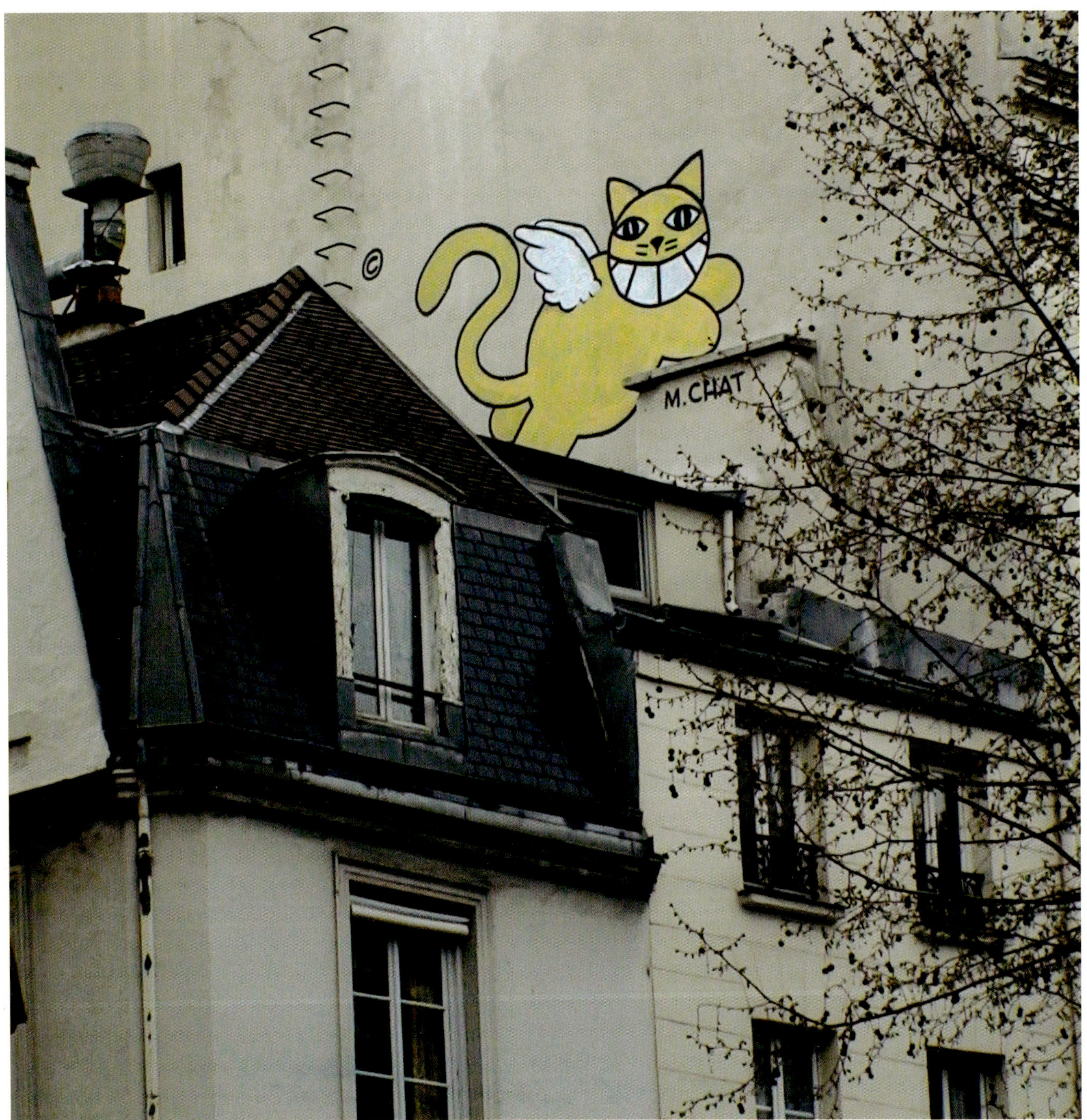

Un chat jaune et noir, mesurant, autant qu'on pouvait en juger du boulevard, trois bons mètres...

Elle devait pourtant exister quelque part, cette voie véritable qu'il avait cherchée en vain toute sa vie... Il n'aurait pas su dire comment, ni où, ni quand, mais elle serait bien découverte un jour... Cette idée, telle une mélodie intérieure imperceptible, lui donnait du cœur à l'ouvrage.

Ivo Andric,
La Chronique de Travnik

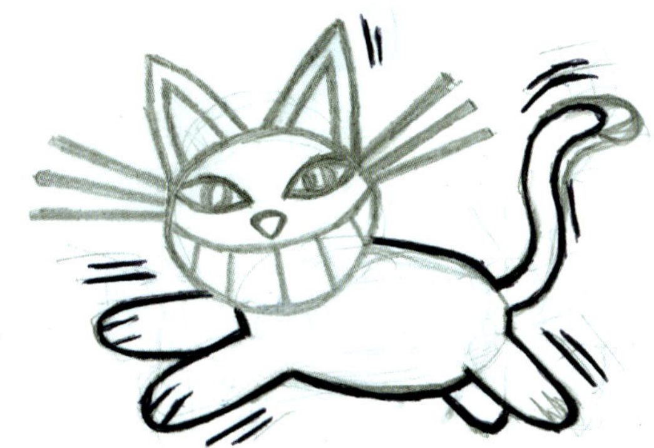

(...) Un chat sur un toit, rien d'étonnant. Mais un chat jaune et noir, mesurant, autant qu'on pouvait en juger du boulevard, trois bons mètres, soit toute la hauteur du flanc de la cheminée ? Un chat qui souriait résolument, bien décidé à garder son sourire, lequel semblait bien décidé lui aussi à ne pas quitter le chat. Pas question de chat sans sourire ni de sourire sans chat, ni de rien de tout ça. Chat et sourire ne faisaient qu'un.

Après tout, c'est le propre des dessinateurs de tags d'aller nicher leurs œuvres dans des endroits impossibles. On se demande comment ils ont fait et puis on pense à autre chose. Leur travail hâtif est par définition périssable. Mais ce chat-là n'était pas l'œuvre d'un tagueur pressé. On eût dit qu'il était là depuis toujours, suspendu au ciel bien avant que ne soient construits l'immeuble, ses six étages et sa cheminée. Qu'il était fait pour durer et que, vraiment, du haut des airs, il contemplait le monde comme ne savent le faire que les chats. Les chats qui vont tout seuls. Les chats de la liberté. Avec, dans ses yeux immenses dont on ne pouvait voir à distance s'ils étaient dorés, cette sérénité silencieuse que Luc avait l'habitude de lire dans ceux de Caliban. Quant au sourire, était-il réellement joyeux ? Ou n'était-il pas plutôt de vague commisération : de là-haut je vous observe, je vous vois vous démener, crier... etc., et moi j'attends mon tour et alors vous verrez.

Cette découverte aurait pu rester unique. Mais bientôt Luc repéra d'autres chats. Tous jaune et noir. Souriant résolument. De toutes tailles et dans toutes les poses : debout, saluant d'une patte, comme le Maneki neko japonais. Accroupis, oreilles dressées, comme ceux qui hantent le square du Parc Royal. Couchés, alanguis, comme aimait le faire Caliban. Mais toujours surveillant la ville. Il y en avait un dans les hauteurs du grand escalier du métro Saint-Michel. Un autre voisinait avec le zouave du pont de l'Alma. Puis il en découvrit trois le long de la ligne qui le menait de Denfert-Rochereau à Massy-Palaiseau et en déduisit que le tagueur devait habiter dans cette banlieue-là. C'était aller un peu vite. Il en aperçut du côté d'Aubervilliers, de Pantin, ensuite de plus en plus loin, vers Mantes-la-Jolie et Orléans. Avec le temps, l'idée se précisa en lui qu'il devait y avoir plusieurs auteurs. Ou même plusieurs équipes.

François Maspero
Les Chats de la Liberté,
dans *Transit & Cie*

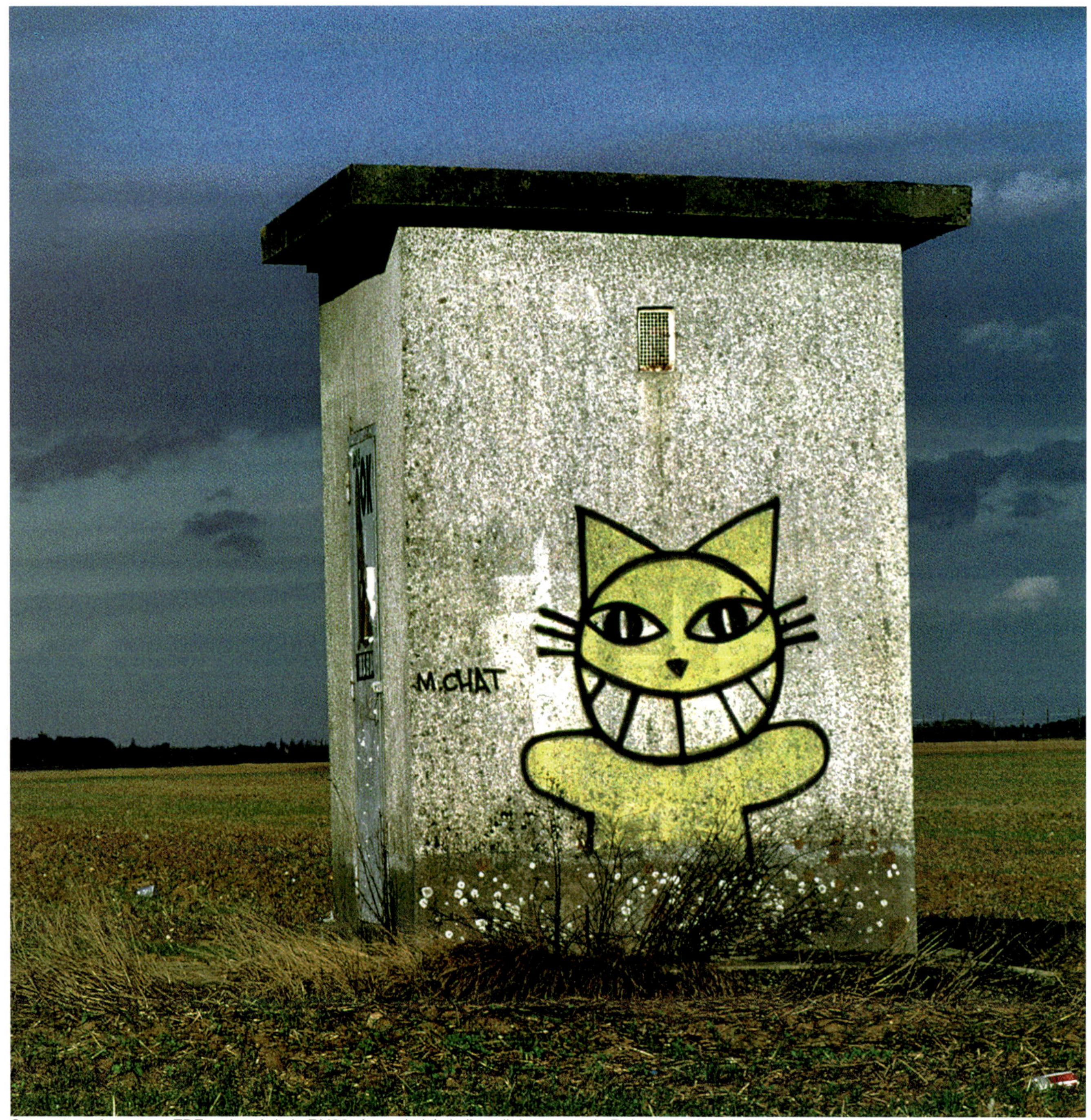

Sur un transformateur EDF au bord de la RN20. A proximité du lieu-dit La poste de Boisseaux dans le Loiret.

Avant toute chose, je tiens à préciser

que je ne suis pas le créateur des Monsieur Chat !

Tout a commencé un jour de juin 2001, sur les marches de la rue Foyatier, à Paris (une rue parallèle au funiculaire du Sacré-Cœur). Là, sur le mur, un énorme chat orange me regarde en souriant de toutes ses dents. Il doit être en train de monter les marches, lui aussi : si j'en crois les petits traits qui l'entourent, la bestiole est en mouvement... A côté, une signature toute simple : M. Chat. Je prends une photo, certain que cette rencontre sera sans lendemain...

Pourtant, quelques jours plus tard, je retrouve le matou lors d'une balade le long de la coulée verte ! Depuis lors, je ne peux plus m'empêcher de marcher le nez en l'air pendant mes nombreuses balades... Je guette chaque mur, chaque cheminée (le félin a plutôt tendance à s'élever). La chasse commence, les prises sont rares mais d'autant plus appréciées !

Les mois passent...
Depuis quelque temps (le début des attaques en Irak en février-mars 2003 ?), M. Chat est affublé de deux petites ailes.
Des ailes de colombe, symbole de paix ?
Ceci semblerait correspondre avec certaines pancartes vues lors de manifestations où l'on pouvait lire : « Faites des Chats, pas la guerre »...
Jusqu'ici, je n'avais vu que quelques « M'as-tu vu » ou « Je ris jaune » dans la foule de rassemblements divers... (Si quelqu'un a des photos, qu'il n'hésite pas à les soumettre !)

Etienne Mauvais
auteur du site *http//:monsieurchat.free.fr*
mis en ligne en septembre 2002.

② Monsieur Chat est une énigme

Impossible à identifier (est-ce un crew, un graffeur isolé ?), impossible à attraper (est-ce un posse disséminé sur la France entière qui exploite un motif qu'il partage ?). Le pister, c'est mettre en branle le réseau et laisser des messages partout. Résultat : une pluie de fax, de mails et quelques phoners pour rebondir encore ailleurs. C'est dit, Le Chat tient à son anonymat et s'amuse à jouer les Fantomas. Alors nous, on respecte et on raconte :

Où ? Paris, Blois, Orléans, Chaumont-sur-Loire, La Rochelle, Saint-Etienne, Tours... A l'image du félin, Le Chat aime la hauteur et s'est installé son QG sur les toits. Jaune canari, il arbore judicieusement un rictus dévastateur. Difficile à suivre mais difficile à effacer aussi... Malin car aucune agence de nettoyage n'a encore son diplôme de varappe. Indomesticable, la bête prend un plaisir certain à s'installer nulle part, à être présente partout.

Encore ? Bizarrement, en ce moment, circulent des tee-shirts à son effigie, des paquets de photos, et un petit film paraît-il. Discret, silencieux, il n'a visiblement jamais dérangé le Parisien endormi sous ses pattes. Le concept de Monsieur Chat fonctionne à 100 %, il renouvelle la philosophie de l'art urbain, lui réinjecte du mystère, renie le star-system. Récemment, la Suisse (Lausanne, Neuchâtel, Genève) semble l'avoir adopté comme nouvelle recrue. Bientôt le monde ?

Nova Magazine, janvier 2002

ART DE RUE

Mystérieux « Mister Chat »

Il a élu, discrètement, domicile dans une douzaine d'endroits Compagnon ou intrus, il ne laisse pas de glace. Suivez le guide...

Il dérange, amuse, intrigue, mais une chose est sûre, il ne laisse personne indifférent. Arrivé il y a plusieurs mois en hélicoptère, boulevard Rocheplatte, il nous entraîne depuis, dans une visite de la ville, on ne peut plus insolite. De nombreux quartiers ont reçu sa visite. C'est avec son éternel sourire et son pelage changeant (violet, vert, jaune et blanc), qu'il accueille les Orléanais au détour des rues, places, boulevards... Il a élu domicile dans plus d'une douzaine d'endroits, de la rue Notre-Dame-de-Recouvrance, où sage et studieux, il joue de tout son charme, en passant par la rue des Chats-Ferrés (tiens, peut-être des parents éloignés !). On le retrouve à la fenêtre, rue Charles-Sanglier. Il ne manque pas de trôner Place d'Arc, ni de saluer la population, du haut de l'ascenseur de la cathédrale. Il domine la situation, heureux de constater que de ne pas avoir les pieds sur terre lui permet d'échapper aux tracas quotidiens. Dans son taxi, boulevard Alexandre-Martin, il ne peste jamais contre les embouteillages et s'endort dans un « ronron » au son des klaxons. Il s'est parfois aventuré le long des trottoirs, de la rue Dupanloup ou du côté des halles Châtelet, mais un peu trop risqué, la vie urbaine. Il a disparu. Ecrasé sous un pinceau moins bienveillant que celui qui lui avait donné la vie. Il semble avoir compris la leçon, et ce « matou » malin a décidé de contempler la ville, à une hauteur, qui le laisse souvent hors d'atteinte.

Pour les plus jeunes, c'est un compagnon de promenade qui joue à cache-cache, et qu'ils sont fiers et heureux d'avoir débusqué. Pour d'autres, c'est un intrus qui détériore le paysage et que l'on a hâte de voir disparaître. D'où vient-il ? Qui est son créateur ? Comment finira-t-il ? Autant de questions qui restent aujourd'hui sans réponse. Pour le savoir, peut-être faudra-t-il « donner sa langue au chat ? »

Où le rencontrer ?

— Boulevard Alexandre-Martin.
— Rue Charles-Sanglier.
— Place d'Arc.
— Boulevard Rocheplatte.
— Rue Fernand-Rabier.
— Rue des Chats-Ferrés.
— Rue de l'Oriflamme.
— Rue Poitiers.
— Rue Notre-Dame-de-Recouvrance.
— Rue de Bourgogne.
— Place Sainte-Croix.

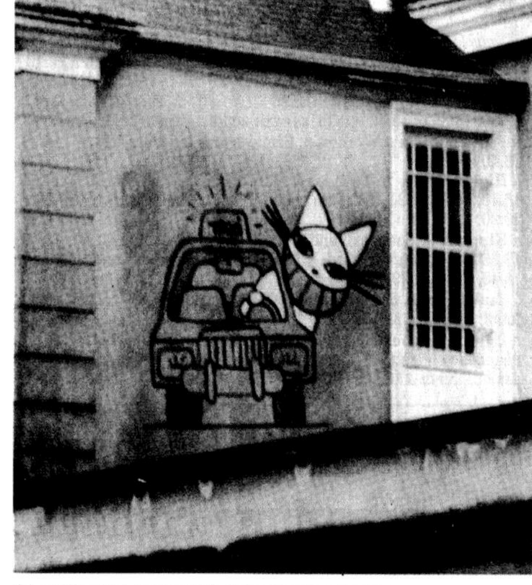

Où qu'il soit, haut perché, il domine la situation.

OPINIONS SUR RUE

Que pensez-vous des différents « chats » dessinés sur les façades des maisons dans Orléans ?

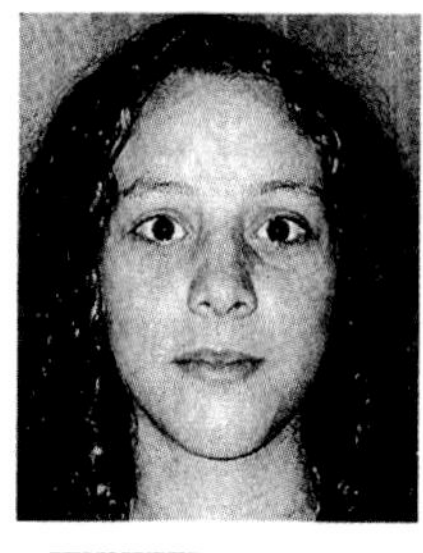

JENNIFER, 17 ans, lycéenne. — *« C'est marrant, ils sont tellement différents. Tous les jours, je passe devant celui du boulevard Rocheplatte, il fait depuis tous ces mois partie du décor. Je les trouve gais, ça met de la couleur sur les murs gris. J'aimerais bien savoir qui fait ça. »*

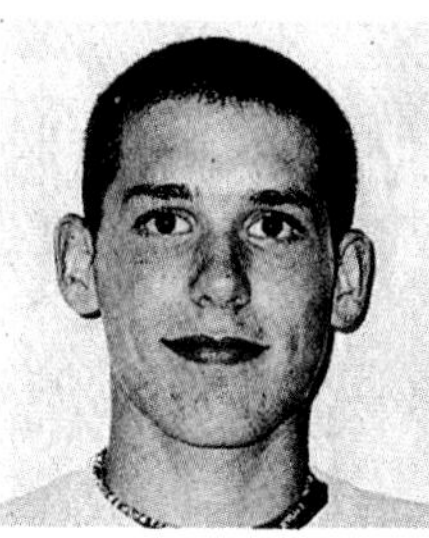

DAMIEN, 18 ans, étudiant. — *« C'est en voyant le chat qui est dessiné sur l'ascenseur de la cathédrale, que j'ai constaté qu'il y en avait quelques autres sur les murs d'Orléans.*

« Je trouve ça pas mal, ils sont gais, ça change des « tags » que l'on a l'habitude de voir. »

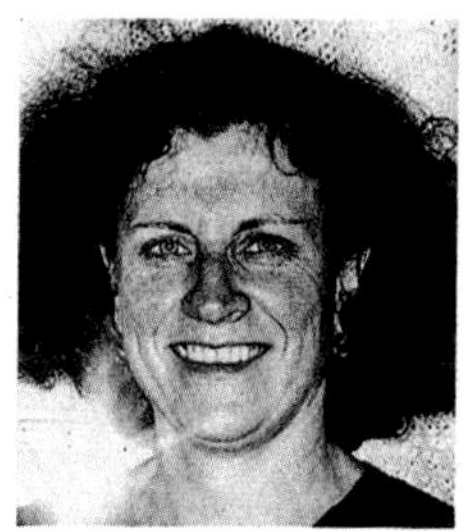

MAGGY, 41 ans, directrice de crèche. — *« Ce chat est un pied de nez artistique aux tags. C'est bon enfant et original. Ce qui m'intrigue, c'est que quelqu'un réussisse à dessiner, sur des façades, dans des rues très passantes, telle que la rue Notre-Dame-de-Recouvrance ou le boulevard Alexandre-Martin, sans que l'on ne le découvre jamais. »*

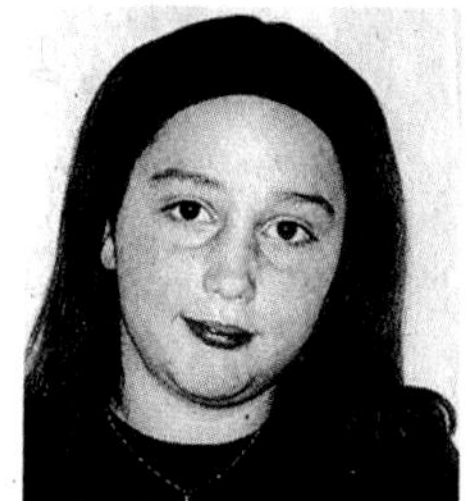

Marie, 11 ans, collégienne. — *« Je les trouve très mignons, ils ont tous un grand sourire. Les premiers que j'ai vus sont ceux de l'hélicoptère et du taxi. Je ne pensais pas qu'il y en avait d'autres. Maintenant, je les cherche, le dernier que j'ai découvert c'est celui de Place d'Arc. Je ne suis pas sûre de les avoir encore tous vus. »*

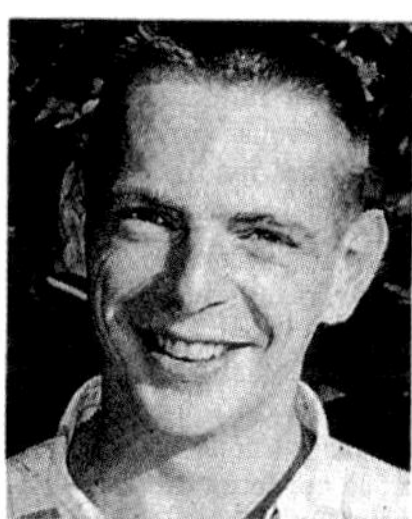

STÉPHANE, 30 ans, militaire. — *« Je n'aime pas du tout ces différents dessins qui envahissent les murs. On ne doit apporter aucun intérêt à ce genre de pratique car on pourrait favoriser sa multiplication.*

« Le but n'est quand même pas de donner des idées à d'autres. »

République du Centre, le 14 septembre 2000

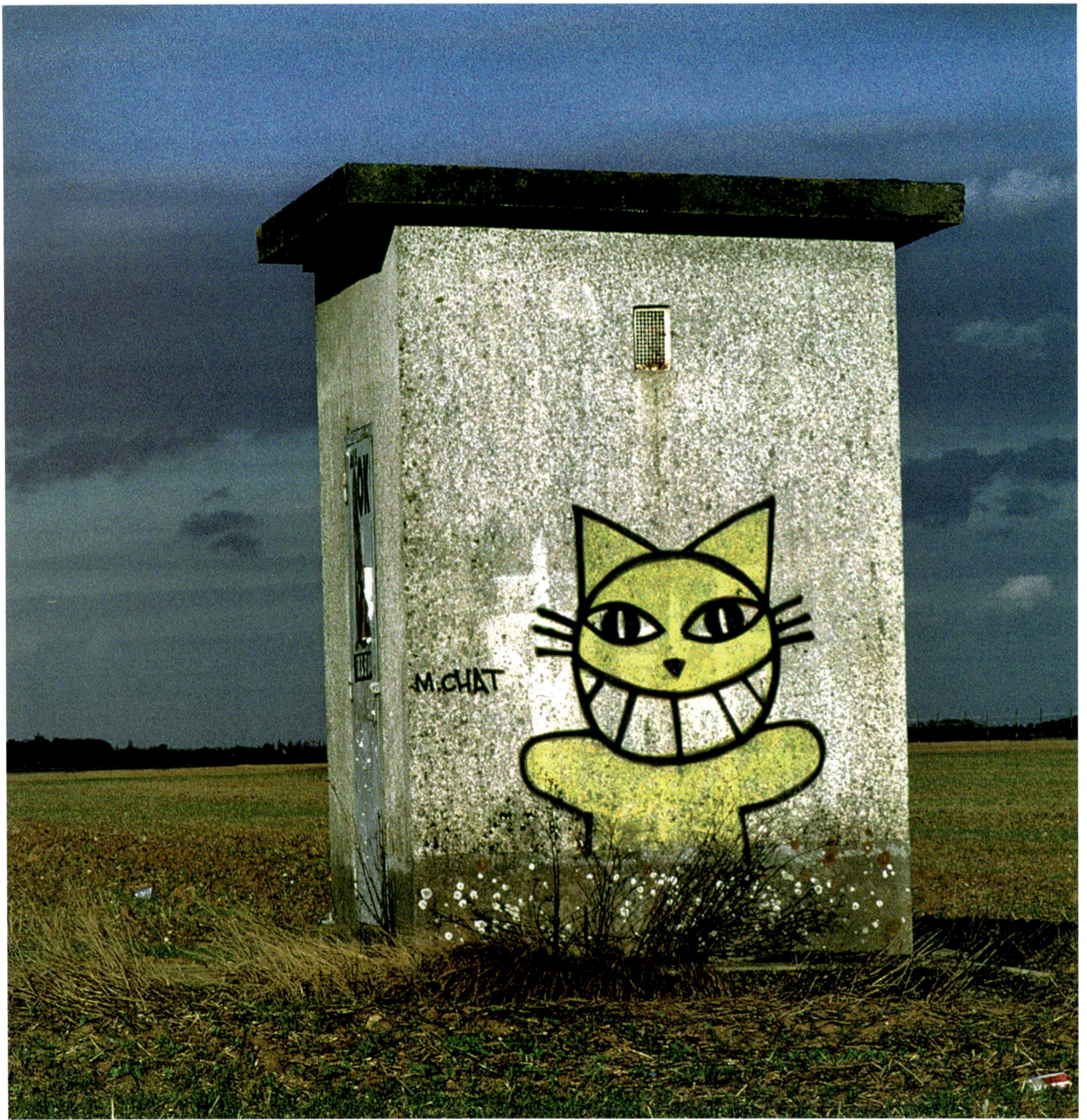

Sur un transformateur EDF au bord de la RN20. A proximité du lieu-dit La poste de Boisseaux dans le Loiret.

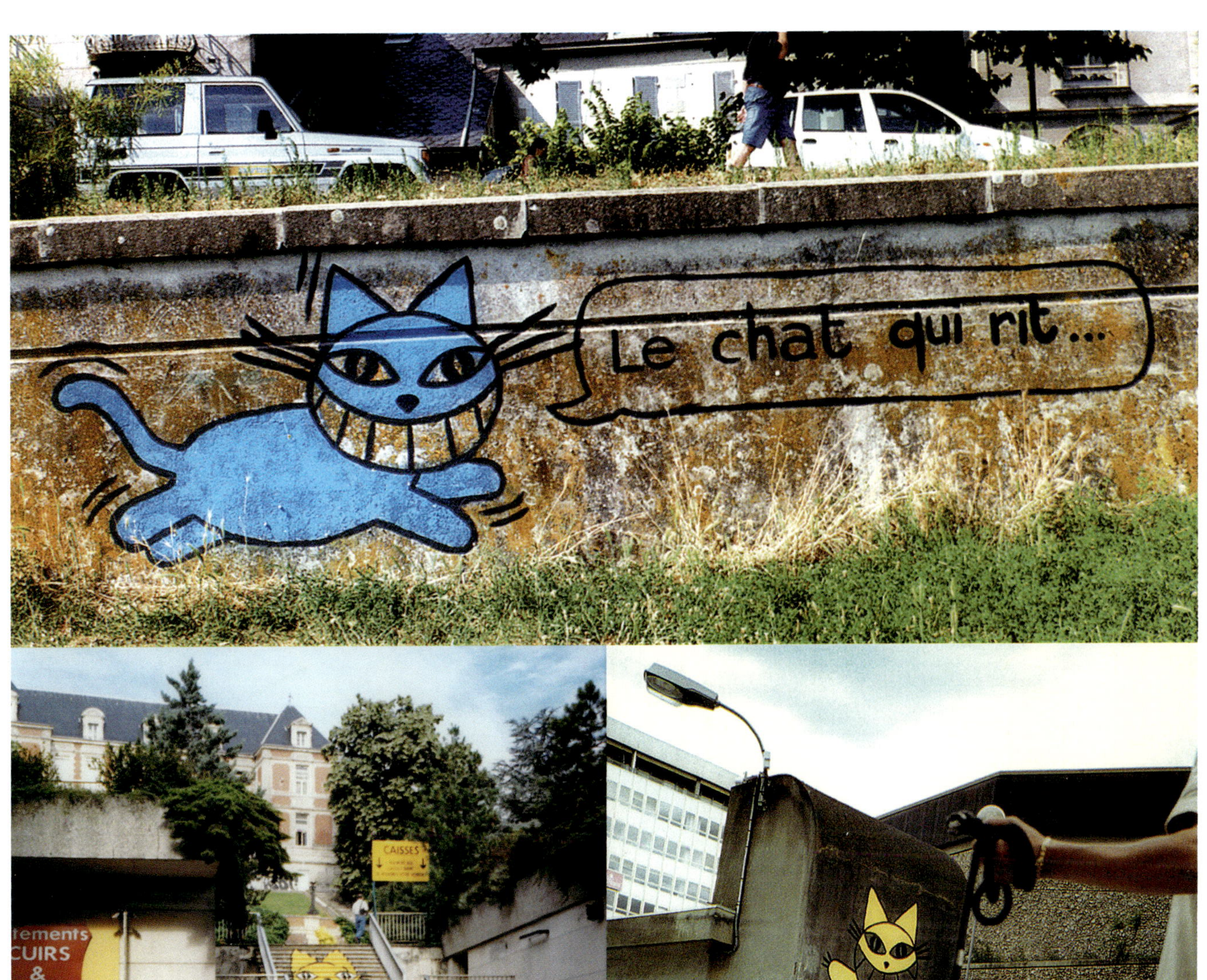

Orléans, quai de la Loire / escalier à Saint-Etienne / Centre commercial, Rennes.

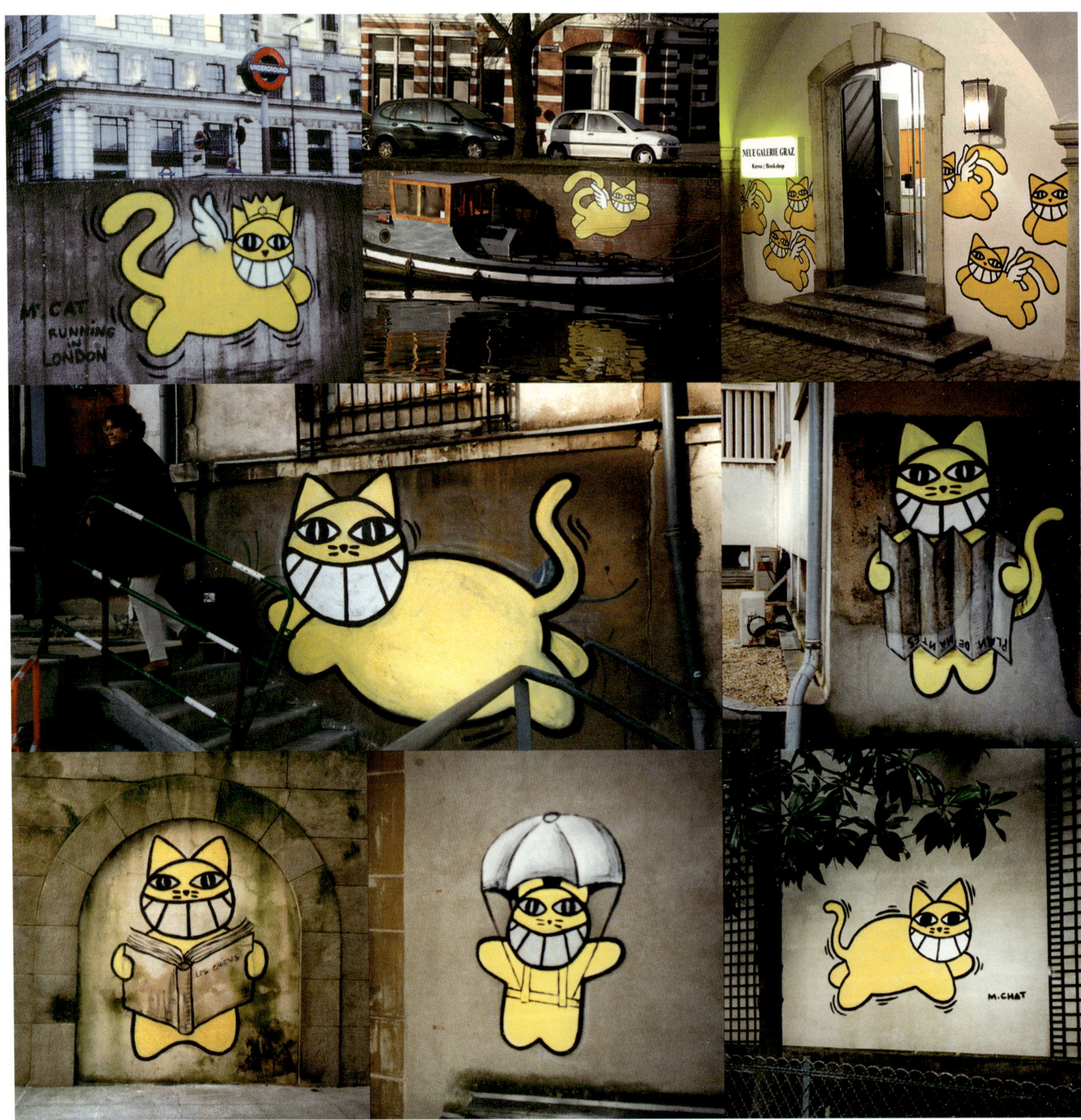

Green Parc, Londres / Canal à Amsterdam / Graz, Autriche / Nantes / Paris.

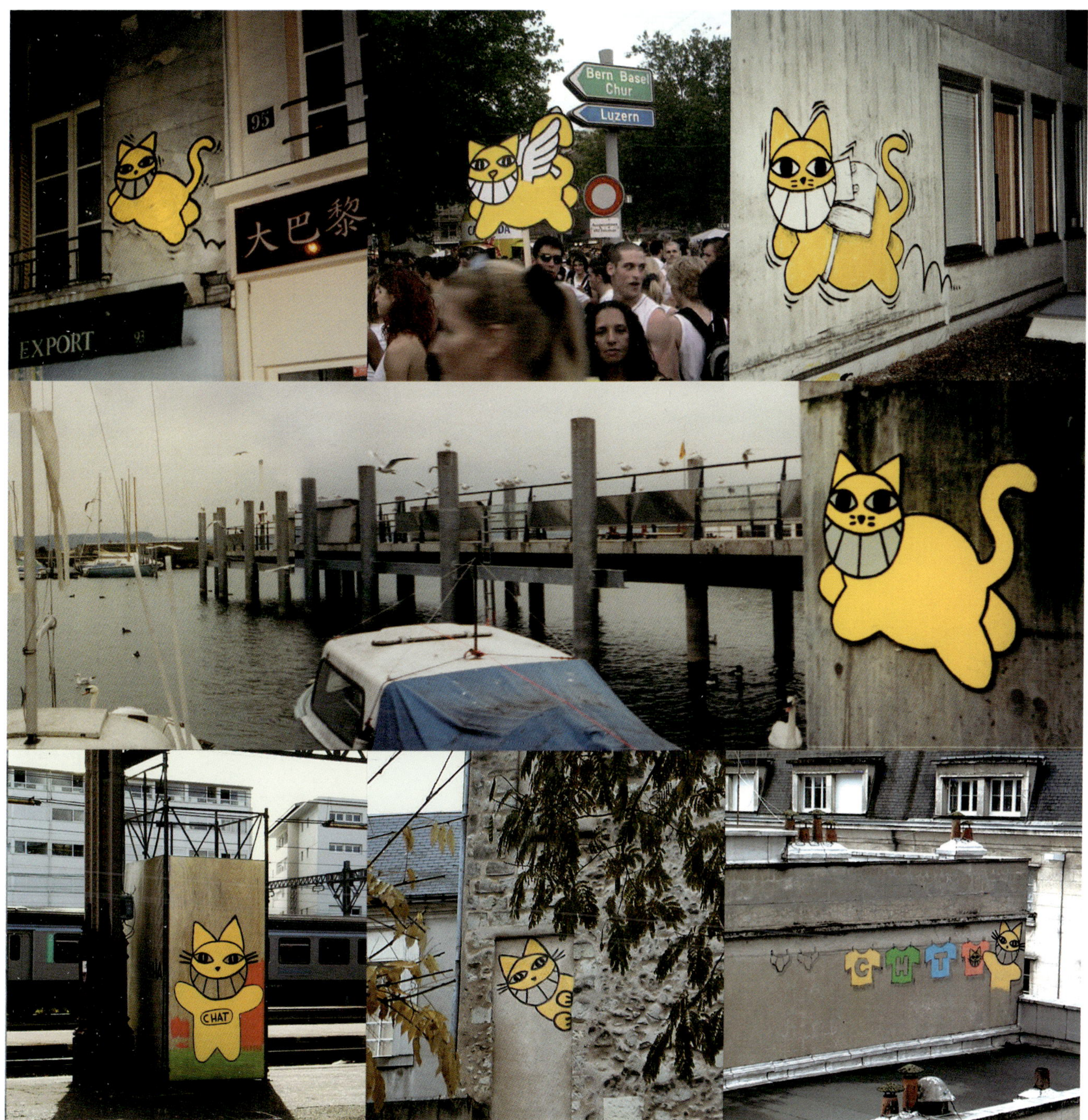

Paris / Street Parade, Zürich / Colombier / Port de Neuchatel / Tours : gare, parc et rue du Commerce.

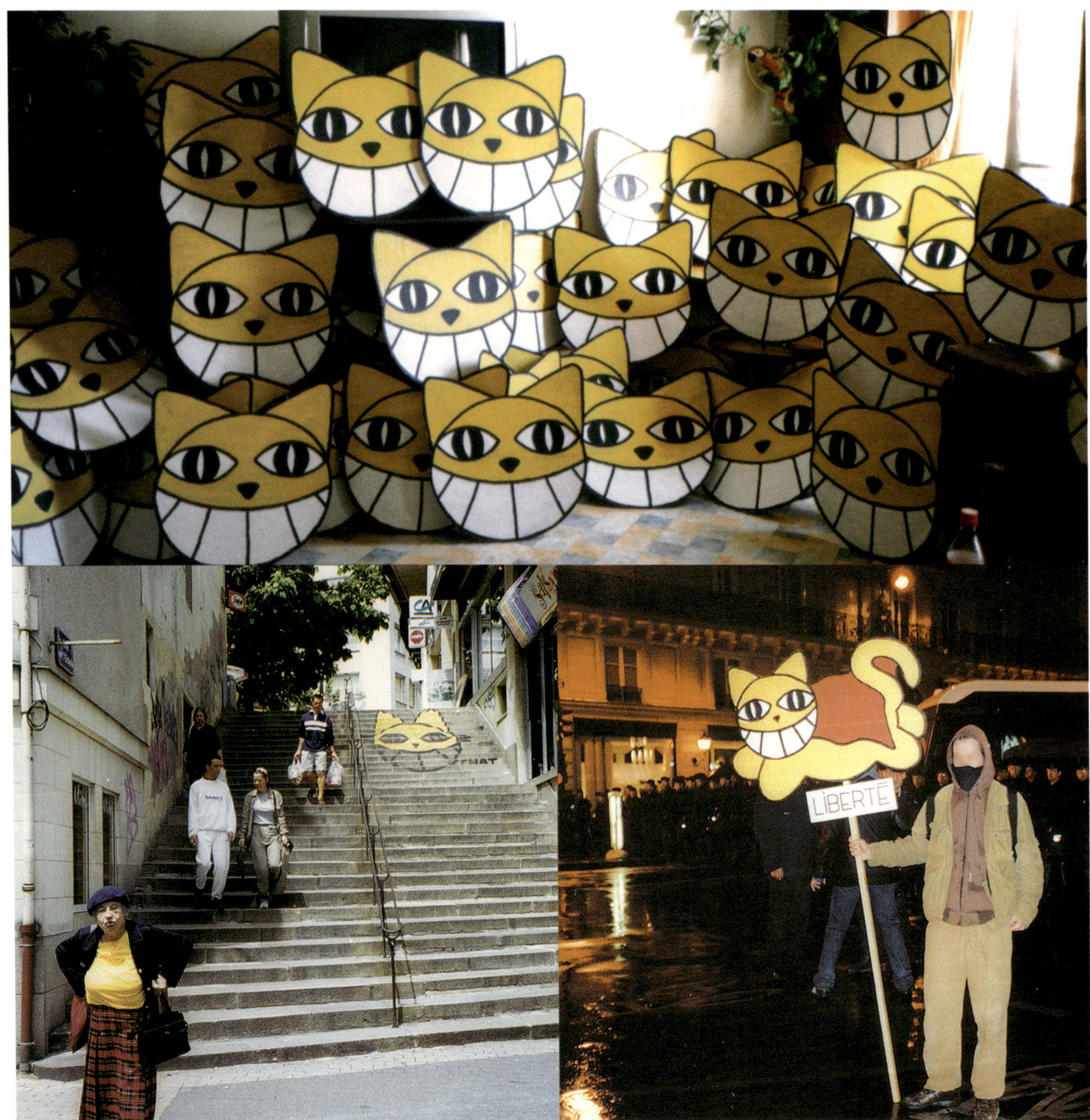

Premières pancartes Chats chez Zbi, Orléans / Escaliers près de la place Royale, Nantes / Manifestations spontanées à Saint-Germain, Paris.

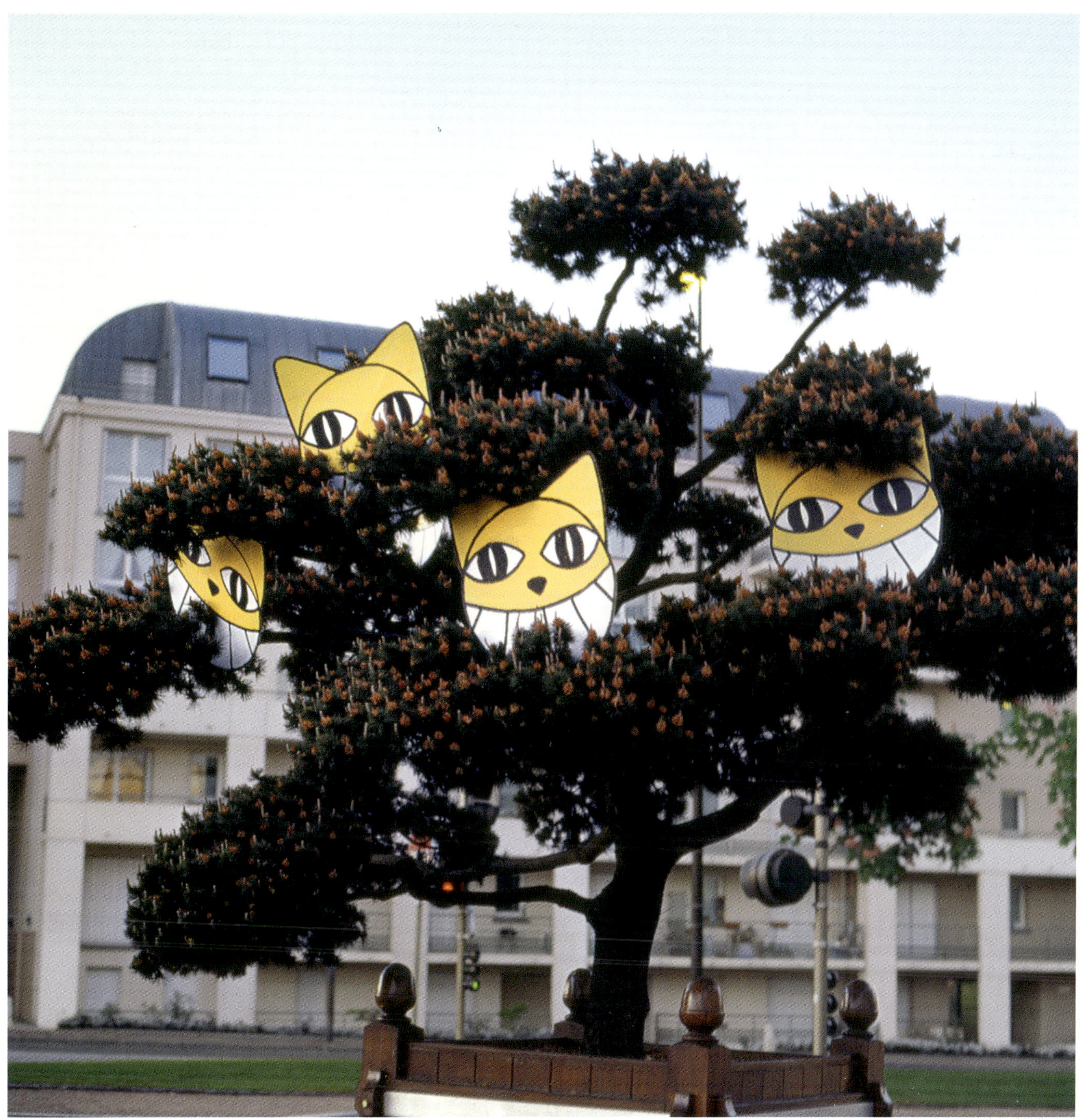

Arbre à Chats, boulevard Jean-Zay, Orléans.

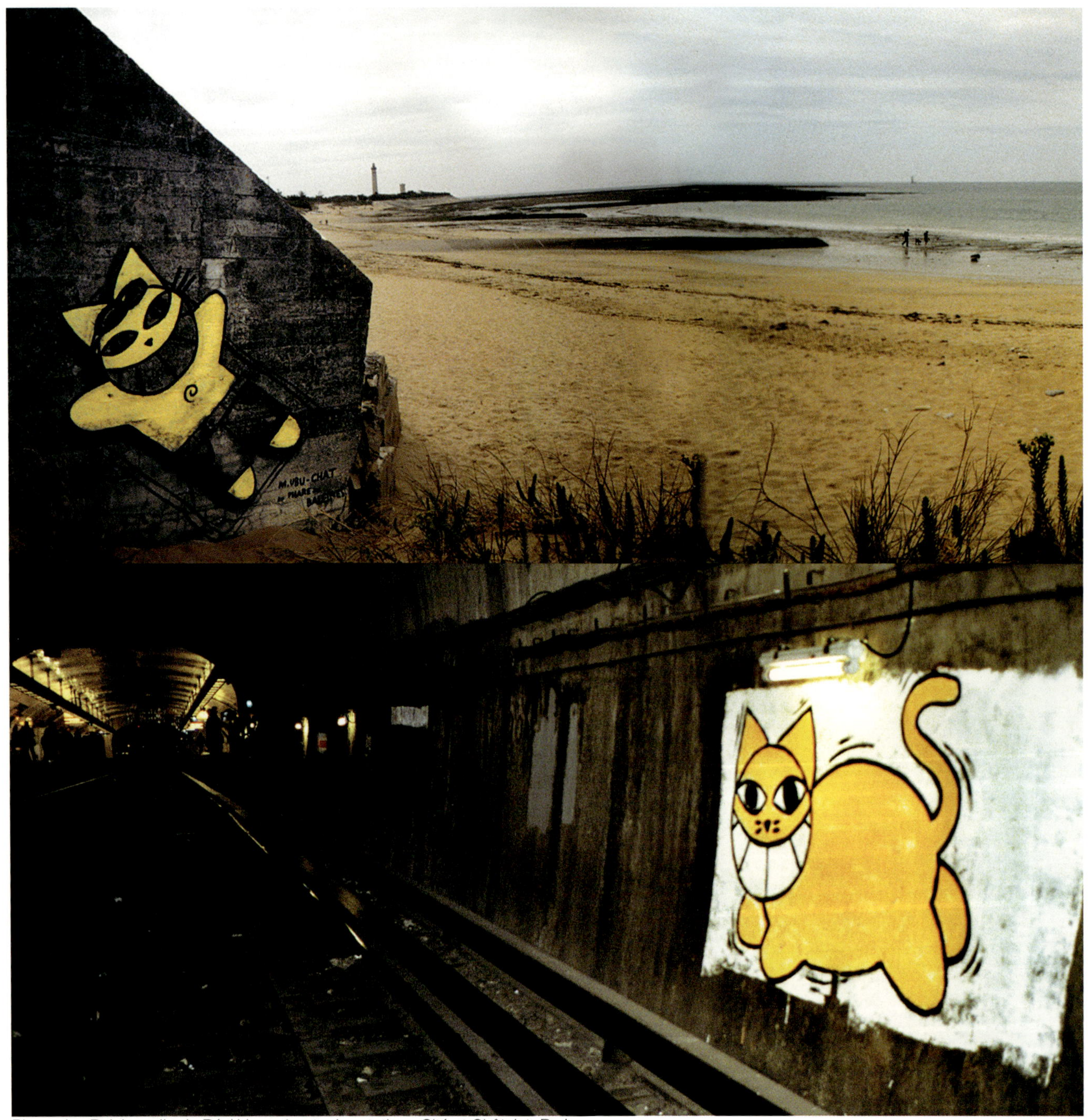

Phare des Baleines, Ile de Ré / Ligne 4 entre les stations Cité et Châtelet, Paris.

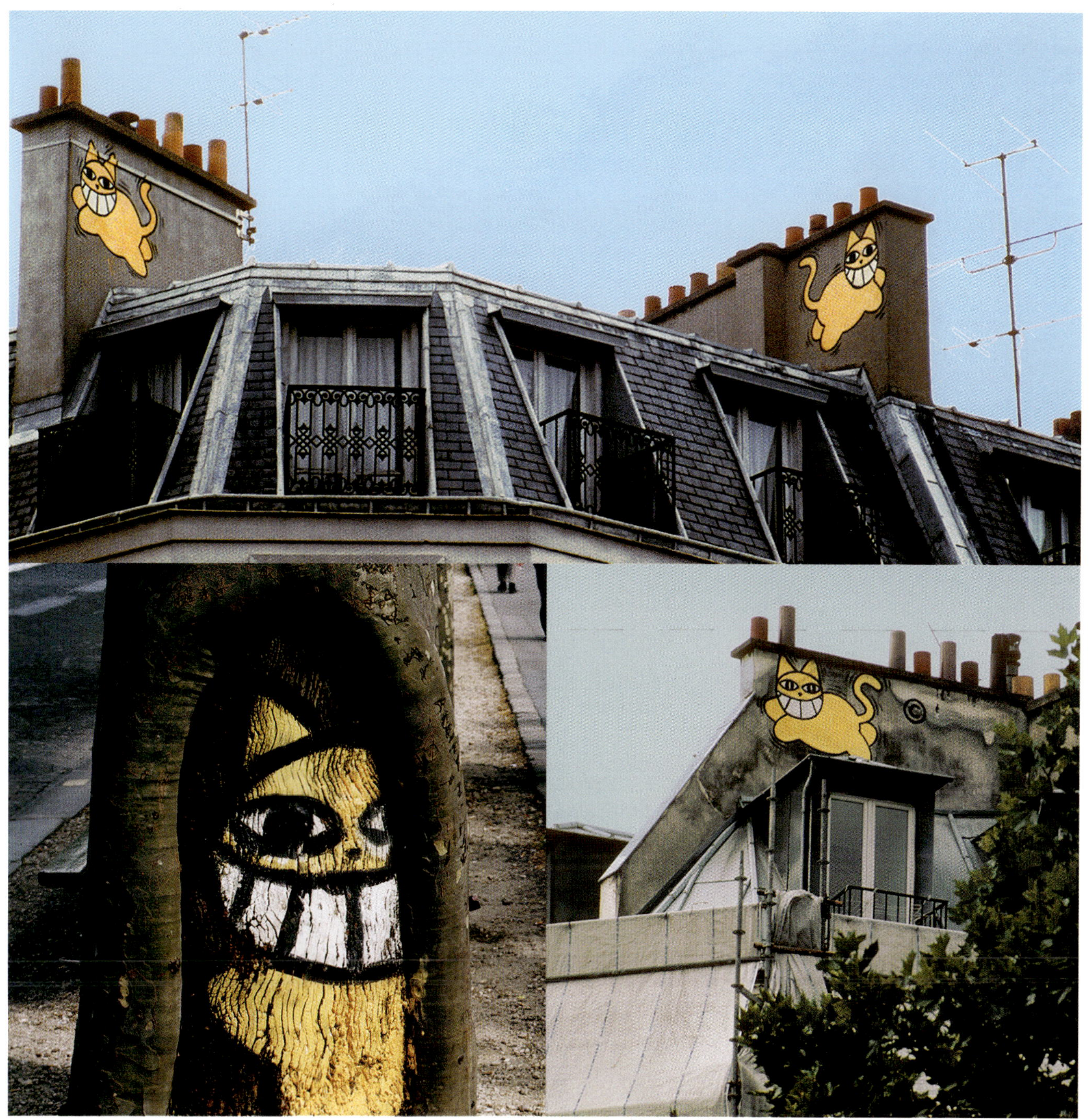

Boulevard Magenta / Quai de Seine / Place du Châtelet, Paris.

Si le cœur vous en dit…

Vous pourrez rencontrer dans les hauteurs de la ville une série de chats que vous n'avez encore jamais vus. Les premières séries de chats, ceux qui n'avaient pas encore d'ailes, sont dissimulées dans toute la ville : une véritable galerie à ciel ouvert.

Ce chat m'a fait découvrir la beauté de la ville qui revêt son voile de nuit et la blancheur exquise de sa peau de pierre. Le halo de lumière artificielle qui l'enveloppe. Les balades nocturnes qui donnent naissance à de nouvelles portées de chats jaunes. Les montées d'adrénaline qu'elle suscite. Le dépassement de soi qui en découle, l'illusion infime de n'être qu'un esprit se promenant au-dessus de milliers de corps endormis, la sensation inexplicable de nager au milieu des rêves gazeux qui s'échappent par les conduits d'aération des appartements. A la moindre bourrasque de vent, l'impression que tout s'écroule. La perte des repères, perché en haut d'une cheminée dans ce désert urbain qui s'étale à perte de vue.

La prétentieuse envie de découvrir l'Olympe, de recevoir l'incandescent azur qu'offre le lever du jour à ceux qui ont combattu l'obscurité de la nuit.

Le dur retour à la réalité : descendre avec Orphée aux enfers, croiser les flots de corps que des monstres d'acier vomissent sur le macadam immaculé. Le balai des gyrophares multicolores, les sirènes de la police, les hurlements d'hommes ivres qui remontent le boulevard. Le brouhaha de la circulation qui recommence. Les visages sans expression des humains que le travail mécanise. L'envie de dormir, de plus en plus forte, et la douceur insoupçonnée d'une couette molletonnée.

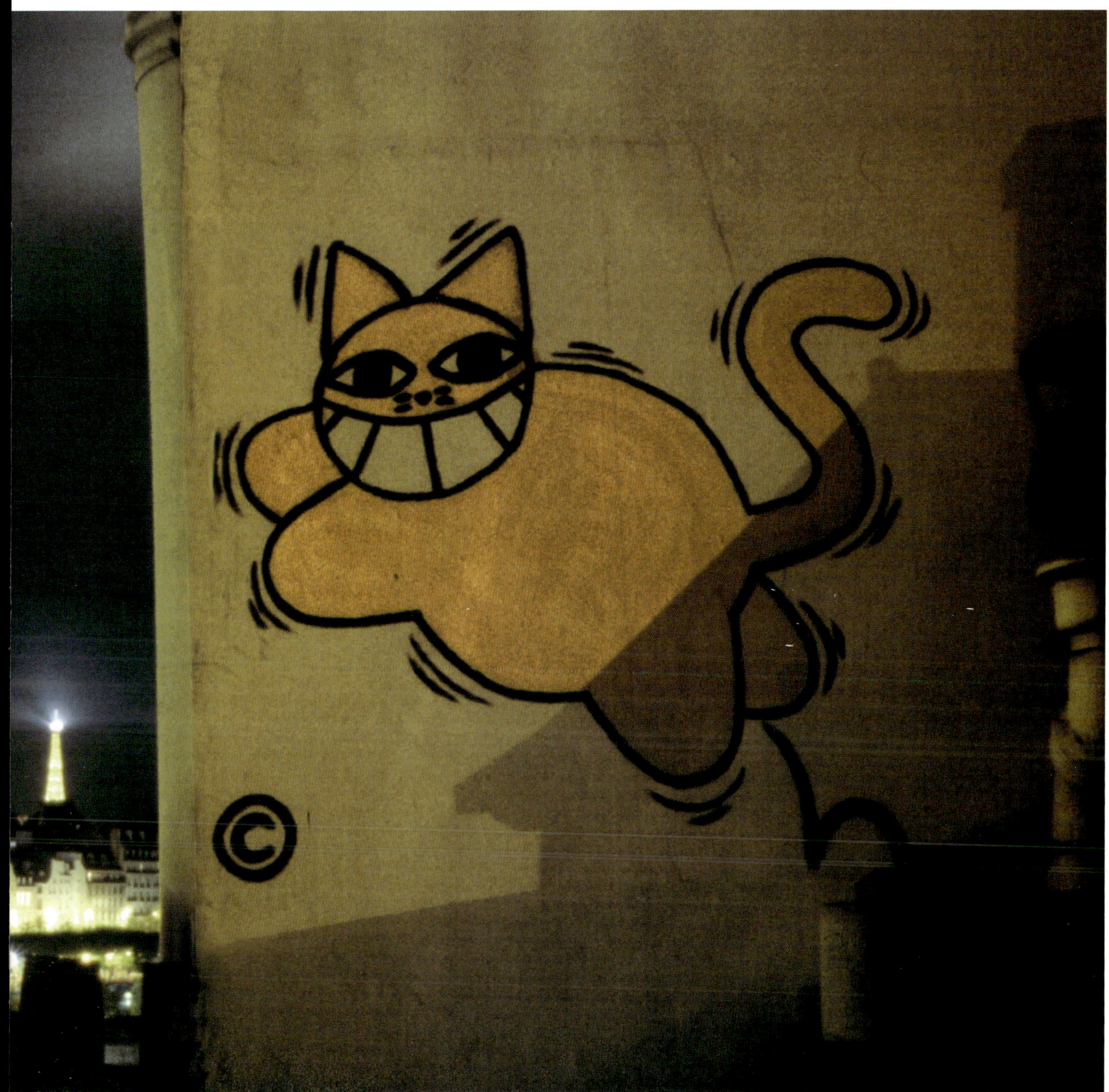

Place du Châtelet, Paris.

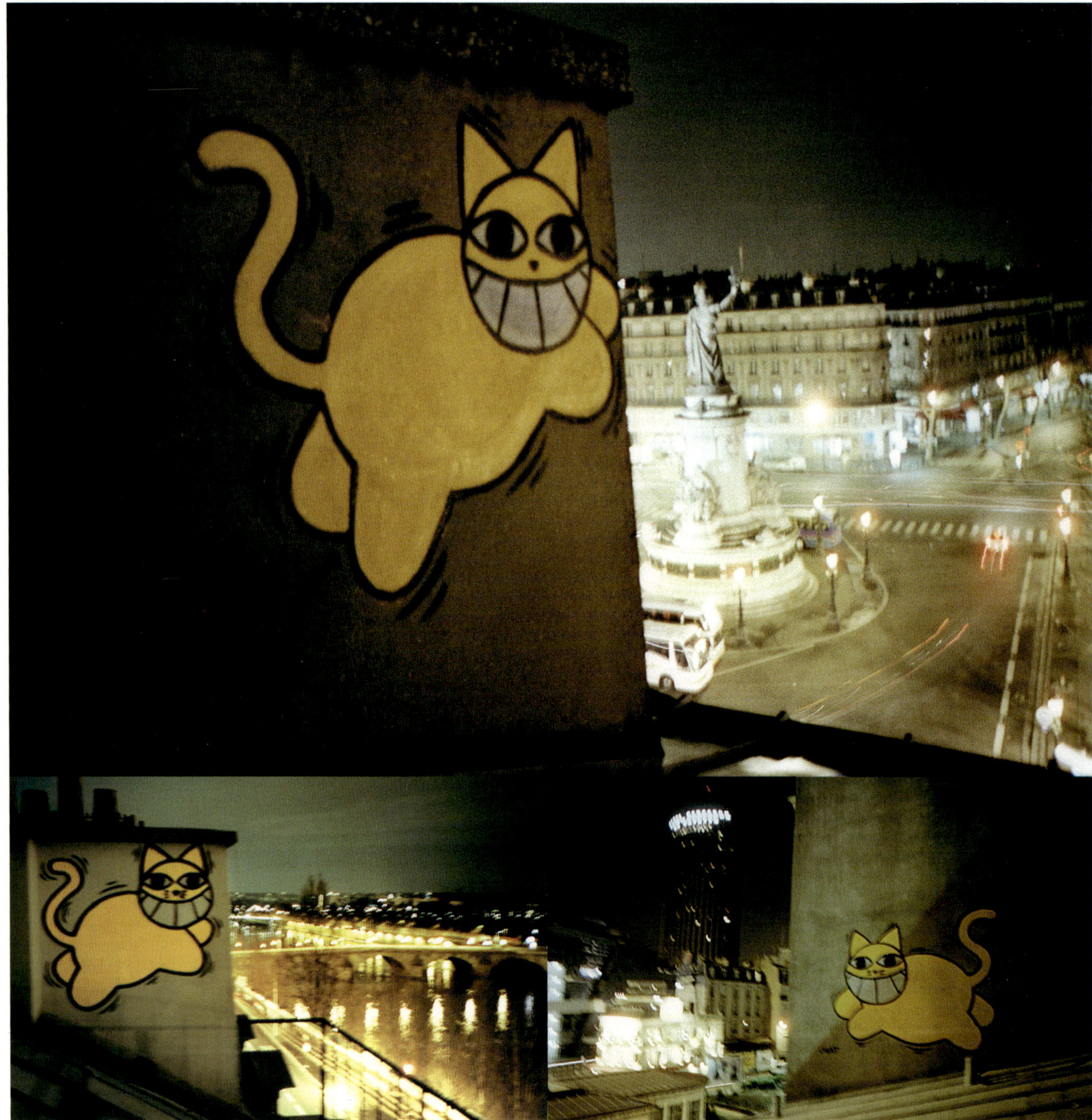

Place de la République / Quai de Seine / Rue de Rennes, Paris.

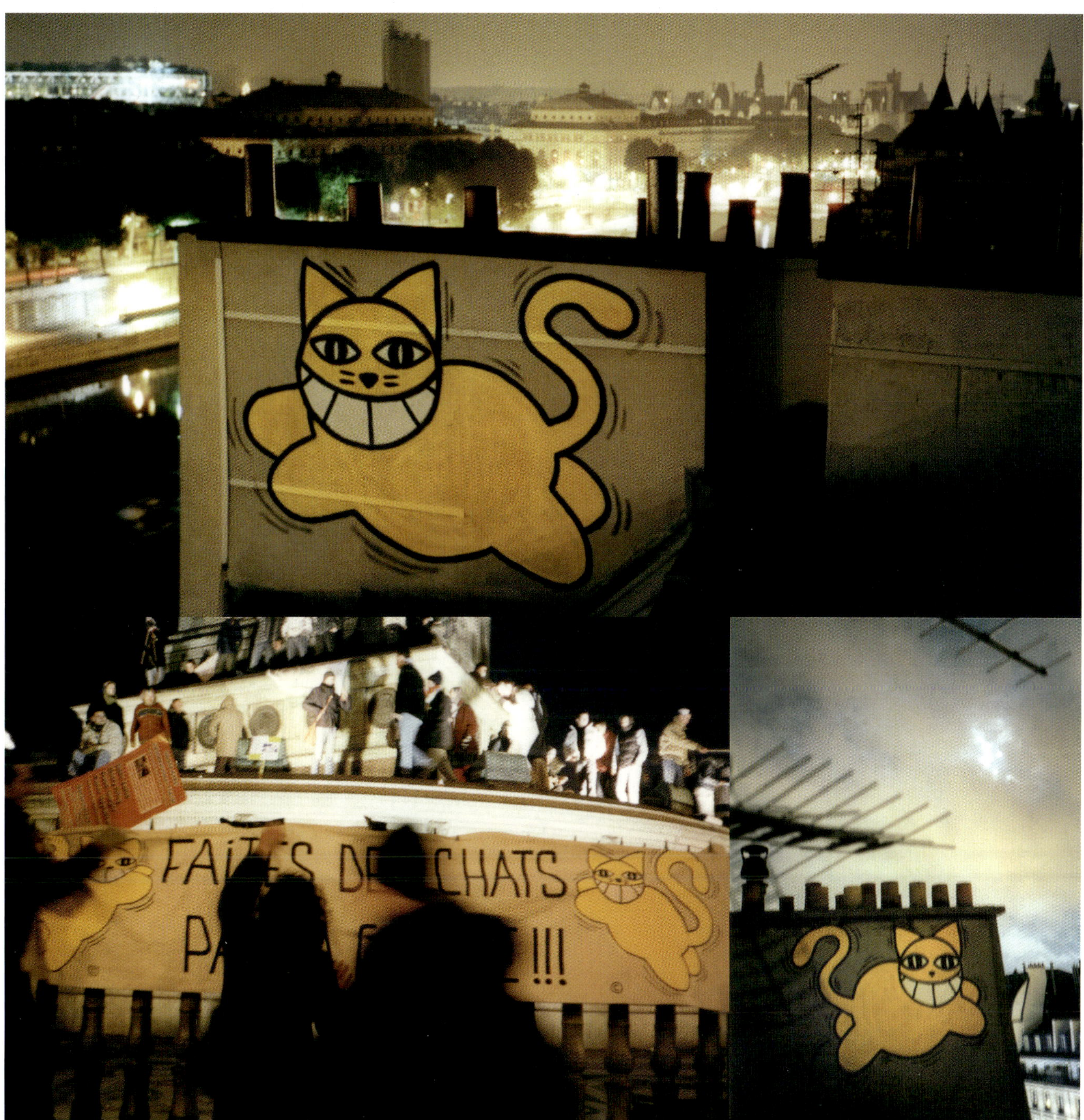

Ile de la Cité / Place de la Bastille / Boulevard Barbès, Paris.

Le mystérieux sourire du chat jaune

Aujourd'hui, le chat jaune, un drôle d'animal qui s'est reproduit à vitesse grand V sur les murs de la capitale.

SA MINE JAUNE CITRON a ensoleillé l'année. C'est même devenu un jeu, par beau temps, de lever le nez pour repérer son museau. Tête ronde, corps voluptueux, truffe triangulaire, les yeux en amande… Après une année d'exposition, à sourire de toutes ses dents, Mister Chat, le tag du chat jaune, est désormais une star. Comme les étoiles incrustées dans le macadam de Hollywood Boulevard, à Los Angeles, le mistigri matois a son parcours. Genève, Rennes, mais surtout Paris.

On l'a d'abord vu apparaître boulevard de Sébastopol, sur plusieurs pignons d'immeubles à six ou sept étages du sol. Puis sur la ligne 2 du métro, l'aérienne, entre La Chapelle et Barbès. De là, dérive vers le Louxor. Continuer le long du boulevard de Magenta. Au croisement de la rue Lafayette, tels des sphinx, deux bestioles couronnent l'immeuble d'angle. Parfois facétieux Pégase, il porte de jolies ailes blanches : au-dessus de la « Maison Roblot, pompes funèbres », en face de la mairie du XVIIIe, ou de l'Opus Café, quai de Valmy. Quai de l'Horloge, aussi, sur l'île de la Cité, boulevard Raspail, rue de l'Orillon, le félin est partout. Dans son univers en Technicolor, Mister Chat exerce différentes activités : gardien de square rue Letort (XVIIIe), aiguilleur du ciel à la gare Montparnasse, ramoneur dansant boulevard Richard-Lenoir, au croisement de l'avenue de la République (XIe), Joconde fleurie à la porte de l'École des beaux-arts (VIe). Il s'est même montré à la Bastille, lors des manifestations d'avril contre le Front national. « Je ris jaune », miaulait-il, tout de carton pour l'occasion.

Les passants réclament de nouvelles versions

Depuis, plus rien. Sa frimousse a disparu, ses moustaches ne frisent plus et ses « papas » restent toujours aussi discrets et introuvables. Est-ce le froid qui interdit aux monte-en-l'air qui le dessinent d'orner d'autres pignons ? « Plutôt la confusion entre les arts de la rue et le vandalisme, juge Olivier, rédacteur en chef d'un magazine tout entier dédié à cette forme d'expression. C'est devenu très difficile, ils ne veulent pas faire parler d'eux. » Comment les convaincre que ce chat nous manque ? En écoutant les passants, vendredi matin, au pied de la passerelle Saint-Martin. Inspirés par le modèle, ils ont quelques idées à souffler aux grapheurs : « Une chatte jaune, il serait temps que la parité soit respectée », clame Régine.

JULIE CLORIS

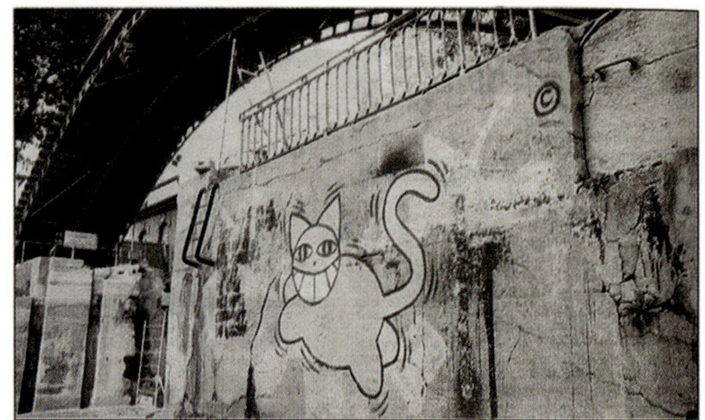

CANAL SAINT-MARTIN (X^e^). *Ce gros chat jaune affiche son sourire énigmatique depuis quelques temps sur plusieurs murs de la capitale.* (LP/MATTHIEU DE MARTIGNAC)

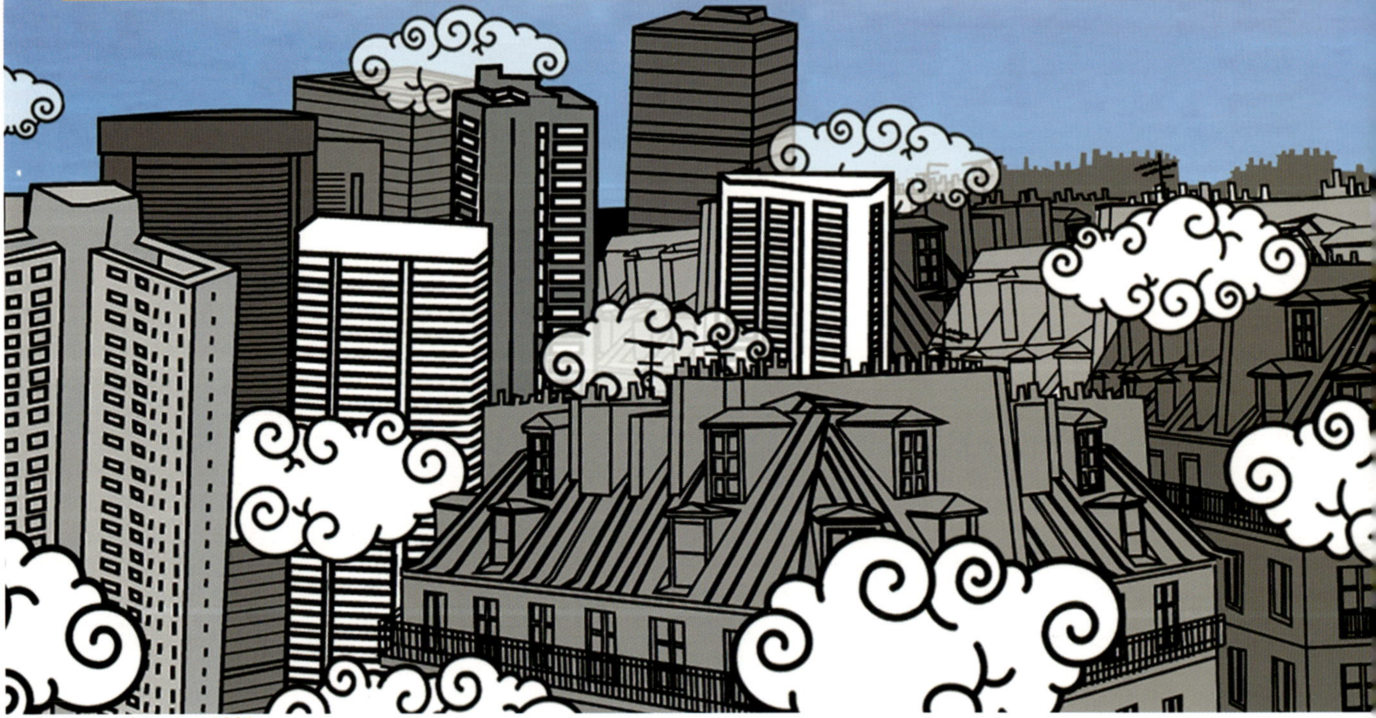

Le Parisien, décembre 2002.

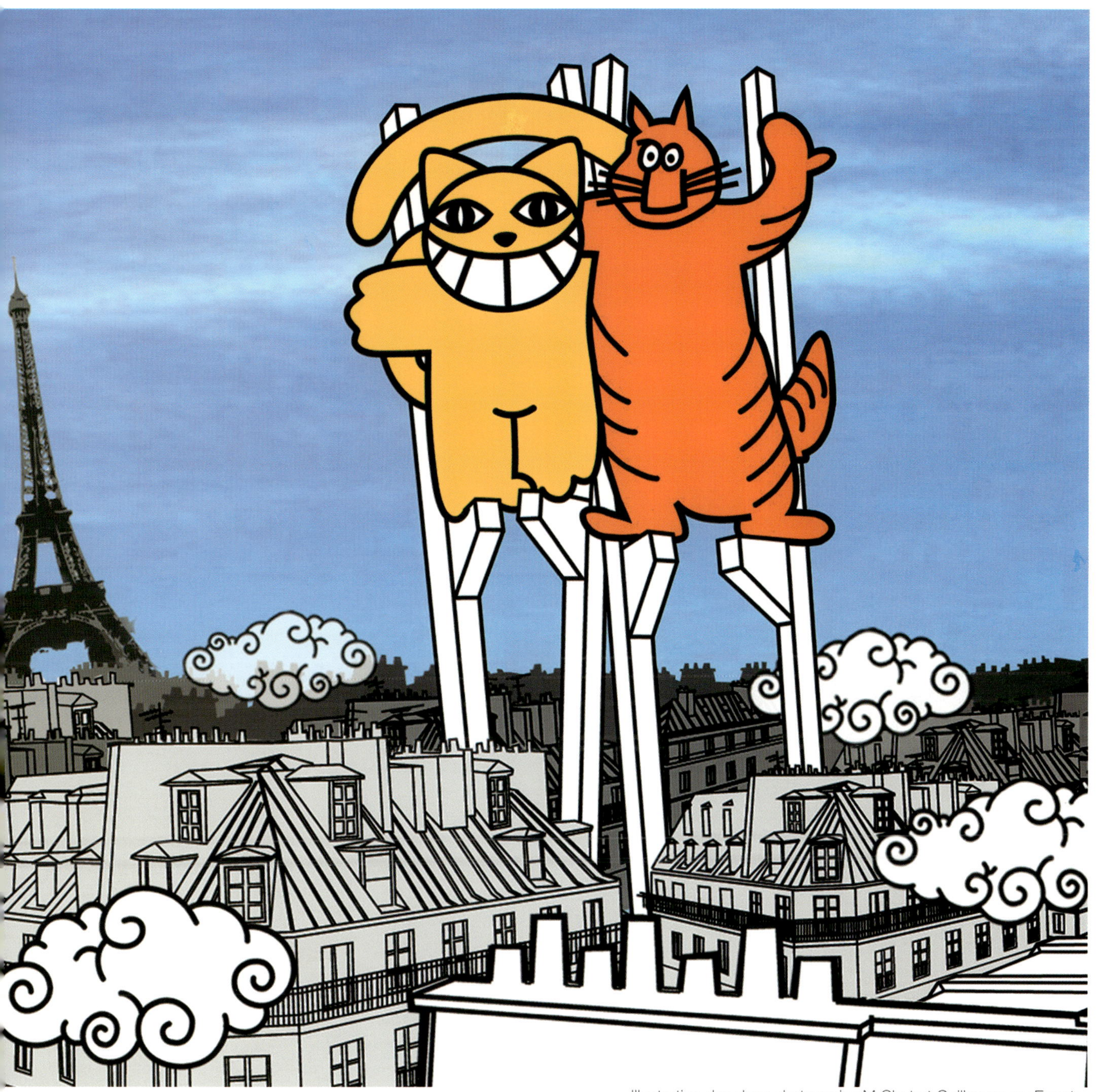

Illustration des deux chats amis : M.Chat et Guillaume-en-Egypte.

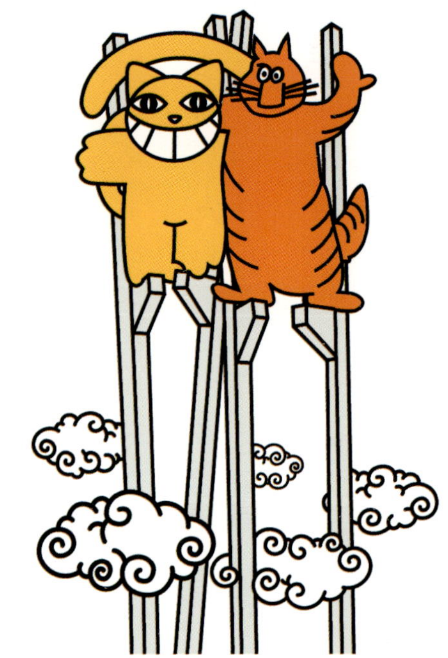

"D'un chat l'autre..."

Grand adorateur de chats, Chris Marker entame à l'été 2003 la réalisation d'un documentaire qui retrace les événements français et internationaux qui ont marqué sa mémoire depuis le 11 septembre 2001. Touché par l'humanisme du sourire du chat, il en fait le fil rouge de son documentaire qu'il intitule "Chats perchés".

Première rencontre : canal Saint-Martin, lieu de promenade habituel. On est fin 2001, l'écho du 11 septembre est encore dans l'air, et la vision de cet animal avenant me paraît un signe. Quelqu'un a décidé d'envoyer sur les murs une image de réconfort et de bienveillance. Je n'ai ce jour-là ni appareil de photo ni caméra. Je me promets que j'y reviendrai (ce que je ferai le 15 novembre – à partir de là tout est noté et daté) non sans avoir remarqué que mon premier chattag se situe exactement à la perpendiculaire de l'endroit sur la passerelle où, dans *Hôtel du Nord*, Arletty lance son : "Est-ce que j'ai une gueule d'atmosphère ?"
Peu de temps après, un article dans *Le Parisien* m'a signalé les chats de Réaumur et du boulevard de Strasbourg. Un ami banlieusard, ceux de la gare Montparnasse, à commencer par la tour de contrôle (est-il vrai qu'il a été effacé ?) et ensuite ça n'a plus cessé, des informateurs bénévoles m'appelaient chaque semaine pour me dire qu'ils en avaient trouvé un ici, un là (souvent les mêmes, d'ailleurs) : la chasse était ouverte.
Me baladant presque toujours avec ma petite caméra DV, l'idée avait commencé à germer d'une espèce de *street-movie* dans le Paris d'après le *9/11*. Un petit film d'atmosphère, simple et sans prétention, et surtout, pour une fois, pas politique... Les chats se sont tout de suite imposés comme en étant la ponctuation naturelle.

Rue de Belleville / Écluse du canal Saint-Martin / Face au Centre Pompidou / Avant la gare d'Austerlitz / Gare Montparnasse / Ile de la Cité.

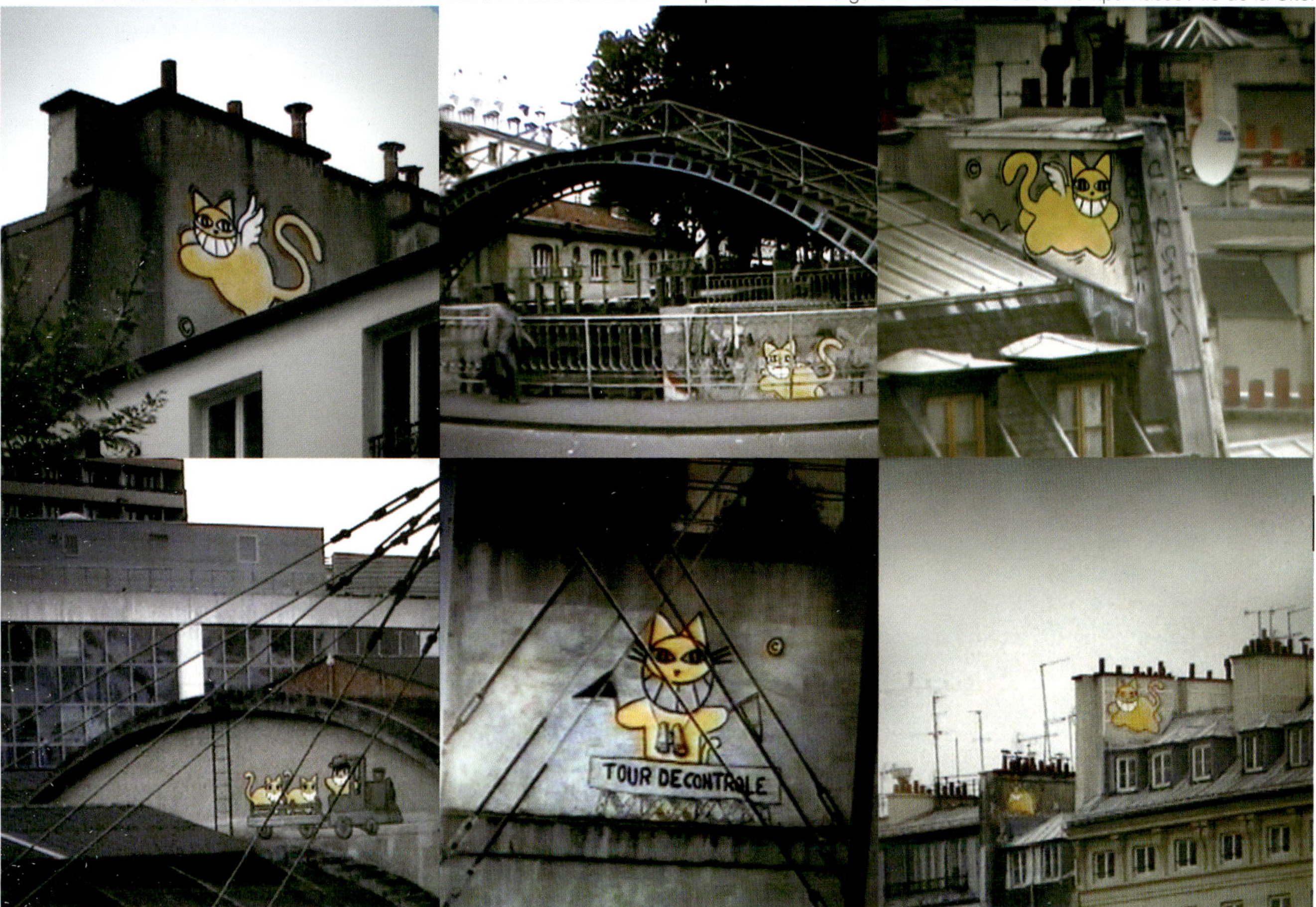

Comme les vignettes que les écrivains romantiques imprimaient entre leurs chapitres, pas forcément liés au sujet, mais un repos et un sourire pour l'œil.
Ce chat m'attirait, en tant que chat bien sûr, j'appartiens à la secte de leurs adorateurs (bien qu'avec équanimité j'aie traduit le livre de Lorenz *Tous les chiens tous les chats*), mais surtout par la simplicité et l'équilibre de son graphisme, si différents de la virtuosité embrouillée des tags, ou du symbolisme latent des graphs. Il m'évoquait la perfection instinctive des premiers tracts anarchistes et des constructivistes de l'époque "fenêtres Rosta". Sa filiation avec le "grinning cat" d'*Alice au Pays des Merveilles* était évidente. À noter qu'ici le français est défaillant : toutes les traductions vous proposeront "le sourire du chat", comme si Carroll avait utilisé *smile*, mais il a écrit *grin*, qui n'a pas d'équivalent, et qui est le "large sourire". Or de toute évidence, ce chat-là *grins*...
Je lui voyais aussi un cousinage avec l'univers des mangas, des cartoons et des pubs japonaises, tout cela faisant partie intégrante de ma culture. Il était donc tout de suite de la famille.
Ainsi s'est constituée la première cueillette de *grinning cats*. Le 21 janvier 2002, j'avais rendez-vous avec un ami à Saint-Germain-des-Prés. À la sortie du métro, le chat était là pour m'accueillir. Je l'ai filmé, en panotant ensuite sur le clocher de l'église. C'est peu de temps après que

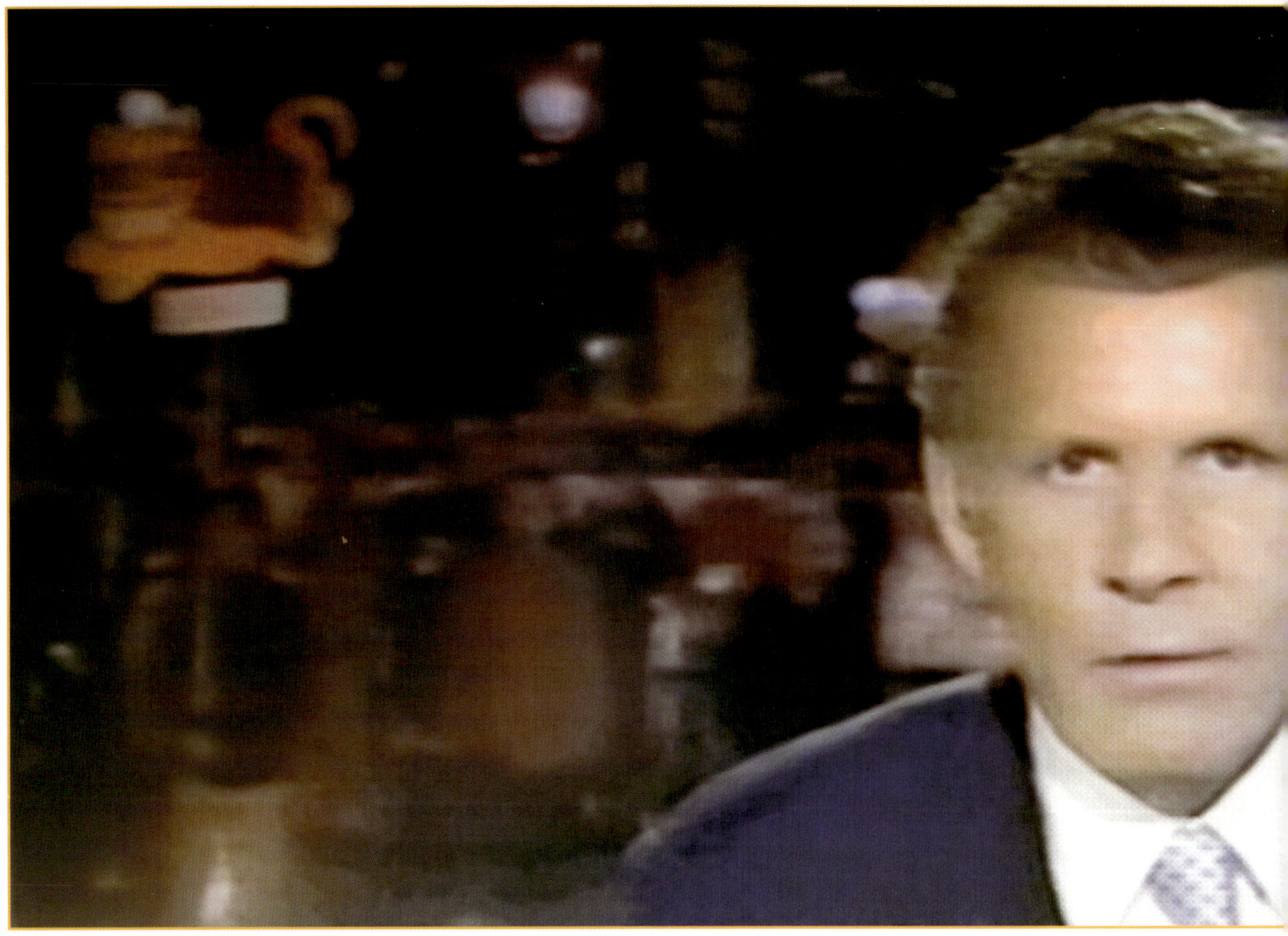

s'est produit le premier incident "politique", lorsqu'un de mes informateurs, alarmé, m'a appris son effacement (il l'a même ajouté en PS au dos de son enveloppe...).

Je ne veux pas tout vous dire du montage du film, pour vous réserver quelques surprises, et je vous jure que vous en aurez ! mais ce raccord-là je peux vous l'annoncer : je suis retourné faire le même plan, mais à l'envers, en partant du clocher pour cadrer le mur vide, et je le collerai *cut* au document où les talibans font sauter les bouddhas de Bamyan. Pour moi, cela relève du même obscurantisme.

Deux m'ont visé personnellement : ceux du quai de l'Horloge. J'ai habité quinze ans place Dauphine, exactement de l'autre côté, au-dessus de Simone Signoret. A vue d'œil, l'une des deux cheminées devait être celle de mon ancien voisin Yves Simon. Je l'ai prévenu : quand on dort sous un chat mythique, autant le savoir.
Et, dans la même série, j'ai découvert celui de l'arbre

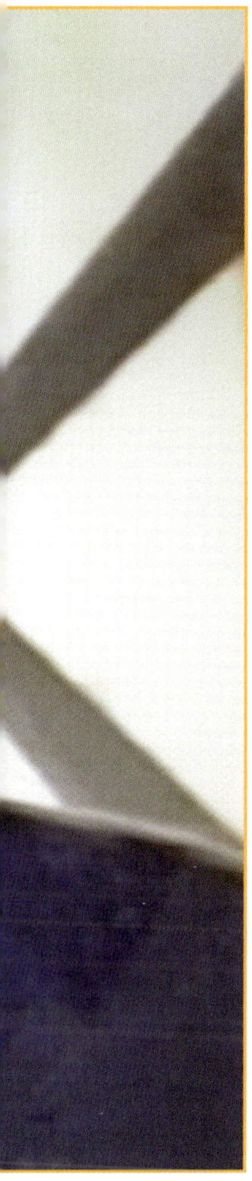

Journal de TF1, soirée spéciale Présidentielles 2002.

entre le Pont-Neuf et la passerelle des Arts, si étonnant dans sa niche de hibou, avec le jeu du soleil sur la texture de l'écorce. Décidément, ils s'installaient bien dans le film.
Tout a basculé avec le second tour des élections. J'avais suivi, dans le fil de mon journal de la ville, les premières manifs anti Le Pen, le Premier Mai... Mais tout d'un coup sur mon écran, derrière PPDA, le *grinning cat* lui-même...

Je me suis jeté dans le métro, essayant de calculer où je pouvais rattraper la manif, partie de Châtelet. Mais c'était dimanche soir, les rames étaient rares, et j'avais un changement. Le temps d'arriver à Saint-Michel, des flics goguenards m'ont dit que le cortège était passé depuis longtemps, et plus tard des passants, qu'il était déjà dispersé. Ma petite consolation a été de trouver sur le quai du métro un couple muni de la pancarte-chat. Détail amusant : une fille s'est approchée, intéressée. "Est-ce que c'est un nouveau groupe ?" Je lui ai dit : "Bien sûr, c'est la Confédération Humaniste et Anarchiste des Travailleurs". Toute prête à adhérer, elle était.
Adieu flânerie et *street movie*... En s'installant d'eux-mêmes dans le paysage politique, les chats avaient complétement changé la problématique du film. Ce ne serait plus une promenade désinvolte mais la chronique d'une année de plus en plus marquée par l'histoire où d'élections en guerre d'Irak, de retraites en intermittents, les manifestations scanderaient l'évolution même de la société, et les flux et reflux d'une nouvelle génération qui faisait son éducation civique.
Je ne sais évidemment pas quelles étaient les intentions du groupe d'irréductibles qui s'était réuni à la Bastille sous l'emblème du Chat, et je ne cherche pas à le savoir : je poursuis mon idée, et faire un film est toujours un peu comme faire un rêve, avec le même sentiment illusoire de contrôler des choses qui s'accomplissent sans vous, tout en puisant leur logique dans vos réserves secrètes. Mais il me plaît de penser qu'il y avait là les inorganisés biologiques, ceux pour qui Arlette et Besancenot sont déjà trop institutionnels, en un mot ceux qui refusent de toutes leurs forces d'être récupérés, et pour ça, il n'y a pas d'incarnation plus pertinente que le Chat, le seul être au monde qui depuis des temps immémoriaux a conquis sa place au premier plan de la vie quotidienne, de l'image, du sentiment et de la mythologie sans jamais avoir été récupéré (à part quelques chats de concours à poils longs, mais ils ne comptent pas, ils sont idiots...). Prévert l'a mieux dit que quiconque :

Ils ont insulté les vaches,
Ils ont insulté les gorilles, les poulets
Ils ont insulté les veaux,
Ils ont insulté les oies, les serins,
les cochons, les maquereaux
les chameaux,
ils ont insulté les chiens.
Les chats,
ils n'ont pas osé.

Chris Marker

Le plus grand chat du monde

Depuis l'année 2001, les Chats jaunes étaient apparus sur les murs de Paris, haut perchés sur les façades de la ville, simples images au large sourire sans message apparent.

Le mystère était entier : les chats proliféraient, mais nulle trace de leur auteur. Paradoxe des paradoxes, cette image qui s'inscrivait insolemment sur les murs ne délivrait aucun message, contrairement aux images qui s'imposent dans les villes, souvent liées à des injonctions sourdes, images symboliques d'un ordre social établi. À l'exception de son large sourire, de ses yeux qui vous regardent, nulle revendication, mais assurément une forte volonté d'attester de sa présence au monde : les chats font ainsi, ils marquent leur territoire pour ne pas s'y perdre.

C'est alors que Chris Marker, grand ami des chats, alerté de leur présence, dit-il, par Guillaume-en-Égypte, son chat fétiche, décide de mener l'enquête.
Qui sont-ils ? Que veulent-ils ? Il en fait un film, *Chats Perchés*, dans lequel les Chats jaunes deviennent le contrepoint d'un monde en train de se défaire, leur attribuant au passage une identité qui dépasse le simple statut de graffiti urbain : porteurs volontaires d'un message d'humanité, symbole d'espoir, anges gardiens de la ville, défenseurs des justes révoltes... Venu de la rue, le Chat entrait maintenant dans l'histoire du cinéma, mais ce n'était pas tout.

L'avant-première du film *Chats Perchés* devait avoir lieu en décembre 2004 au Centre Pompidou, à Paris. Très vite l'idée s'impose de proposer aux auteurs des Chats de participer à l'événement. Grâce à Chris Marker, je rencontre les Chats, avec Laurence Braunberger, productrice du film. La connivence est immédiate, les vents vont dans le même sens, le projet peut naître. Il reste à trouver la forme, respectant le mode opératoire des Chats, tout en dépassant le modèle traditionnel de la projection et de l'événement illustratif.

Le projet était d'une belle démesure. Il fallait pour le réaliser l'énergie et la détermination de ceux qui rêvent à l'impossible. L'idée des CHATs était de marquer le territoire, d'envahir, d'affirmer leur présence sans pour autant s'attarder dans l'institution. Nous devions donc agir de manière rapide et spectaculaire. La première action a été de peindre, sur le sol de la place face au Centre Pompidou, un Chat jaune d'une taille gigantesque (50 m x 25 m). Trois jours furent nécessaires pour le réaliser, environ 500 litres de peinture, une équipe composée de CHATs, d'amis proches et d'étudiants des Beaux-arts, avec le soutien logistique des équipes du Centre Pompidou. Ce Chat, appelé "Le Plus Grand Chat du Monde" est probablement la plus grande peinture urbaine réalisée à ce jour. Outre son côté gigantesque et spectaculaire, il a révélé d'une manière forte que la Piazza du Centre pouvait devenir une surface d'inscription et, par extension, que l'espace public pouvait être un terrain de jeu, pour peu qu'on sache se l'approprier.

Il restait ensuite à conquérir l'espace intérieur du bâtiment. Il fallait mettre en place une invasion de Chats dans les différents niveaux du Centre Pompidou. Quelques centaines de Chats jaunes en carton furent accrochés dans tous les étages le jour de l'avant-première de Chats Perchés. Le Chat étant déjà une image culte, ils ne restèrent que quelques heures en place, emportés par des visiteurs.

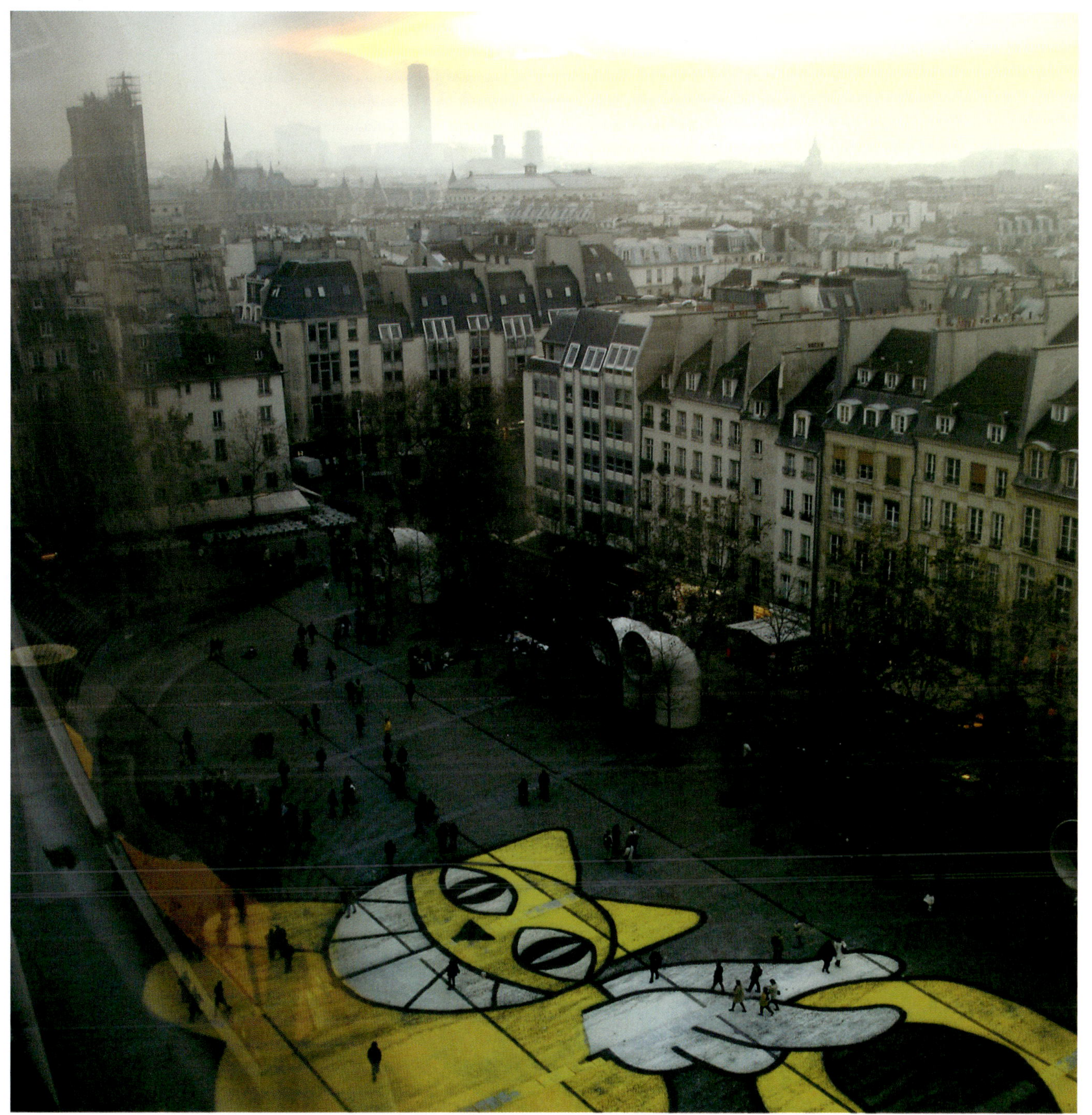

Piazza du Centre Pompidou, décembre 2004 pour l'avant-première de *Chats perchés* de Chris Marker.

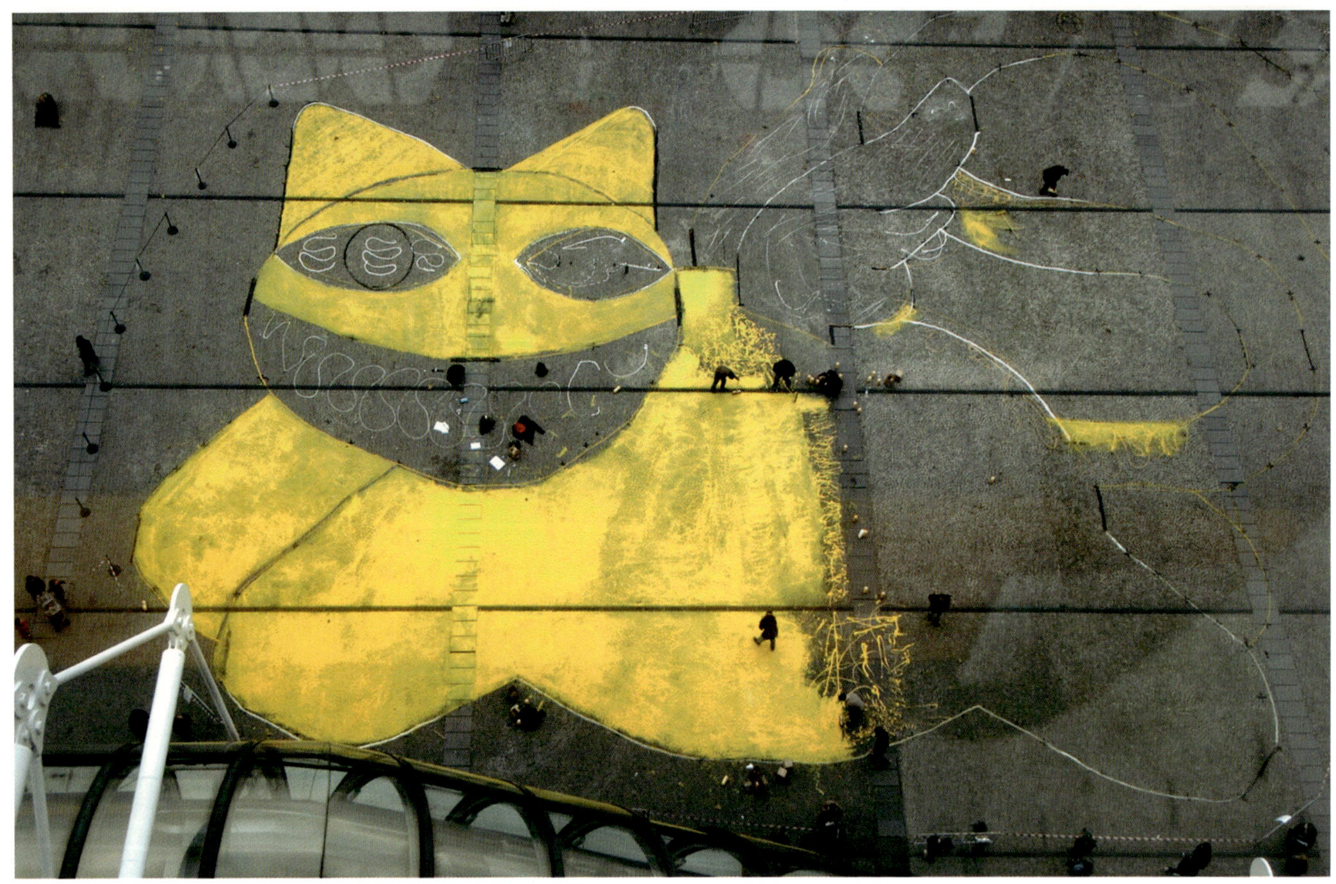

Il restait à mettre en place le chemin qui conduirait le spectateur, au travers de l'image du Chat, de la ville à la salle de projection. Le film déjà comportait quelques pièges, comme si l'instant présent se poursuivait dans l'écran : l'histoire commençait à l'endroit même où le "Plus Grand Chat du Monde" avait été peint, sur la Piazza du Centre Pompidou, donnant ainsi l'illusion d'une continuité dans l'espace et dans le temps.

Nous rajoutâmes un autre piège en distribuant des masques de Chats : la population de Chats se trouva tout à coup démultipliée, créant ainsi une sorte de communauté virtuelle. On vit des Chats circuler en ville, dans le métro...

Le port du masque étant obligatoire pour assister à la projection, on put observer alors un double phénomène : perte de l'identité personnelle, acquisition individuelle et collective de "l'identité Chats", acceptation de jouer le jeu et de retrouver ensemble un temps provisoirement réenchanté.

L'entrée des spectateurs masqués, retransmise en direct sur l'écran, produisit un effet miroir : chacun se voyait Chat, chacun était déjà dans l'écran, prêt à entrer dans le film. Il y eut aussi, avant le film, une danse de Chats interprétée par Maroussia Vossen...

Il n'y avait plus le lendemain, comme trace du passage des CHATs, que le "Plus Grand Chat du Monde". Il demeura encore quelques jours sur la Piazza du Centre Pompidou, jusqu'à ce que les équipes de nettoyage commencent à l'effacer au petit matin. Il résista, puis finit par disparaître. Nous n'avions pas prévu que, une fois effacée la peinture

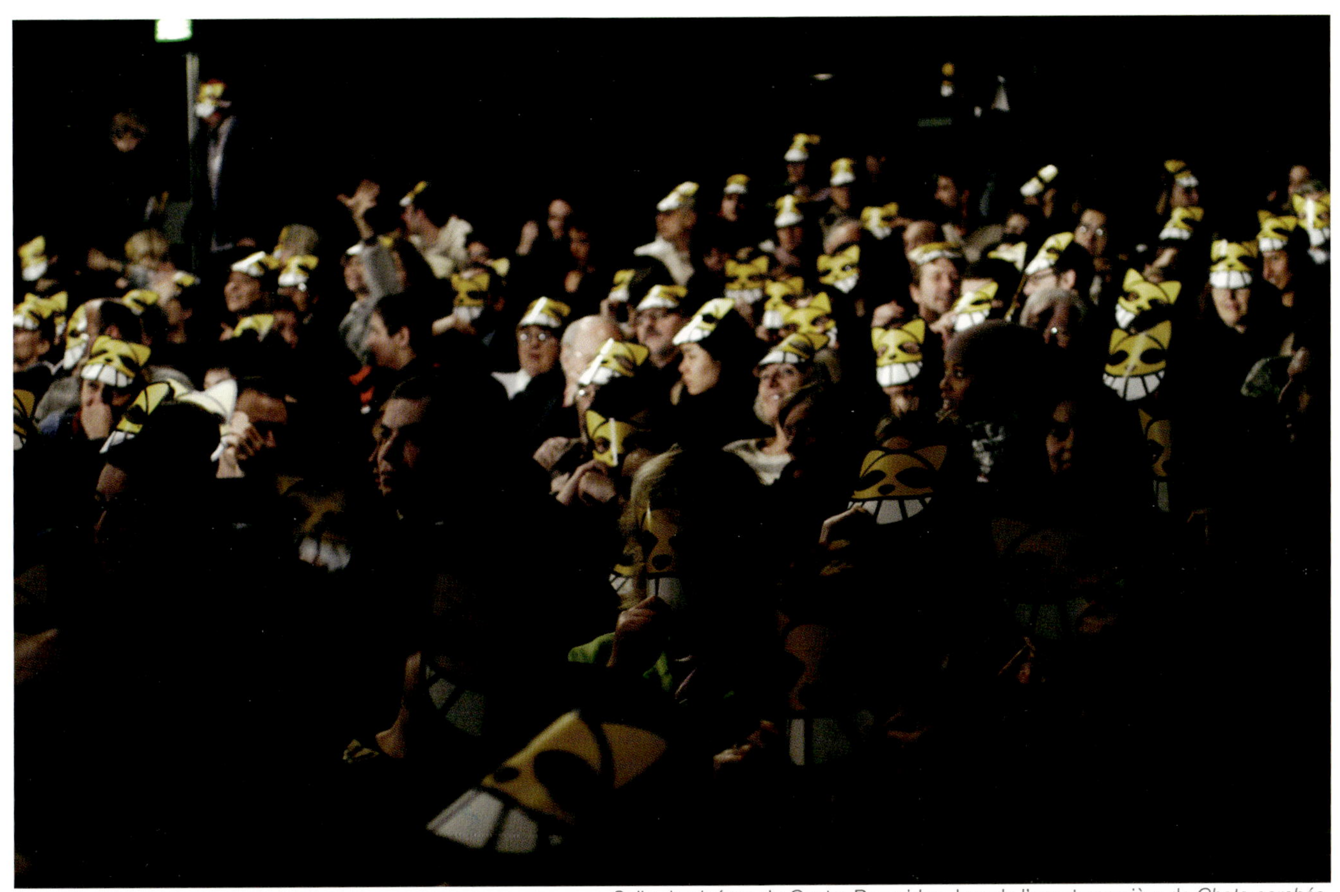

Salle de cinéma du Centre Pompidou, lors de l'avant-première de *Chats perchés*.

de surface, les machines redessineraient la forme du Chat dans le vif du pavé.

Le Chat fit la couverture de nombreux journaux. Après ce bref passage dans l'institution, les CHATs décidèrent de poursuivre leur route, en France puis en Europe. La dernière action en date est un tramway recouvert de Chats, qui circule actuellement à Sarajevo en Bosnie.
Finalement, pas à pas, le monde devient son nouveau territoire, pour peu qu'il s'y trouve des gens déterminés à tout mettre en œuvre pour que son sourire vienne s'inscrire sur les murs.
À ce jour, la figure du Chat échappe à toute définition, même si on peut la rapprocher de catégories établies comme les *street artists* ou le *post-graffiti*. Ici, l'apposition d'une image sur les murs est un acte réfléchi, accompli avec cette utopie d'habiter le monde.
Mais à la différence d'un certain nombre d'images qui se répandent sur la planète, la figure du Chat n'est la représentation symbolique d'aucune idée de pouvoir. Elle pose par là même la question de la nature des signes qui gouvernent le monde.

Etienne Sandrin, Paris, 2005

Paris, terrain minet

Sur les traces des 80 peintures de Monsieur Chat qui égaient les murs de la capitale.

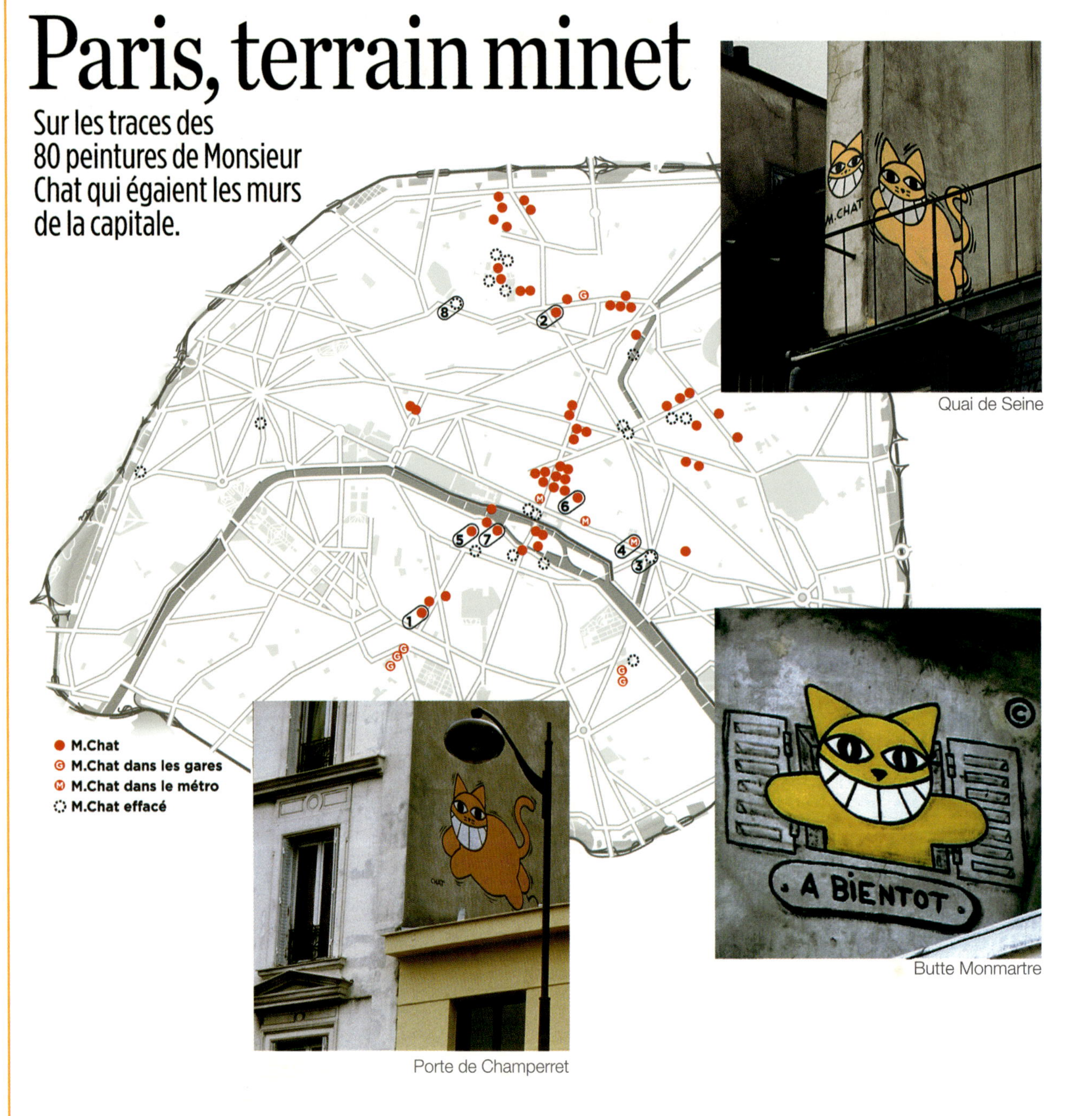

Quai de Seine

Butte Monmartre

Porte de Champerret

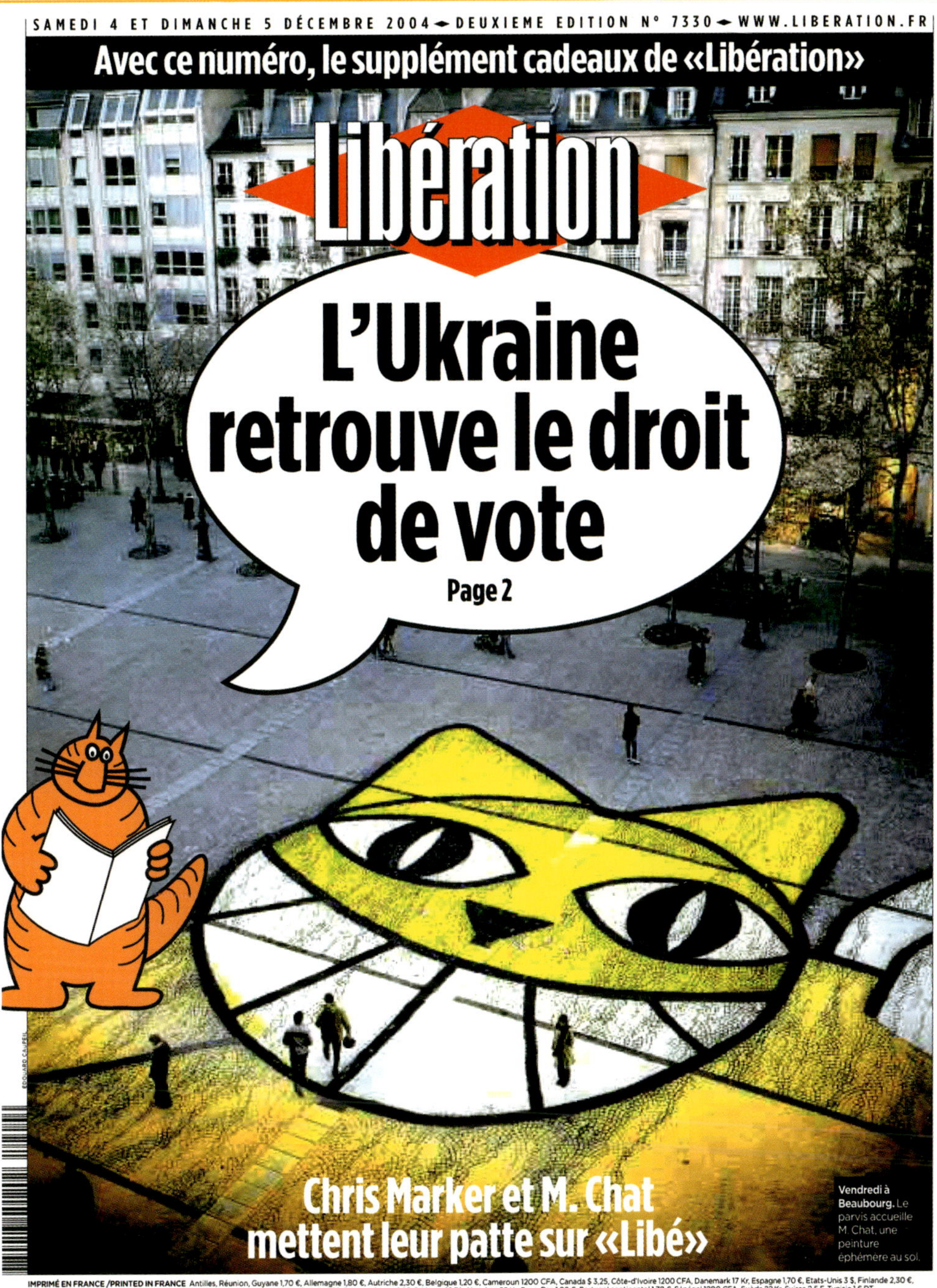

SAMEDI 4 ET DIMANCHE 5 DÉCEMBRE 2004 • DEUXIEME EDITION N° 7330 • WWW.LIBERATION.FR

Avec ce numéro, le supplément cadeaux de «Libération»

Libération

L'Ukraine retrouve le droit de vote

Page 2

Chris Marker et M. Chat mettent leur patte sur «Libé»

Vendredi à Beaubourg. Le parvis accueille M. Chat, une peinture éphémère au sol.

IMPRIMÉ EN FRANCE /PRINTED IN FRANCE Antilles, Réunion, Guyane 1,70 €, Allemagne 1,80 €, Autriche 2,30 €, Belgique 1,20 €, Cameroun 1200 CFA, Canada $ 3,25, Côte-d'Ivoire 1200 CFA, Danemark 17 Kr, Espagne 1,70 €, Etats-Unis 3 $, Finlande 2,30 €, Gabon 1200 CFA, Grande-Bretagne 1,20 £, Grèce 1,85 €, Irlande 2 €, Israël 13 NIS, Italie 1,70 €, Luxembourg 1,20 €, Maroc 12 Dh, Norvège 22 Kr, Pays-Bas 1,80 €, Portugal continental 1,70 €, Sénégal 1200 CFA, Suède 22 Kr, Suisse 2,5 F, Tunisie 1,6 DT.

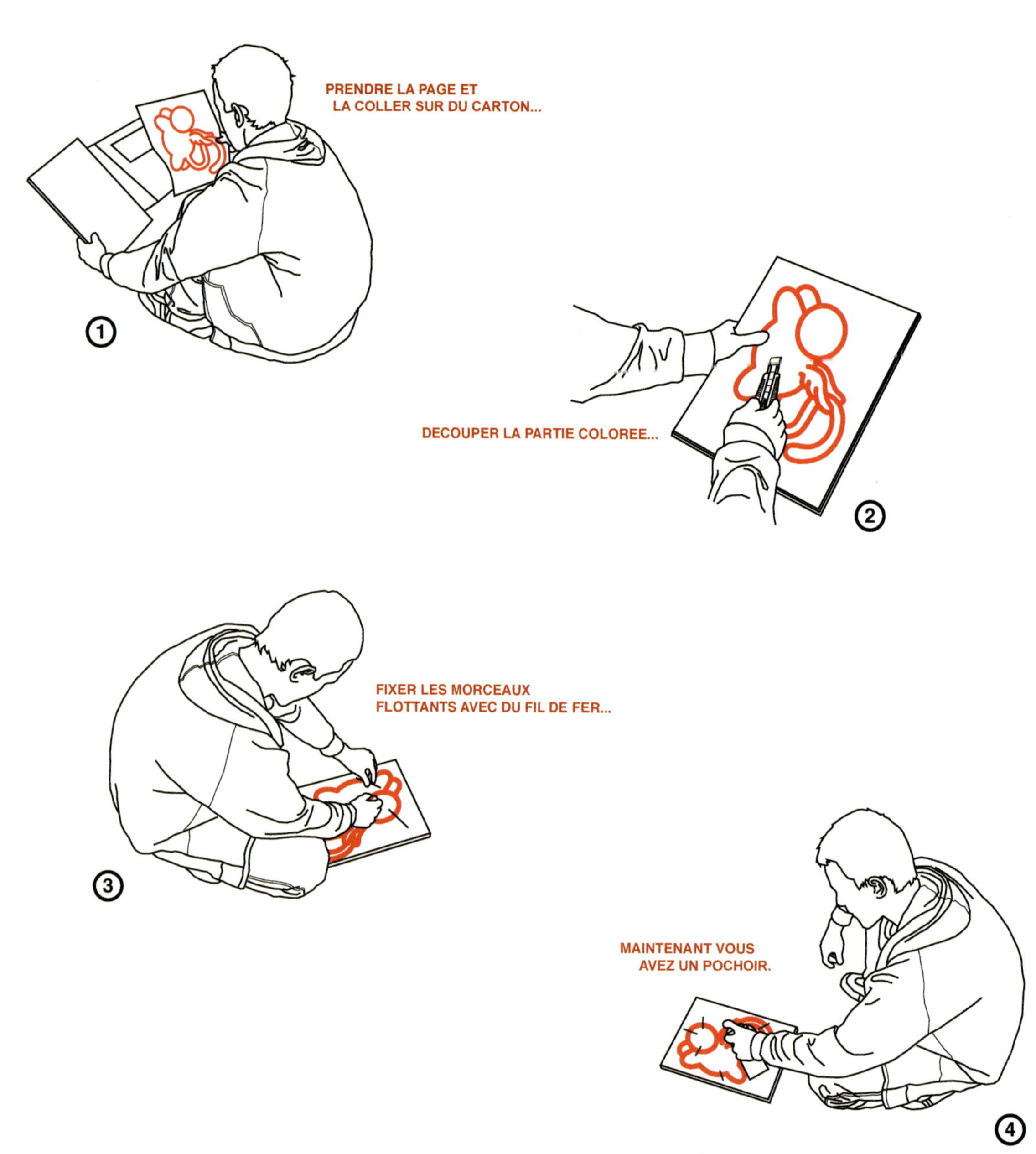
PRENDRE LA PAGE ET
LA COLLER SUR DU CARTON...
①
DECOUPER LA PARTIE COLOREE...
②
FIXER LES MORCEAUX
FLOTTANTS AVEC DU FIL DE FER...
③
MAINTENANT VOUS
AVEZ UN POCHOIR.
④

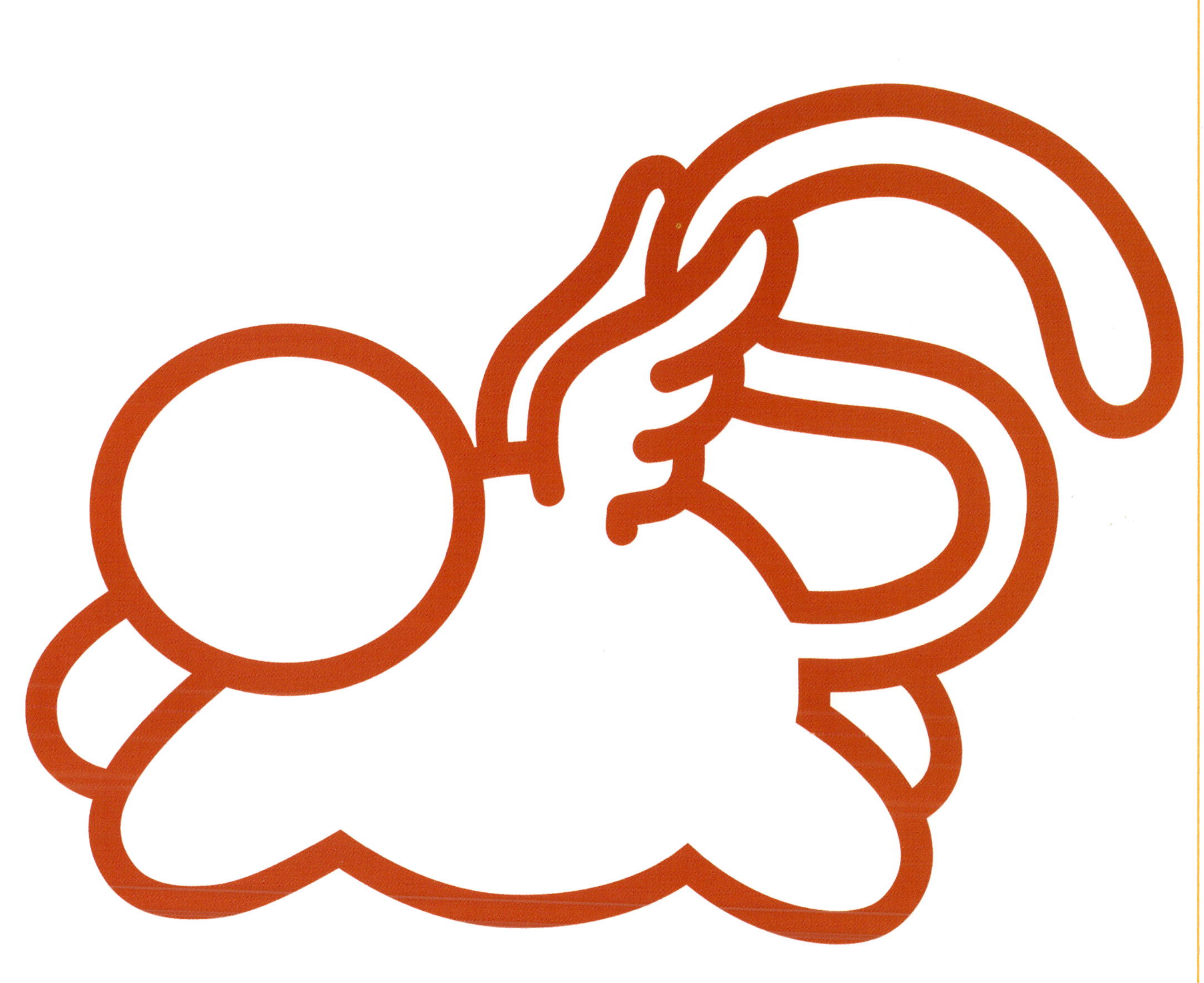

Les chats se manifestent

Le 8 décembre dernier (2004), ParisMobs a organisé la dixième flash mob de la capitale, une sorte de *happening* fugace et absurde. Le lieu : Beaubourg. Le thème : le Chat-Pot.

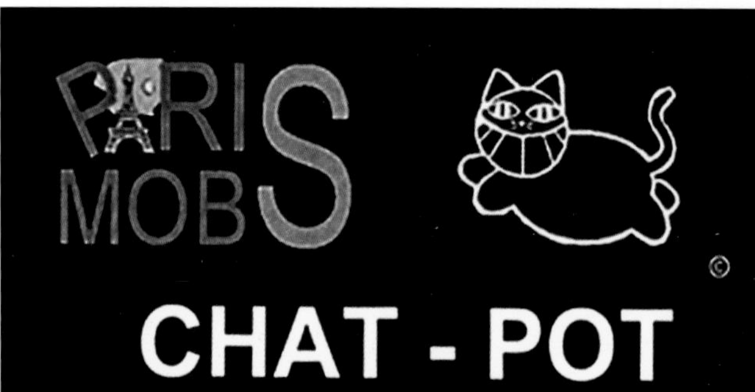

Quittez dès maintenant le lieu de distribution. Rendez vous sur la Piazza Beaubourg. Repérez rapidement le Chat marqué au sol et ses contours, puis éloignez vous du Chat. Flânez tranquillement sur la piazza en évitant le Chat, jusqu'à 19h30.

A 19:30:00 précises : Mettez votre chapeau, approchez vous rapidement du Chat et placez vous sur l'ensemble des contours du Chat (les parties noires du dessin). Il convient que la forme du Chat soit totalement recréée par les flashmobbers. Espacez vous de façon à recouvrir tous les contours du Chat, y compris le corps et la queue.

A 19:31:00 : miaulez tous pendant deux minutes.

A 19:33:00 : allumez votre briquet et laissez le allumé pendant deux minutes en silence.

A 19:35:00 : un participant va crier « La nuit tous les chats sont gris ». Répétez tous cette phrase en chœur, éteignez votre briquet et quittez la piazza tranquillement.

Soyez prudent avec la flamme du briquet et les vêtements.

Merci pour votre participation.

Conservez cette fiche. Vous y trouverez un mot de passe utile ultérieurement.

A bientôt !

ParisMobs

horloge parlante ☎ 3699

Flyer et témoignages des Flashmobeurs récupérés sur Internet.

“ Je m'étais souvent demandé d'où provenaient les chats souriants que l'on aperçoit à de nombreux endroits dans Paris. J'ai eu un début de réponse dans le *Libération* d'aujourd'hui et surtout dans le film documentaire de Chris Marker diffusé cette nuit sur Arte. Le film commençait par quelques images de la flash mob du centre Pompidou. J'ai même aperçu un bout de mon parapluie orange, acheté quelques minutes plus tôt au BHV. ”

Flashmobeur x

“ J'ai toujours été frappé par l'imprécision et les erreurs nombreuses que l'on trouve dans n'importe quel article de journal, à partir du moment où l'on connait un peu le sujet. Quelques récits de la flash mob d'hier sont assez évocateurs. Dans *Le Parisien* d'aujourd'hui :
« Les flash mobeurs connaissent bien Paris. Ils l'ont encore prouvé hier soir sur la Piazza Beaubourg où l'artiste Chris Marker a peint sur le sol, il y a quelques jours, un immense spécimen de son célèbre chat jaune. » Célèbre, Chris Marker ? Apparemment pas tant que ça.

Autre compte-rendu, sur un blog celui-ci. Certes, me direz-vous, un blogueur n'est pas un journaliste. En l'occurrence, celui-ci en est un et j'ai toujours plaisir à le lire, en particulier lorsqu'il a un peu fumé. Au sujet d'hier que nous dit-il ? « Le rassemblement n'avait pas grand-chose de spectaculaire ». Au-dessous de cette affirmation, une photo du Chat avant le rassemblement, avec deux pelés et trois tondus qui le traversent. C'est sûr, rien de spectaculaire... Ensuite, le miaulement de la foule est jugé « inaudible ». Un problème de sonotone, cher Paul ? Enfin, un petit détail, l'aboyeur qui a beuglé la phrase finale serait coiffé d'un Stetson. Il s'agissait en fait d'un Panama...
Après tout, il suffit de le savoir et de douter de tout ce qui est écrit. Surtout par un journaliste... ”

Flashmobeur y

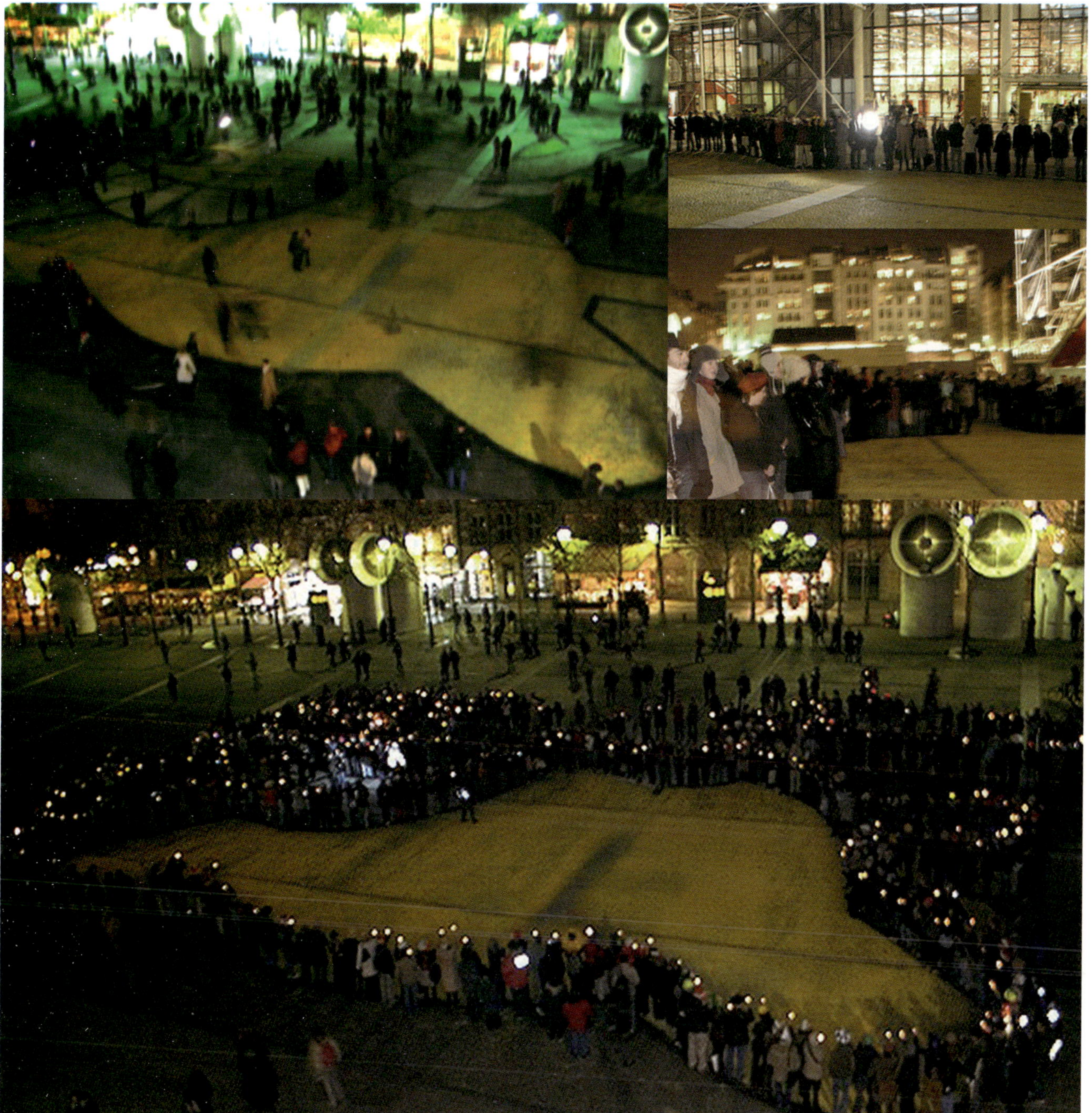

Rassemblement spontané lors de l'effacement du "Plus Grand Chat du Monde".

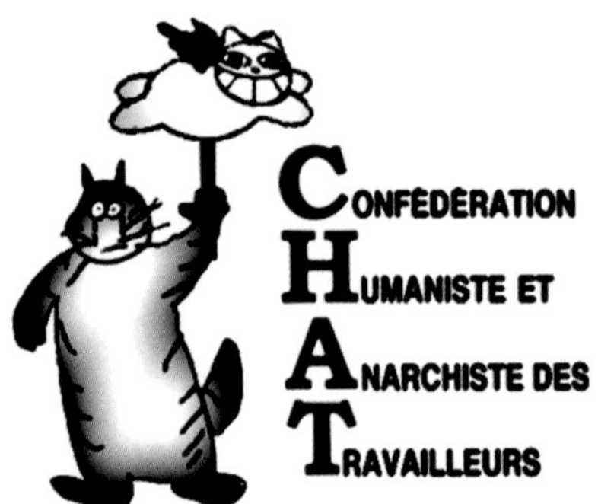

Rendez-vous le 1er mai...

Peut-être que cela vous intéressera de savoir comment est née l'idée de présenter des « chats pancartes » durant des manifestations.

En fait, ils ne sont pas apparus immédiatement, il y a d'abord eu une découverte de ce que pouvait être un mouvement de foule parisien. J'avais déjà participé lors des manifestations anti-CPE à des mouvements de masse, ressentant de l'intérieur l'énergie qui se dégage d'un tel rassemblement.

Cette fois-ci, c'était différent, je ne ressentais pas la même osmose. J'étais plus spectateur qu'acteur, un peu en retrait de la foule, comme me méfiant de cette marée humaine qui pouvait rugir à tout instant. Et puis l'installation d'un stand de boissons et d'un vendeur de cigarettes et de hot-dogs m'a un peu surpris. Ce n'était plus vraiment comme les rassemblements lycéens que j'avais connus. J'avais peut-être moi-même acquis plus de maturité, mon point de vue avait changé. Ce n'était plus la fougue juvénile d'antan, j'observais de loin cette marée humaine, me laissant porter par le flot, curieux de savoir jusqu'où il me mènerait...

Comme je vous l'ai dit plus haut, ce n'était plus pareil : il y avait des marchands de frites et l'ambiance était assez bizarre, rien ne semblait organisé... Tout le monde flânait, se regardait et avait l'air d'attendre quelque chose... À vrai dire ça stagnait, et puis une bande de types est arrivée les bras chargés de banderoles et de drapeaux, d'autres ont commencé à recouvrir d'autocollants tous ceux qui leur passaient à portée de main. En moins de 15 minutes, plusieurs centaines de personnes avaient été transformées en parfaits militants. Exactement les mêmes que l'on voit a la télé, avec un drapeau, un autocollant et qui crient bien fort des slogans débiles et rageurs.

Ceux qui avaient distribué les drapeaux, les banderoles et les autocollants se sont mis à crier : « En avant ! » ; un premier groupe a commencé à marcher et tout le reste a suivi...

A un moment, des journalistes sont apparus et une quantité impressionnante d'appareils photo a commencé à mitrailler au flash ce qui devenait peu à peu un événement. La foule n'en pouvait plus et tout le monde s'est mis à brailler comme des ânes (moi aussi d'ailleurs). Après les journalistes de la presse, arrivèrent ceux de la télé avec leurs équipes motorisées. Dès qu'ils ont commencé à filmer tout le monde s'est mis à brailler. Il y avait même des tambours et des trompettes, c'était jour de kermesse.

J'étais face à l'œil de la télévision, ce capteur était présent partout et rediffusait instantanément les images dans les téléviseurs de toute

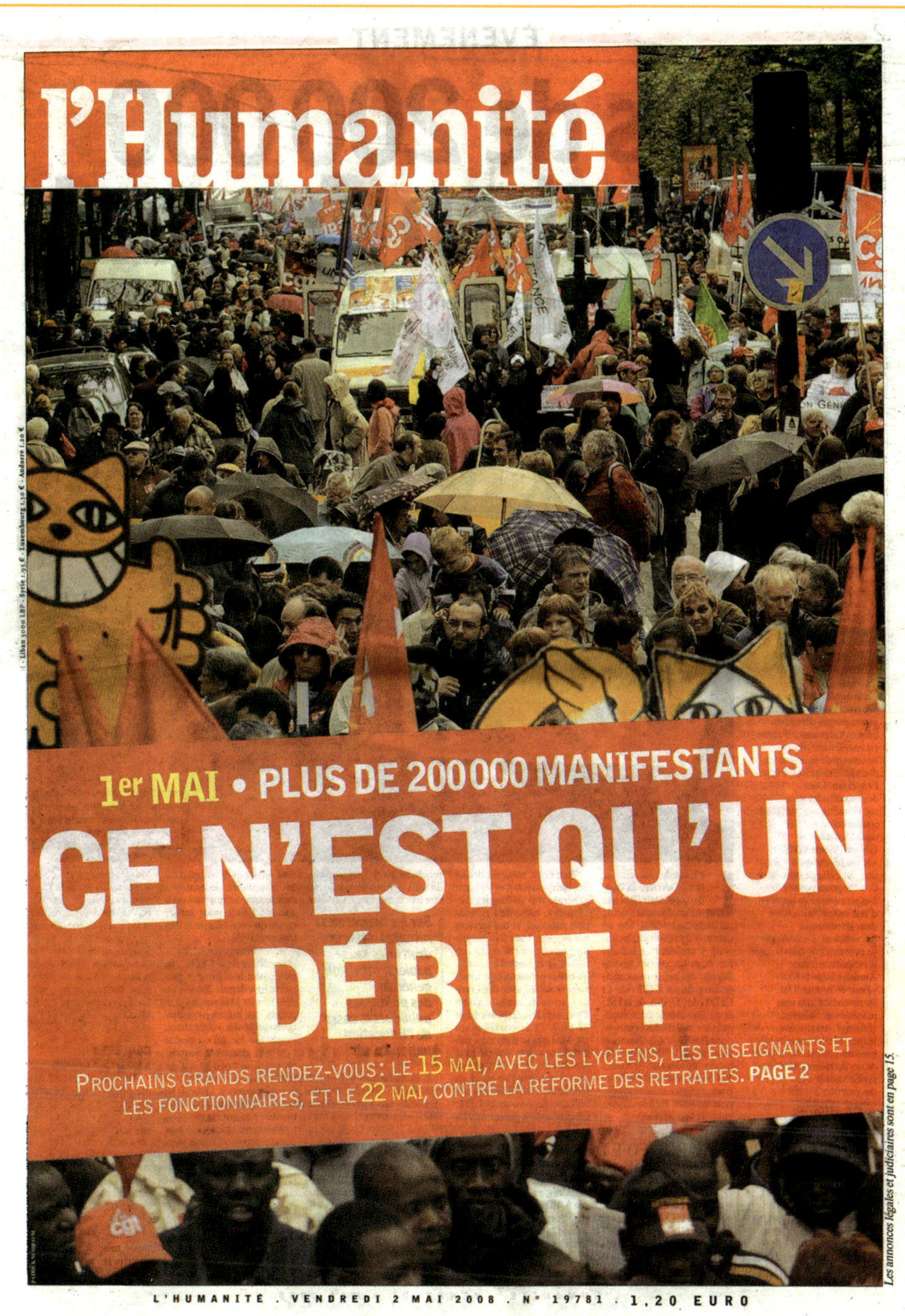

l'Humanité

1er MAI • PLUS DE 200 000 MANIFESTANTS

CE N'EST QU'UN DÉBUT !

PROCHAINS GRANDS RENDEZ-VOUS : LE 15 MAI, AVEC LES LYCÉENS, LES ENSEIGNANTS ET LES FONCTIONNAIRES, ET LE 22 MAI, CONTRE LA RÉFORME DES RETRAITES. **PAGE 2**

Les annonces légales et judiciaires sont en page 15.

L'HUMANITÉ . VENDREDI 2 MAI 2008 . N° 19781 . 1,20 EURO

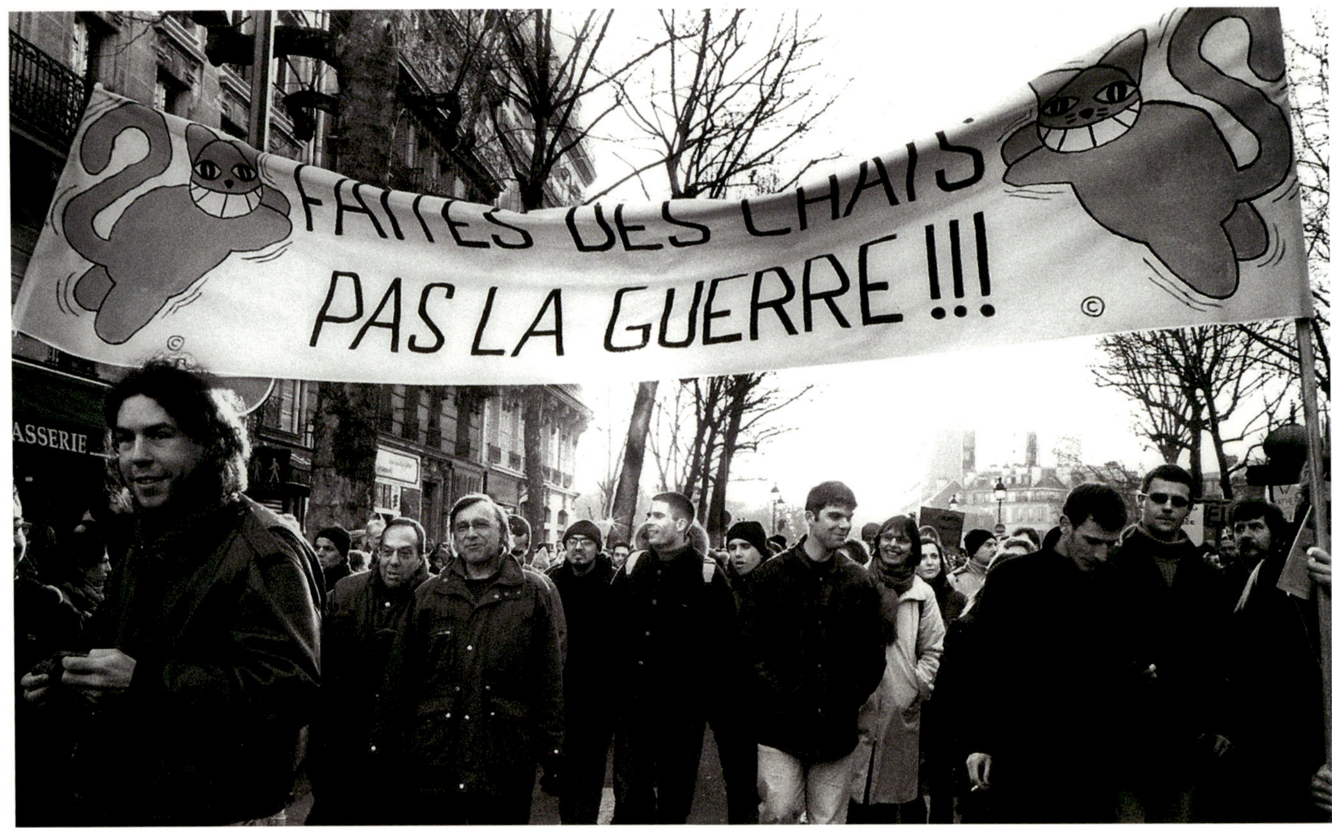

Manifestation des Américains contre la guerre en Irak, boulevard Saint-Germain, Paris 2003.

la France... J'ai voulu me laisser aspirer par ce trou noir, c'était comme une porte pour traverser l'espace. Derrière ces caméras se cachaient des dizaines de milliers d'écrans, derrière ces dizaines de milliers d'écrans encore d'autres dizaines de milliers de personnes...

J'ai eu vraiment très peur de ce trou noir médiatique, mais j'observais à distance le spectacle qui se déroulait devant moi. Du direct en direct, le sujet quasi unique de toutes les conversations... C'était vraiment transcendant. L'avant des cortèges, les gorilles, les chefs de file et tout le tralala... toutes ces conversations à portée de mes oreilles et de mes yeux. Toute la société à ciel ouvert était pour une fois dans un univers que je connaissais bien : la rue...
C'est ce jour-là que j'ai compris ce que l'on appelle un noyautage. Cette expérience a confirmé les idées qui me traversaient l'esprit depuis un moment, quant à la manipulation dont on peut être, à notre insu, les acteurs consentants. Face à cette grande mascarade, je n'arrivais plus à me positionner, j'étais l'un de ces individus qui suit les autres sans vraiment savoir où la masse me conduit.

Et puis, fidèles à cette maxime de je ne sais plus qui « Observe, Assimile, Reproduis », on a construit des banderoles, des pancartes, et on avait des dépliants grattés sur des boulots d'amis graphistes... et puis on y est allés, c'était notre principale activité du moment : aller aux manifestations... Se promener dans la ville libérée de voitures et de policiers, se retrouver entre humains et marcher un bout de chemin ensemble. Écouter un peu ce que l'autre dit et se rendre compte que, pour lui, c'est un peu pareil...

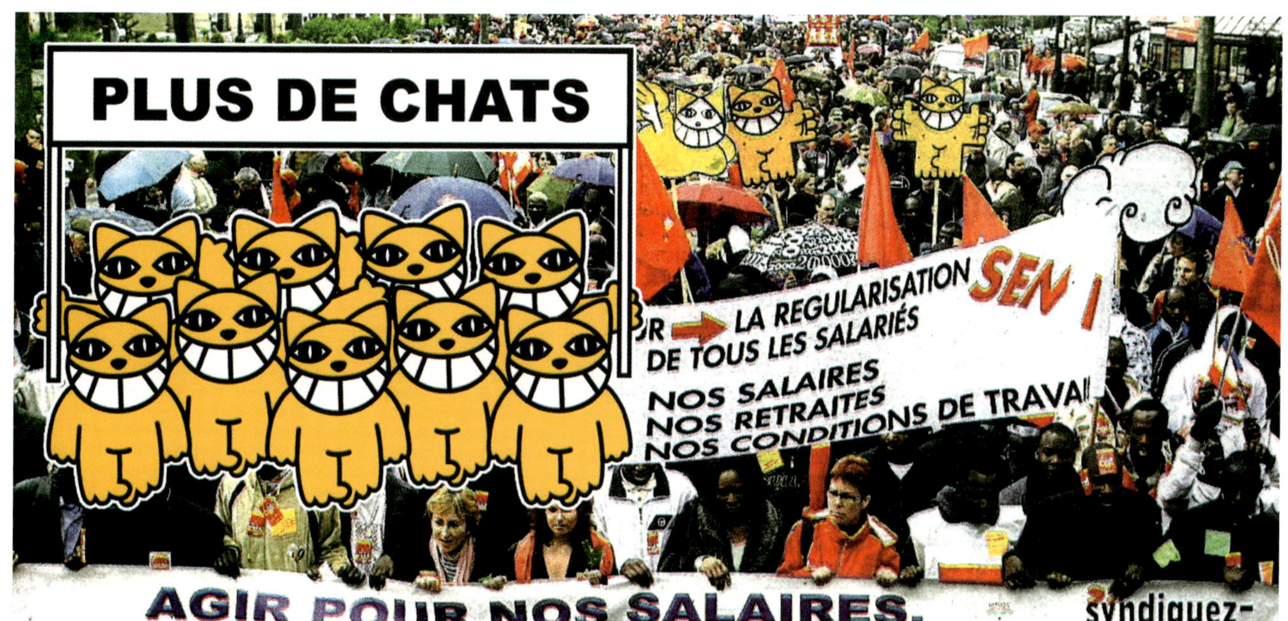

Frustrés, les étudiants votent la reprise des cours

Poitiers, Reims, Nancy, Lyon... les blocages tombent les uns après les autres.

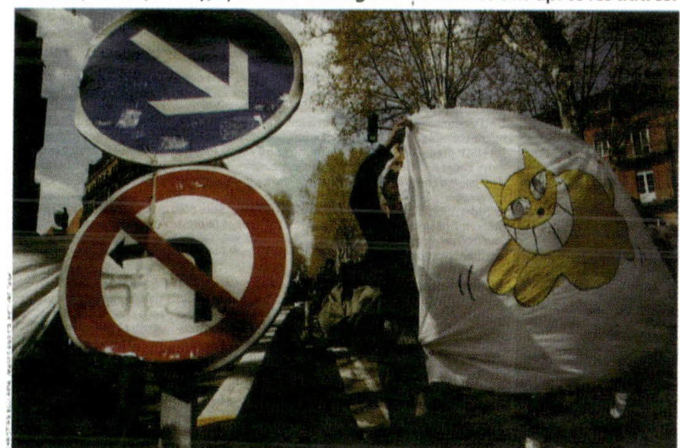

A Toulouse, hier, la manifestation pour l'abrogation de la loi sur l'égalité des chances a rassemblé 2500 personnes.

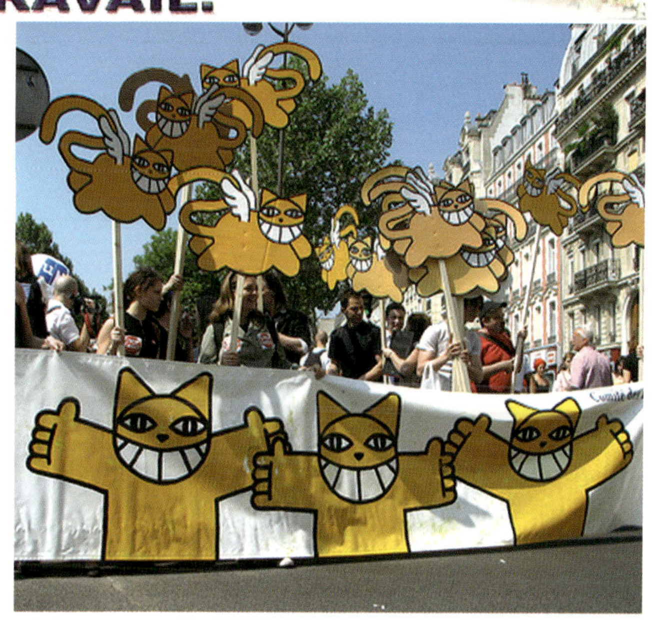

Manifestation du 1er Mai, Paris 2005.

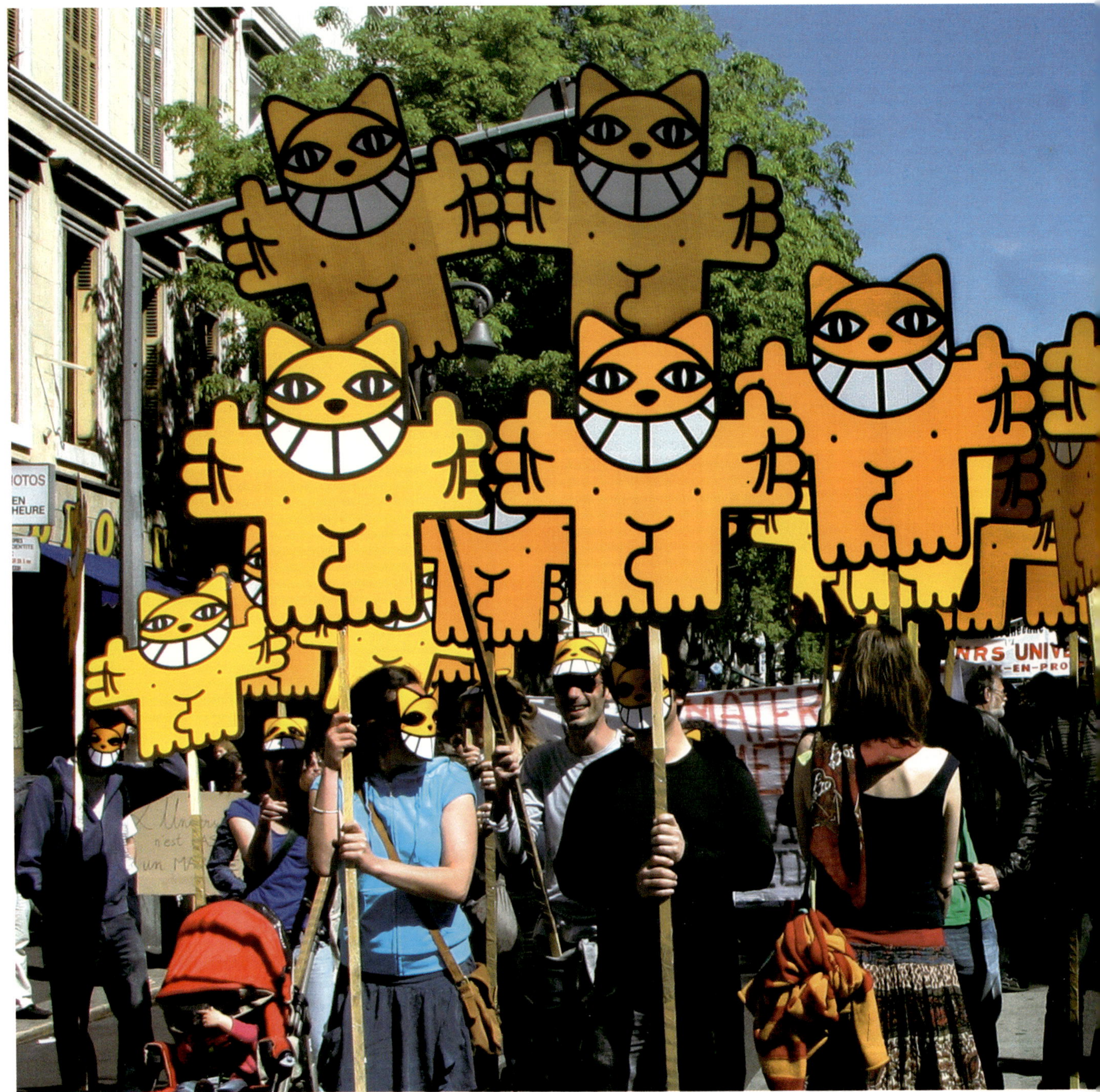

Manifestation du 1er Mai, Marseille 2009.

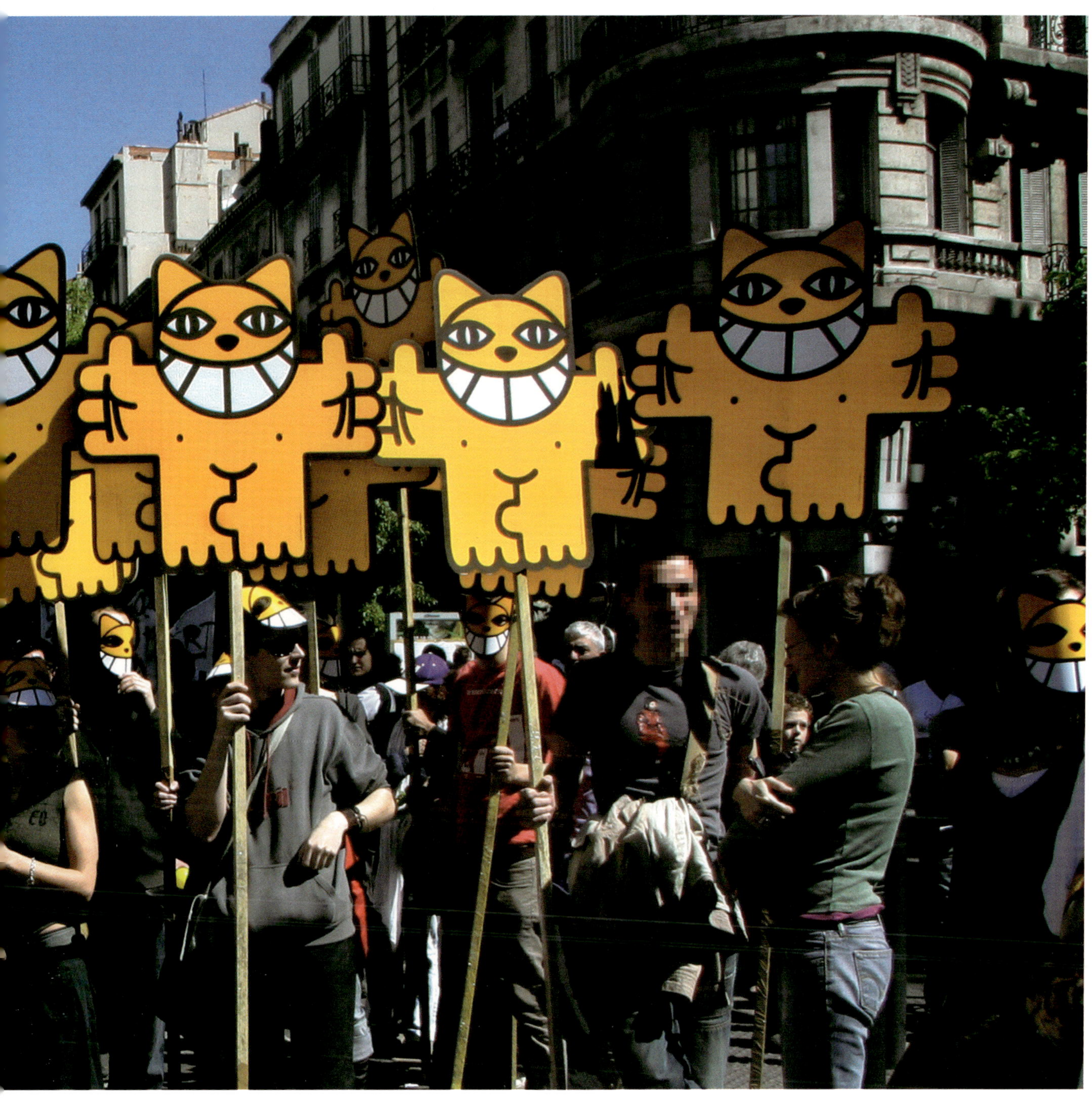

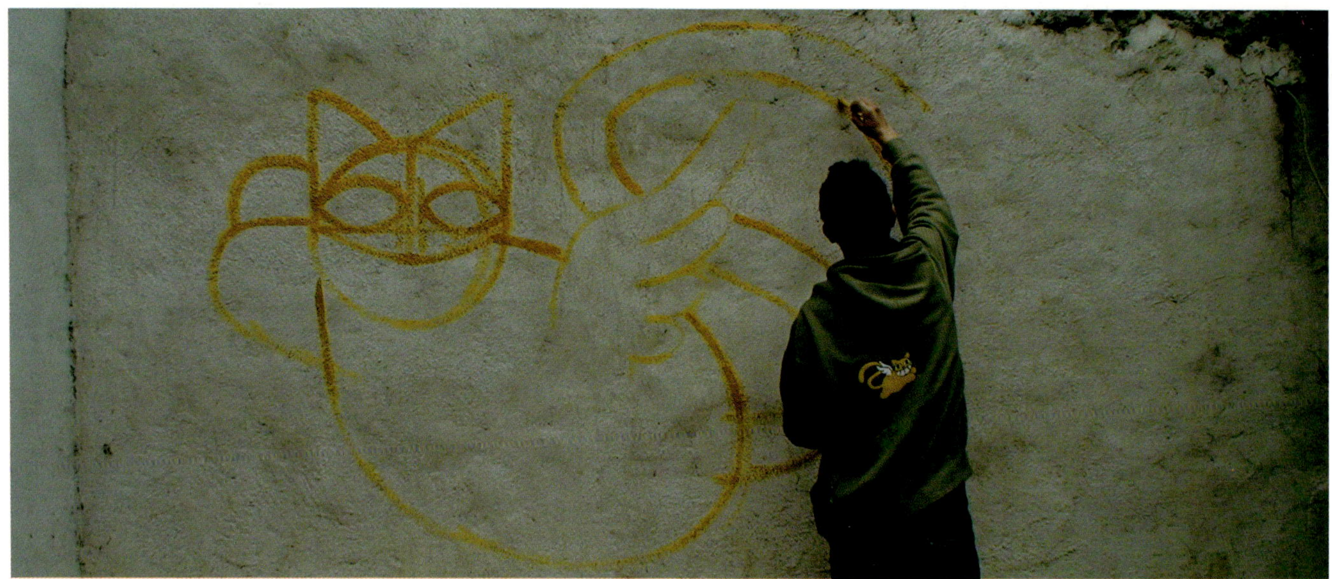

Rencontre avec M. CHAT

Tout a commencé en 2003, à Paris, un jour où j'allais au Centre George Pompidou. Je voulais revoir la collection permanente du musée pour trouver la clé. Une clé qui me permettrait de faire entrer le graffiti et l'art urbain dans le temple français de l'art contemporain.

J'étais déterminé, je voulais qu'une poignée d'artistes graffeurs soient enfin acquis par le Centre pour parachever la reconnaissance de cet art majeur des quarante dernières années. Arrivé sur l'esplanade inclinée de Pompidou qu'on appelle la Piazza, je m'arrêtai devant une fresque peinte sur le sol : un chat ailé orange énoooooorme ! Il occupait toute l'esplanade. Pour moi, à cet instant, le temps s'est arrêté. Dans ma tête, une foule d'images défilèrent à toute vitesse : je revis ces dizaines de chats souriants que j'avais captés du coin de l'œil à Londres, Vienne, Genève, Zurich, Amsterdam, mais surtout à Paris. En haut d'un toit, un chat bondissant tout droit, une spirale sortant de sous ses fesses pour souligner sa maestria acrobatique. Derrière Patrick Poivre d'Arvor, pendant son journal télévisé sur TF1, un chat fixé en haut d'une perche en bois, brandi par un manifestant iconoclaste lors d'un défilé syndical. Dans la perspective d'un boulevard, un autre chat orange à l'immense sourire prenant son envol au coin d'un immeuble. Je me surprenais à l'imaginer s'envoler vers l'immeuble d'en face, comme dans un film animé de Miyazaki. Ici un chat perché, là un chat volant, ici encore un chat offrant des fleurs dans un cadre à moulures, là enfin un chat ouvrant les bras en croix comme le Christ de la baie de Rio. Partout ces images du chat au sourire de sphinx. Mais qui en était l'auteur ? Quel artiste funambule avait passé plusieurs années de sa vie à peindre et à essaimer ses mystérieux félins dans des « spots » magnifiquement inatteignables ? Quel héros des temps modernes se cachait derrière le masque du matou grimaçant ? J'oubliai sur le champ la démarche qui m'avait amené au Centre Pompidou pour interroger la foule des admirateurs. « Vous savez qui a peint ce chat ? » « Vous connaissez l'auteur de ce chat ? » « Quelqu'un peut-il me renseigner sur ce chat ? » Personne. Tout le monde l'adorait, le trouvait « trop mignon », un vantard prétendait que c'était lui M. Chat ! Mais en réalité, il n'était pas là. Ou alors si, il était là et savourait incognito le règne incontesté de sa créature. Je passai en mode radar et scannai la foule. Celui-là, avec son air débonnaire mais légèrement coupable, serait-ce M. Chat ? Ou bien celui-ci, avec des taches de peinture blanche sur ses baskets ? Ou celle-là un peu en retrait, surveillant le spectacle urbain ? Parce que rien ne me disait que M. Chat n'était pas Mme Chat...

Ce fameux chat ailé orange fait partie de ma vie depuis ce jour-là. Je l'ai désormais suivi pas à pas, photographié dès que j'en apercevais un nouveau, découvert sous la caméra détective de Chris Marker dans son documentaire *Chats Perchés*, repéré aux quatre coins du monde : Sarajevo, New York, Hong Kong, Macao, Francfort, Tokyo et Séoul, où il est entré dans des collections publiques et privées... J'imaginais des dialogues entre le chat et moi, et quand j'en croisais un dans la rue, sur une terrasse ou dans le métro, ça partait en live : « Salut M. Chat, t'es là depuis longtemps ? Parce que je suis passé par ici l'autre jour, et je ne crois pas que tu y étais... » Le chat me répondait systématiquement avec un sourire tellement généreux que j'y mettais tout ce que je voulais : « Non, je viens d'arriver, mais j'adore le coin. Je crois que je vais y traîner un peu mes coussinets. » Ou bien : « T'es barjo ou quoi ? Je suis ici depuis plus d'un an et ce n'est qu'aujourd'hui que tu me remarques ? Passe ton chemin, binoclard ! » Ou encore : « J'étais là l'été dernier déjà, mais quand il fait beau et chaud, je te connais, t'as les yeux braqués sur les jambes des filles dans la rue. Pas étonnant que tu ne m'aies pas remarqué... »

M. Chat a toujours raison. Il est le miroir de nos interrogations. Pour toute réponse, il offre un croissant de lune de dents blanches qu'il nous laisse interpréter librement : cynisme, drôlerie, moquerie, provocation, amour sans retenue. M. Chat est l'auberge espagnole de notre for intérieur : on y trouve ce que l'on y apporte.
Mais l'identité de l'artiste urbain auteur de ce chat au don d'ubiquité restait une énigme. Tout ce que je pouvais lui supposer, c'était un sens de l'humour très particulier et une vision très claire de sa mission esthétique et sociale. En tout cas, cinq ans après l'avoir découvert sur la Piazza du Centre Pompidou, il me fallait désormais le rencontrer. Je voulais travailler avec lui, créer des scénarios pour son chat, le montrer à ceux qui ne le connaissaient pas plus que ça, imposer son irrésistible silhouette pour qu'enfin Garfield, Tom, Félix et tous les autres félins de renom soient relégués au second plan, derrière Sa Majesté M. Chat.
Finalement, la rencontre eut lieu. Un dîner en tête-à-tête entre l'auteur des chats proliférants et votre humble serviteur. Un petit boui-boui du passage Brady, little India à Paris. Il m'a d'emblée paru moins bien peigné que son chat. Plutôt un chat de gouttière. Nous avons commandé des cheese nans, un poulet tandoori, un kulfi ragash (ou quelque chose de ce genre) et du riz basmati. Je rencontrais enfin M. Chat en plein Bombay. Je lui racontai les exploits de mon aïeul le général Perron, généralissime du Grand Mogol dans ce qui allait devenir plus tard le joyau des colonies britanniques et aujourd'hui l'Inde. L'homme en face de moi, timide mais séducteur, attentif et distrait à la fois, me semblait ronronner de plaisir entre chaque bouchée. « Mais, parlons un peu de toi. Pourquoi le chat ? » Il m'explique qu'en 1997, alors qu'il était étudiant aux Beaux-Arts d'Orléans, il commençait à se lasser de l'individualisme du graffiti qu'il pratiquait quotidiennement. Il cherchait une idée fédératrice et positive quand un jour, une jeune fille lui a tendu et offert un dessin de chat. Elle souriait, comme son félin, heureuse d'offrir ce compagnon en papier. Ce fut le déclic. M. Chat était né. Dès lors, il se mit à couvrir sa ville de chats. Puis, devant le succès de l'omniprésence urbaine de son chat, il alla trouver d'autres villes où poursuivre son implantation : Blois, Tours, Nantes, Rennes, Saint-Etienne, La Rochelle. Bientôt, on parla de M. Chat dans toute la France, chacun spéculant sur l'identité de son auteur. Et comme vous le savez, rien de tel qu'un mystère pour alimenter la rumeur.

Longtemps, je n'ai aimé que les chiens. Mais ce chat-là m'emballa. Nous finîmes notre dîner et sortîmes dans la rue. M. Chat voulait marcher. Je le suivis. À un moment, il repéra un mur blanc au-dessus d'un toit. Mettant son sac en bandoulière dans son dos, il s'élança sur la façade de l'immeuble et gravit quatre étages d'un seul élan. Depuis la gouttière, il me fit signe de lui emboîter le pas. Sceptique, je me demandai s'il n'était pas fou, et puis je m'élançai à mon tour. Quelques secondes plus tard, à ma grande surprise, je me retrouvai sur le toit, à ses côtés. Il se mit à peindre son alter-ego félin, plus joyeux que jamais, la foulée légère et le pinceau appliqué. Nous passâmes la nuit entière sous les étoiles de la voûte céleste parisienne, nous racontant des histoires, moi d'aristochats, lui de raminagrobis. Nous aurions poursuivi jusqu'à l'aube si je ne m'étais pas souvenu que j'avais rendez-vous en boîte de nuit avec une souris. « Bon appétit » me cria M. Chat en m'observant rejoindre à grandes foulées la rue. « Nous nous reverrons bientôt ! ».

Emmanuel de Brantes

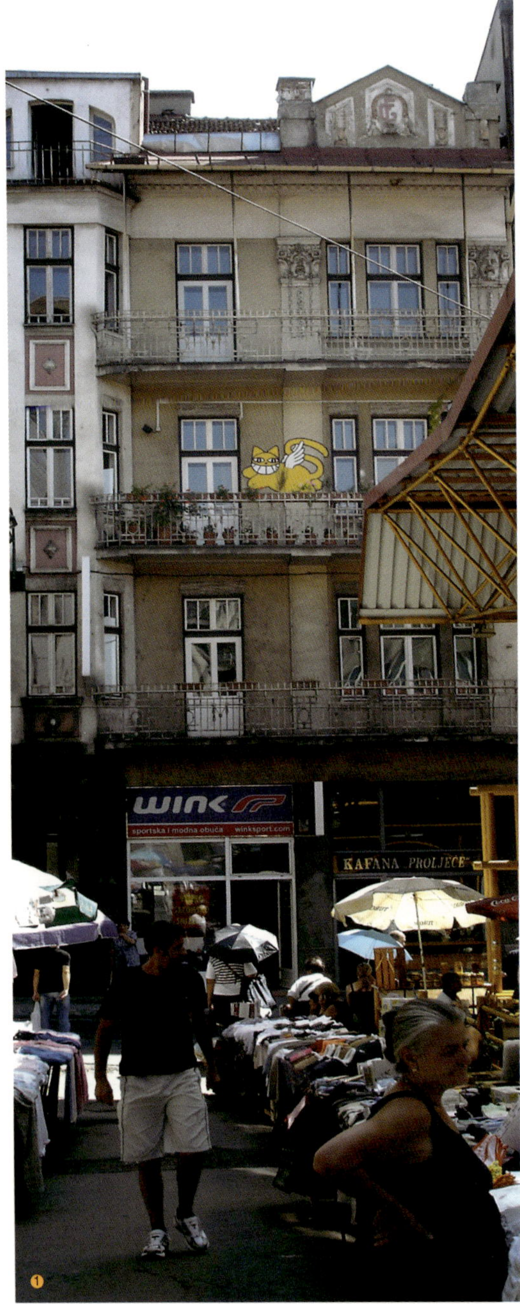

1

Façade du Centre André Malraux de Sarajevo.

“Les idées ne sont pas faites pour être pensées mais vécues.”

André Malraux

Vous avez un message de C.M. daté du 11 février 2005

Si tu passes par ici, je pourrai t'en dire plus sur l'opération Sarajevo. En un mot : Francis Bueb est un allumé de première qui a passé toute la guerre là-bas et a créé, sans moyens et au milieu de tout ce que tu imagines, un centre culturel (baptisé depuis centre André Malraux) qui a joué un grand rôle dans ce moment assez unique où Sarajevo, en plein siège, incarnait une forme de résistance peu commune. Par exemple, Susan Sontag, qui vient de mourir, y a mis en scène une pièce de Beckett sous les bombes. Depuis la paix, Francis essaie d'approfondir son travail de toutes les façons possibles, non sans difficultés... Quand je lui ai raconté l'aventure du Chat, il s'est aussitôt enthousiasmé. Il faut dire qu'en plus (détail qui ferait rire les Français bien à l'abri) les gens de là-bas, après tout ce qu'ils ont subi, ont développé une relation particulière avec les animaux, petits fragments de vie indiscutables et irrécupérables. Bref il demande à te contacter le plus vite possible, je lui envoie en même temps que je t'écris un petit dossier de l'opération, *Libé* et Beaubourg, et ton mail officiel.

- -

À Sarajevo, il y a à présent 14 Chats, dont un sur la façade du Centre Malraux. J'ai tellement aimé me perdre dans Sarajevo pendant une semaine à ne faire que des chats, dormir, manger, me promener pour repérer des murs et peindre, peindre, peindre les murs jusqu'au petit matin... jusqu'au chant des aveugles et, les yeux lourds de fatigue, retourner me coucher jusqu'à la prochaine nuit... et recommencer jusqu'à ce qu'il n'y ait plus de peinture...

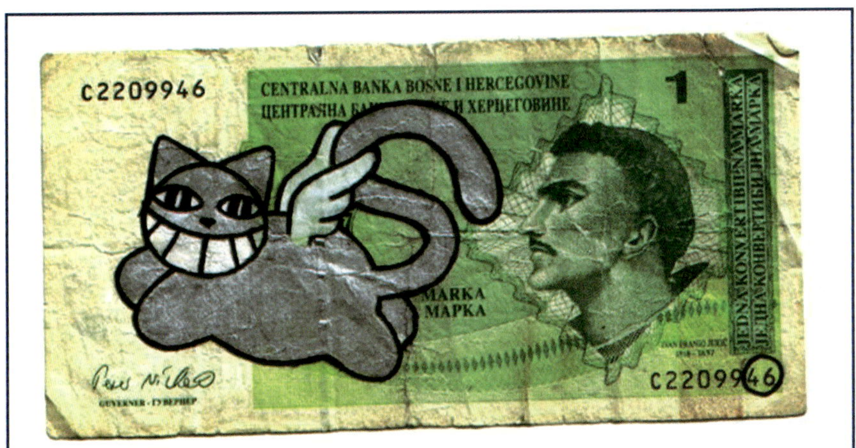

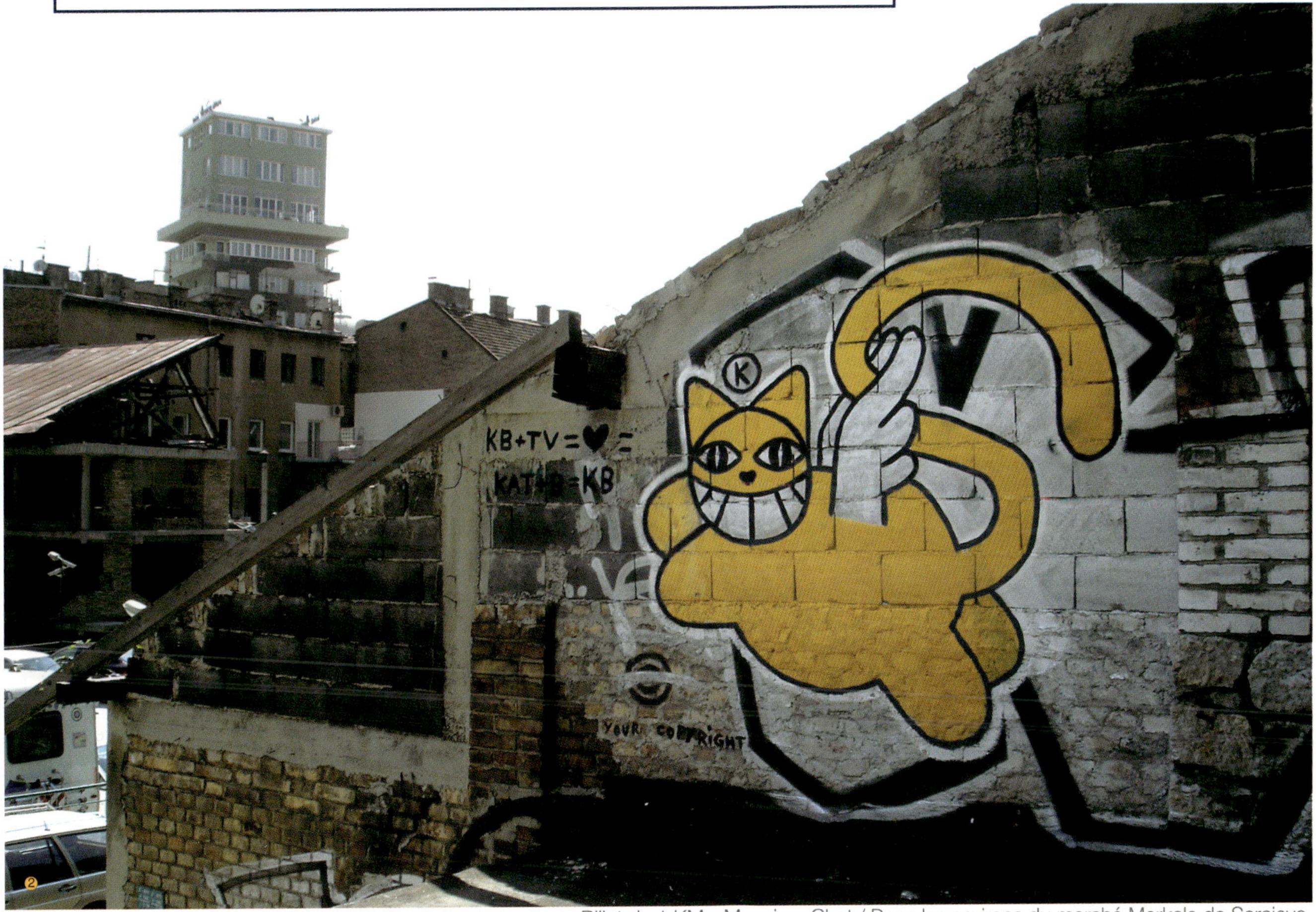

Billet de 1 KM - Monsieur Chat / Dans les environs du marché Markale de Sarajevo.

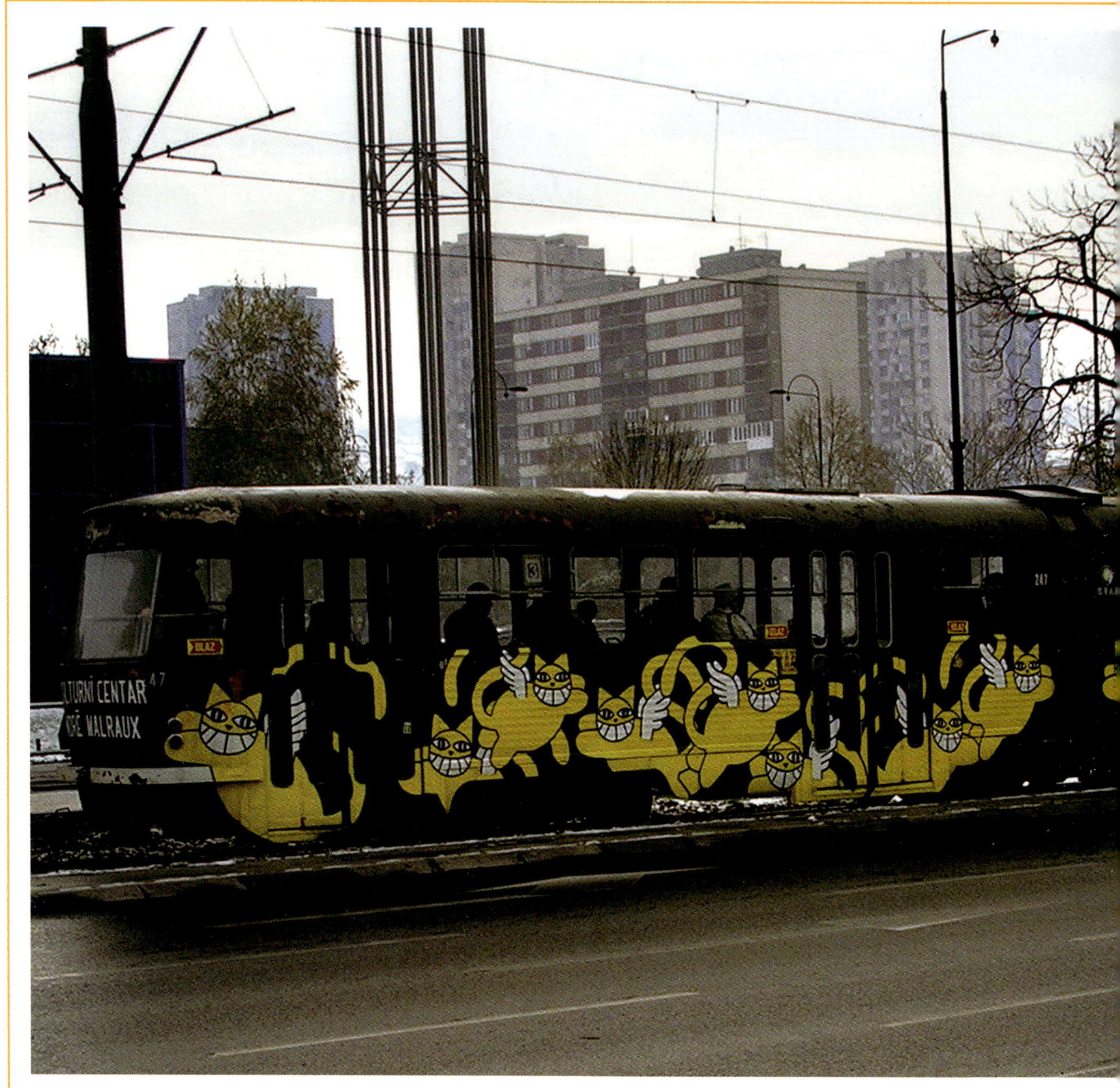
ULAZ
CENTAR
MALRAUX

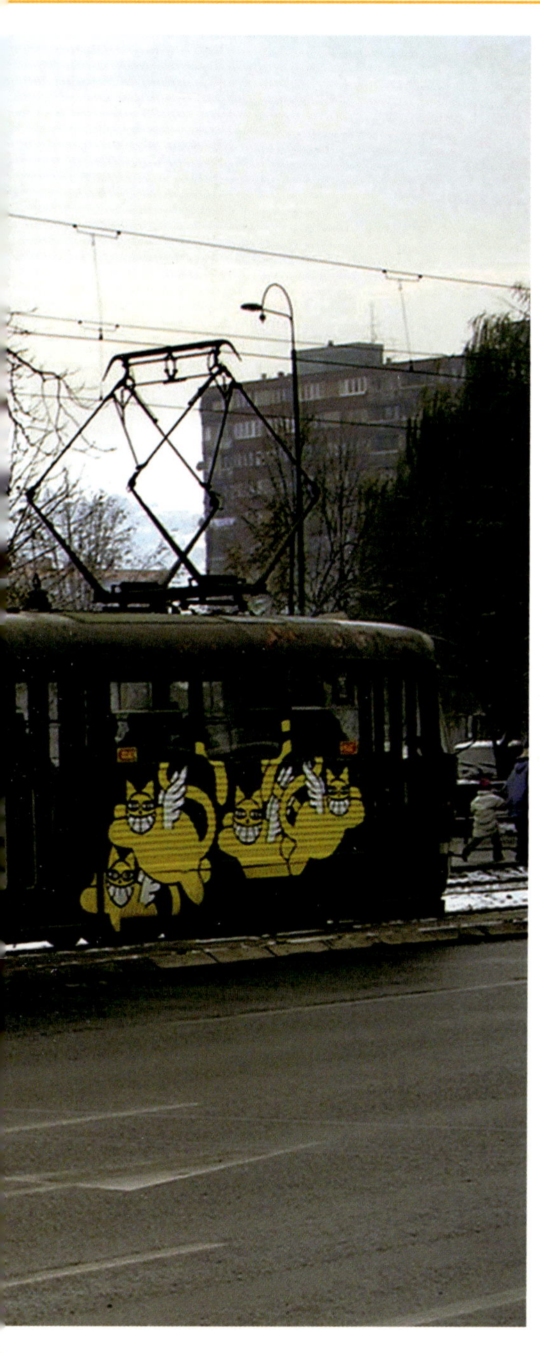

Regardez bien cette image, deux visages y sont cachés

Les visages de deux hommes qui ne croient ni l'un ni l'autre à l'optimisme. Et pourtant...

L'un de ces hommes se nomme Francis Bueb. En plein siège de Sarajevo, il y installait, malgré les balles des snipers et l'indifférence ironique de « réalistes politiques », le Centre André Malraux, organisait un invraisemblable trafic de livres, d'images et d'idées vers la ville encerclée. Marcel Proust, Jean Renoir, Serge Gainsbourg empruntaient le même tunnel que les vivres et les armes de la résistance. Dix ans après le massacre de Srebrenica, puis l'armistice de Dayton, les balles ne sifflent plus, la misère et le cynisme se portent bien. Bueb est toujours là, à la même place, il fait la même chose. Il résiste, il construit, il partage.

L'autre homme se nomme Chris Marker, c'est lui qui nous a donné cette photo, après l'avoir fait apparaître sur les écrans du Centre Pompidou au soir d'une journée dédiée à Bueb. Cinéaste voyageur, infatigable regardeur du monde, obstiné fantôme de la liberté, lui qui évite toute forme de publicité a trouvé son meilleur reflet avec l'apparition, dans les rues des villes et dans les foules en colère contre l'injustice, du chat de M.Chat. Marker en fit un beau film, *Chats perchés*. Bueb invita M.Chat à Sarajevo. M.Chat laissa le sourire ailé de la liberté sur ces trams qui ne cessèrent jamais de rouler quand les assassins serbes voulaient que tout s'arrête, ces trams qu'ont chanté déjà le cinéaste Godard et le dessinateur Ferrandez.

Il y a Bueb, ceux et surtout celles qui l'entourent. Il y a Marker. Il y a les anges souriants de M.Chat. Cela ne s'appelle pas l'optimisme. Depuis le Malraux de Teruel, cela s'appelle l'espoir.

Jean-Michel Frodon,

Article paru dans *Le Monde 2*, décembre 2007.

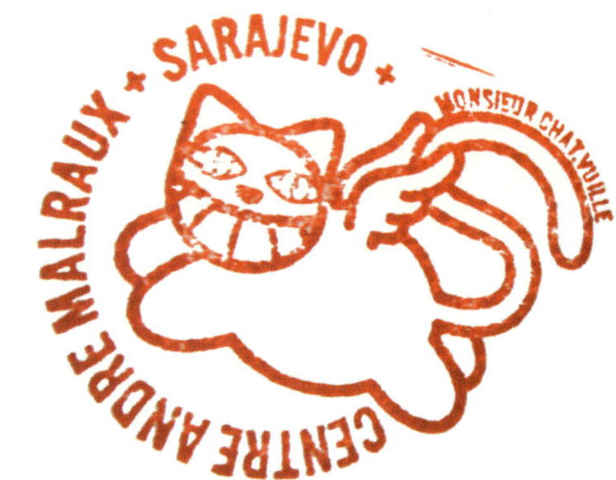

Les Chats de Stolac

Quand je pense l'espace (le dehors, le lieu de la rencontre de l'autre), des images remontent en moi. Ces murs peints paraissent s'ancrer dans des savoirs anciens sur l'usage fait par l'homme des modes de représentations, mais en même temps mettent au jour l'essence même de l'action humaine, qui est libre de toute signification héritée d'une culture.

Le chat que nous regardons ne cherche pas à s'imposer par un message. Il est simplement là. C'est comme si l'on voyait quelque chose qui ne se laisse pas placer au cœur de la conscience et n'induit pas forcement une réaction, mais qui offre au passant le choix de sourire, comme le chat, et d'en faire son expérience.

Alors, dans ce vide de la perception, il peut remonter à la mémoire de celui qui regarde un souvenir semblant surgir du fond des temps. Ces peintures de chats nous disent que les choses ordinaires de la vie quotidienne dans nos villes sont habitées par une force particulière.

Amar Lounas, Stolac en août 2009.

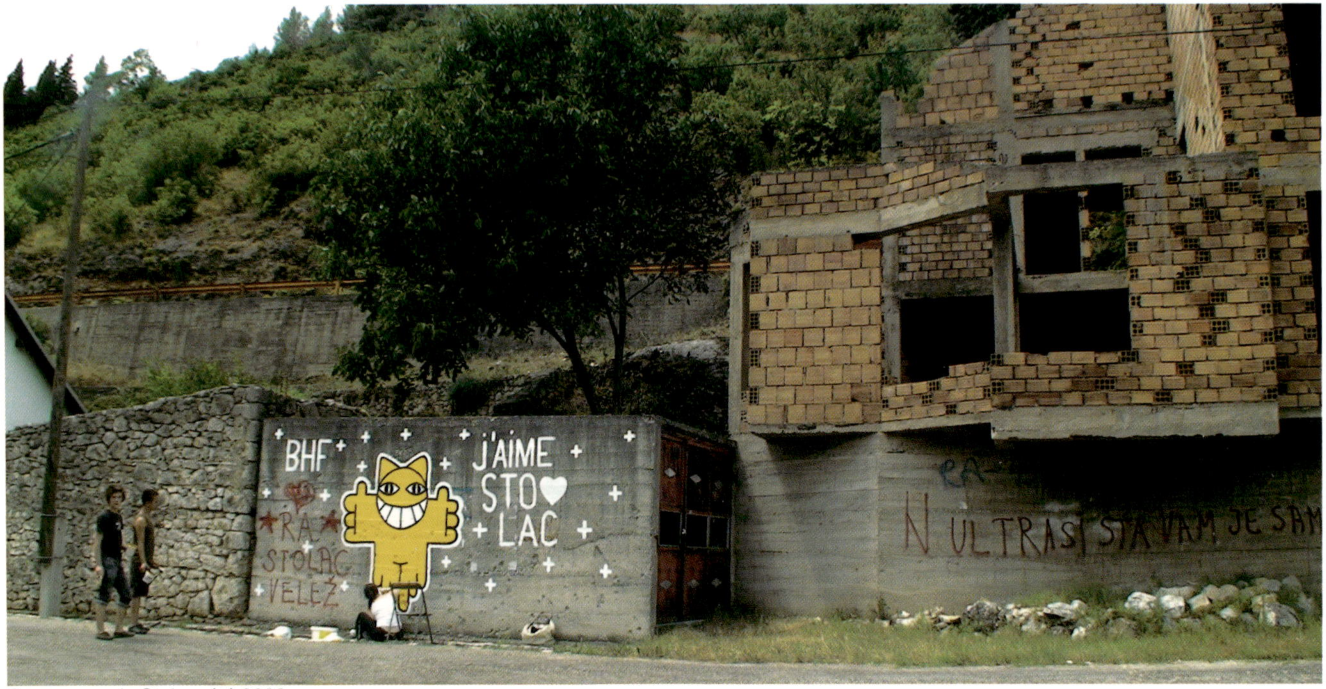

Sur un mur de Stolac, été 2008.

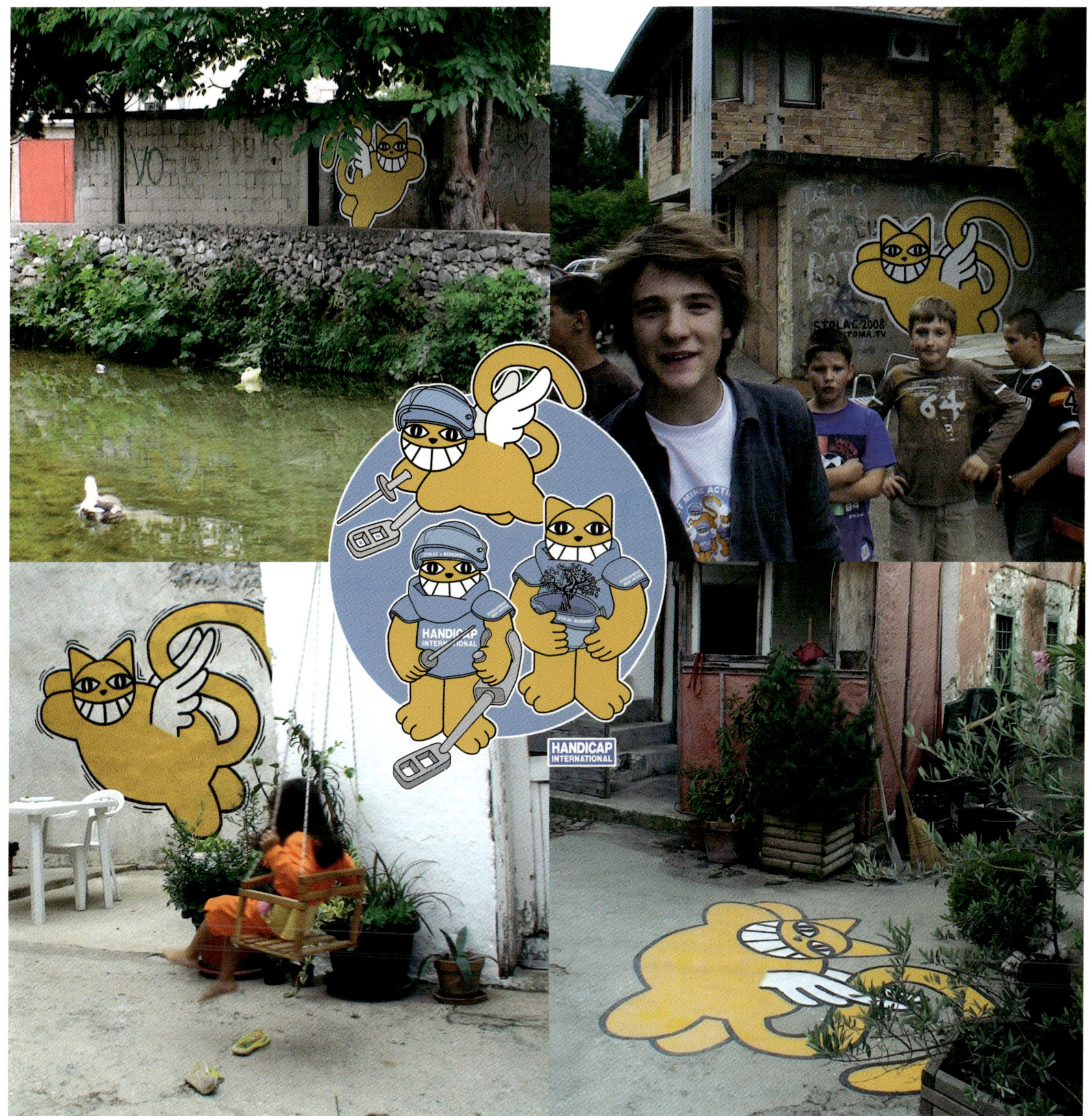

Peintures dans Stolac et logo réalisé en 2008 pour la campagne de déminage menée par Handicap International et le Centre André-Malraux.

La disparition des Roses de Sarajevo

Les « Roses de Sarajevo », c'est un terme qu'on utilise pour décrire les trous que les obus ont laissés sur les chaussées, et qui ont par la suite été remplis de couleur rouge.

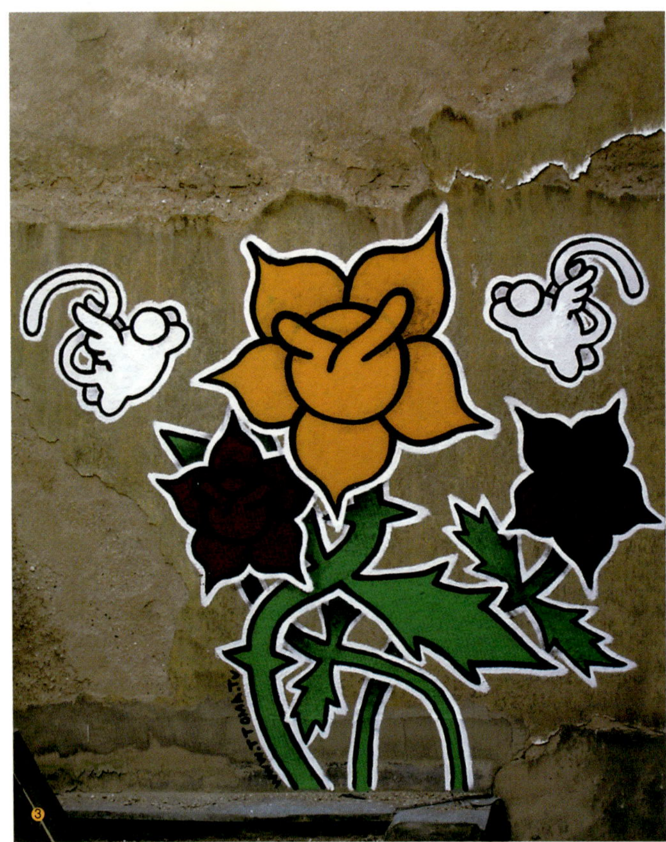

Le premier bouquet de roses, été 2009.

Ces obus, tombés à Sarajevo au cours des 1 425 jours de siège, ont tué et gravement blessé des civils, des plus jeunes aux plus âgés, sans faire la différence. Cette ville de 500 000 habitants, dans la vallée entre les montagnes, fut encerclée de tous les côtés par des criminels, qui coupèrent l'arrivée de toutes les ressources de survie, et attaquèrent les civils à l'aide de 300 chars d'assaut et presque 100 mortiers, ainsi que d'une multitude de snipers. Au cours du siège, environ 470 000 obus se sont abattus sur Sarajevo, c'est-à-dire 330 par jour en moyenne, et il arrivait parfois qu'en un jour tombent jusqu'à 3 000 obus. 10 650 personnes ont été tuées, dont 1 601 enfants. Le siège de Sarajevo fut le siège le plus long de l'histoire moderne.

Au début, nous nous rappelions des endroits où étaient tombés les obus en apercevant le flot de sang de nos concitoyens, tués ou blessés par un obus. Le sang disparaissait après quelque temps, mais le souvenir douloureux de l'endroit du massacre restait là, sous la forme des trous caractéristiques que laissaient les obus et leurs éclats en forme de fleur. Après la fin de la guerre, les trous furent remplis de peinture rouge, et la couleur était mise de façon à ce que l'ensemble ressemble à une rose, en signe de commémoration des massacres. On m'a dit une fois qu'il avait été décidé qu'une rose serait peinte à chaque endroit où un obus avait tué au moins trois personnes. Quand on se promène à Sarajevo, on remarque souvent une Rose de Sarajevo, qui rappelle symboliquement aux habitants de la ville leurs concitoyens assassinés alors qu'ils allaient chercher de l'eau, qu'ils se rendaient au travail, ou encore les enfants assassinés tandis qu'ils jouaient dans la rue. Ceux qui ont été tués sont la fierté de cette ville, et leur vie représente un sacrifice inestimable pour l'indépendance et la liberté de Sarajevo. La ville a payé très cher, et maintenant nous, les survivants, devons pardonner, s'il est possible de pardonner la mort d'innocents, et faire de cette ville ce dont ils rêvaient, ce pour quoi ils se sont battus et ont fini par donner leur vie : une ville pour tous ceux qui veulent vivre libres.

Depuis longtemps, on efface les Roses de Sarajevo presque systématiquement, et en silence. Pour je ne sais quelle raison, au moment de la rénovation des rues et de la construction de nouveaux bâtiments, les roses disparaissent, comme si elles n'avaient jamais été là. Les habitants, préoccupés par leurs problèmes, n'ont pas le temps de s'en inquiéter. Pourtant, cela aura des conséquences bien plus importantes que ce que l'on croit aujourd'hui. En effaçant les Roses de Sarajevo, on efface pour toujours le souvenir des massacres de civils à Sarajevo. Aujourd'hui, la ville fait face à un nouveau combat pour la liberté, mais cette fois-ci pour la liberté de pensée, la liberté d'expression, et malheureusement aussi pour la liberté de la mémoire.

Au lieu d'apprendre à la nouvelle génération ce que représentent les Roses de Sarajevo, au lieu de respecter ces endroits saints où le sang de nos concitoyens a coulé, nous les recouvrons de béton et les transformons en nouvelles rues grises, nous dirigeant ainsi vers un avenir tout aussi gris. En effet, si nous refusons de nous souvenir du passé proche, si nous refusons de nous souvenir de ceux qui ont donné leur vie pour la liberté de notre ville, de qui faut-il alors se souvenir ? Le Sarajevo d'aujourd'hui aurait-il perdu toute fierté ?

Jasminko Halilovi

Jasminko Halilovi est un jeune écrivain. Né à Sarajevo en 1988, il est notamment l'auteur du roman *Sarajevska furka*, qu'il a publié à dix-huit ans.

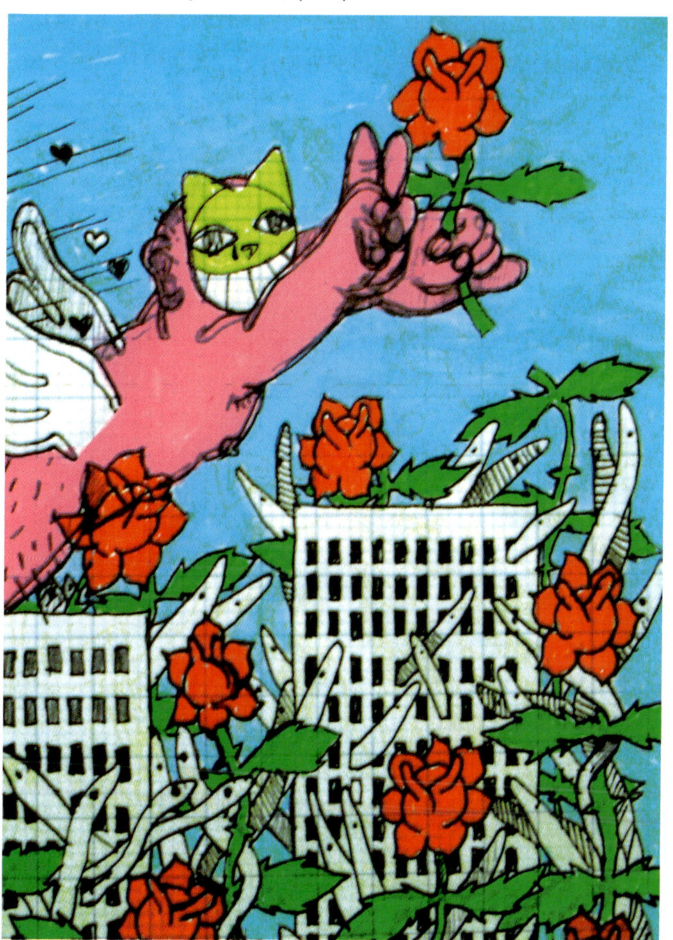

Apparition des Roses de Sarajevo, extrait d'un carnet de voyage.

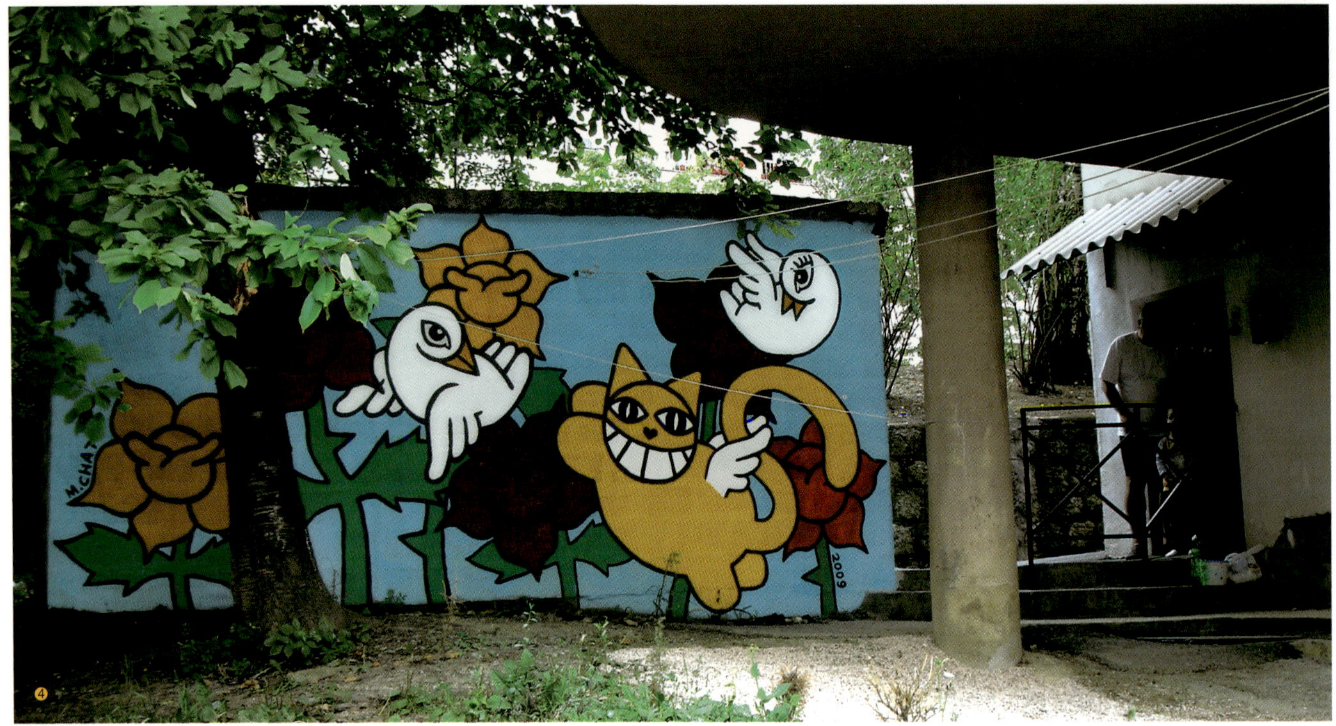

Fresque en face de l'ambassade de France.

Franchissement

J'ai commencé à peindre à l'âge de 15 ans. A présent je vais sur ma trente-troisième année. Adolescent je cherchais à comprendre comment une ville fonctionnait. Au début, ce chat était pour moi une monnaie d'échange, c'est-à-dire une manière d'entrer en contact avec les autres citadins. Avec la maladresse arrogante d'un adolescent, j'affichais ma peinture aux yeux de tout le monde, créant dans le regard des citadins différentes émotions, allant du rejet à l'adhésion en passant par la surprise ou l'incompréhension. Sans que personne ne s'en rende compte, je peignais une zone d'échange commune : chacun pouvait se réapproprier ce qui était en train de devenir M.CHAT.

Ma pratique était jusqu'alors clandestine, ce qui me permettait d'échapper à toutes contraintes. Pour qu'elle ne reste pas marginale et puisse évoluer aux contacts d'autres disciplines, il devenait important que je me confronte aux institutions culturelles. Mais comment réussir ce grand écart qui distingue l'amateur anonyme du professionnel émérite ?

Cette première résidence au sein du Centre André Malraux de Sarajevo contribue à engager cette transition. M'affranchissant des stéréotypes liés au graffiti, je hisse une seconde fois ma peinture dans un entre deux que je qualifierais « d'art corsaire ». Les méthodes employées restent les mêmes mais je n'ai plus besoin de cacher mon identité par crainte de poursuites judiciaires, ma démarche est officiellement appuyée par un centre culturel reconnu et soutenu par l'État français.

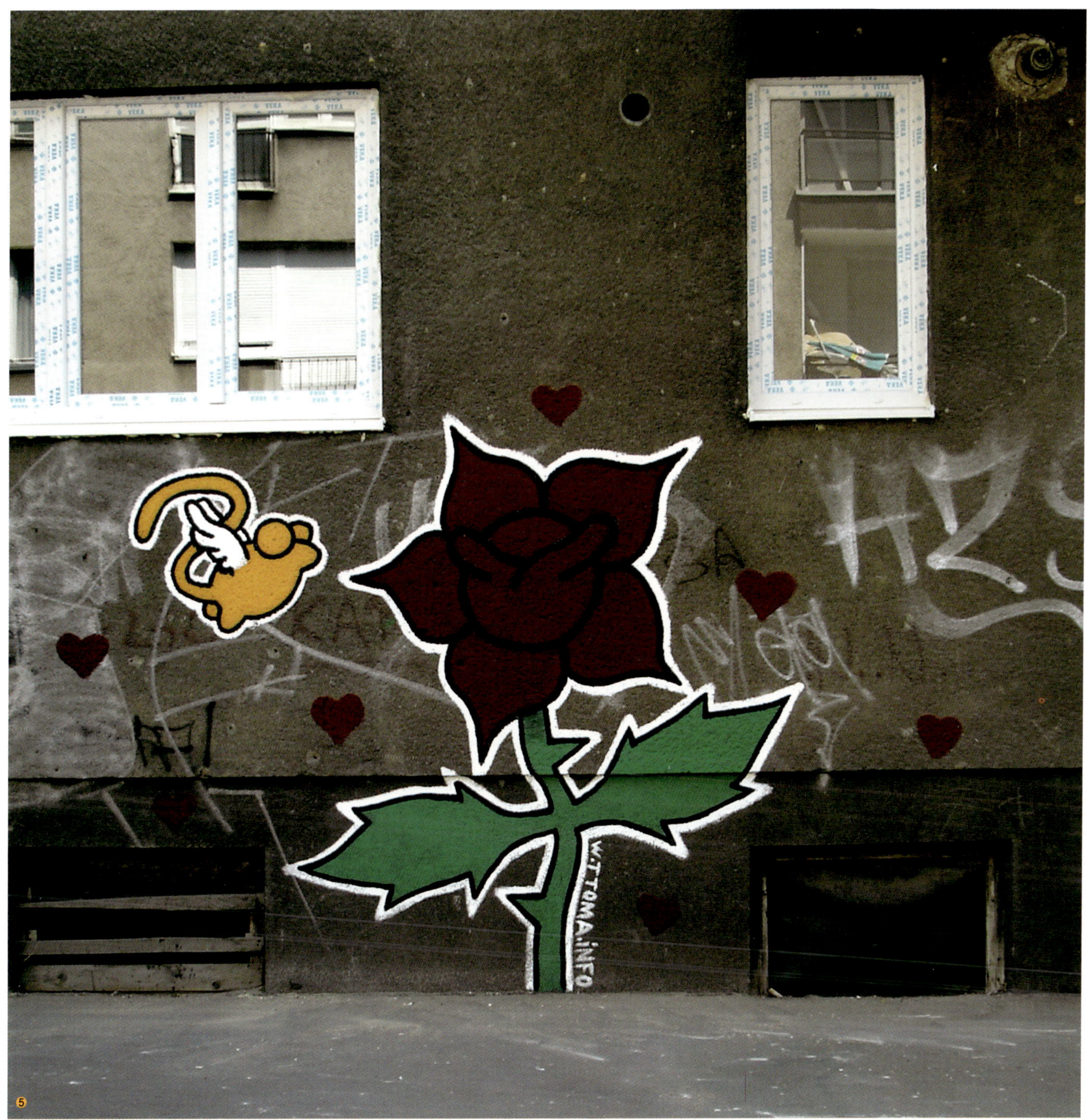

5

Peinture à proximité du cinéma Meeting Point, été 2009.

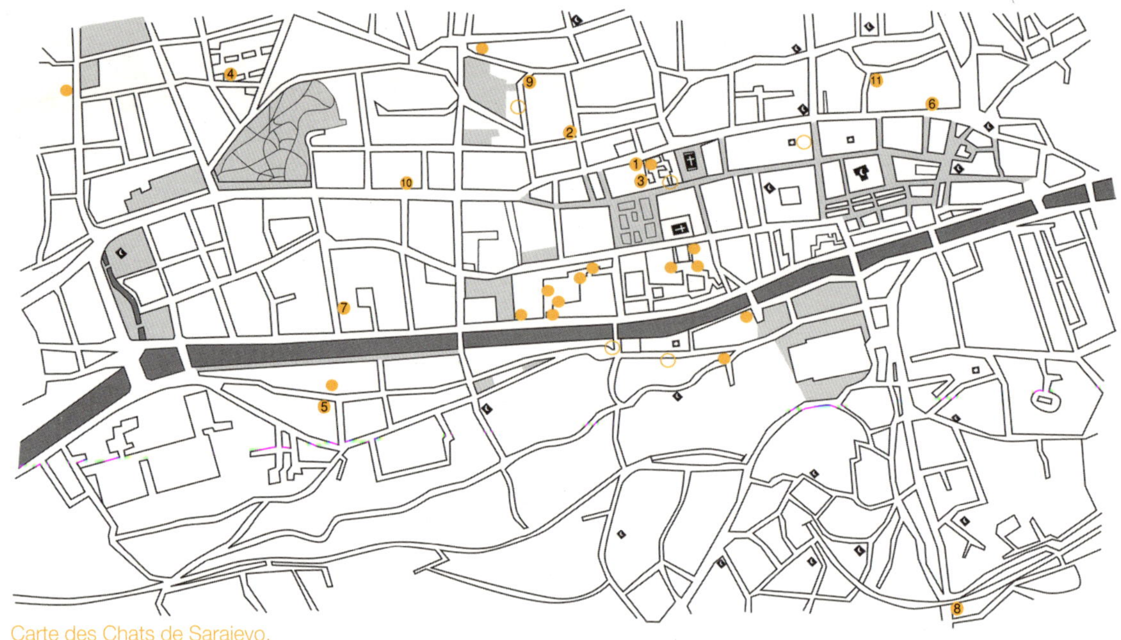

Carte des Chats de Sarajevo.

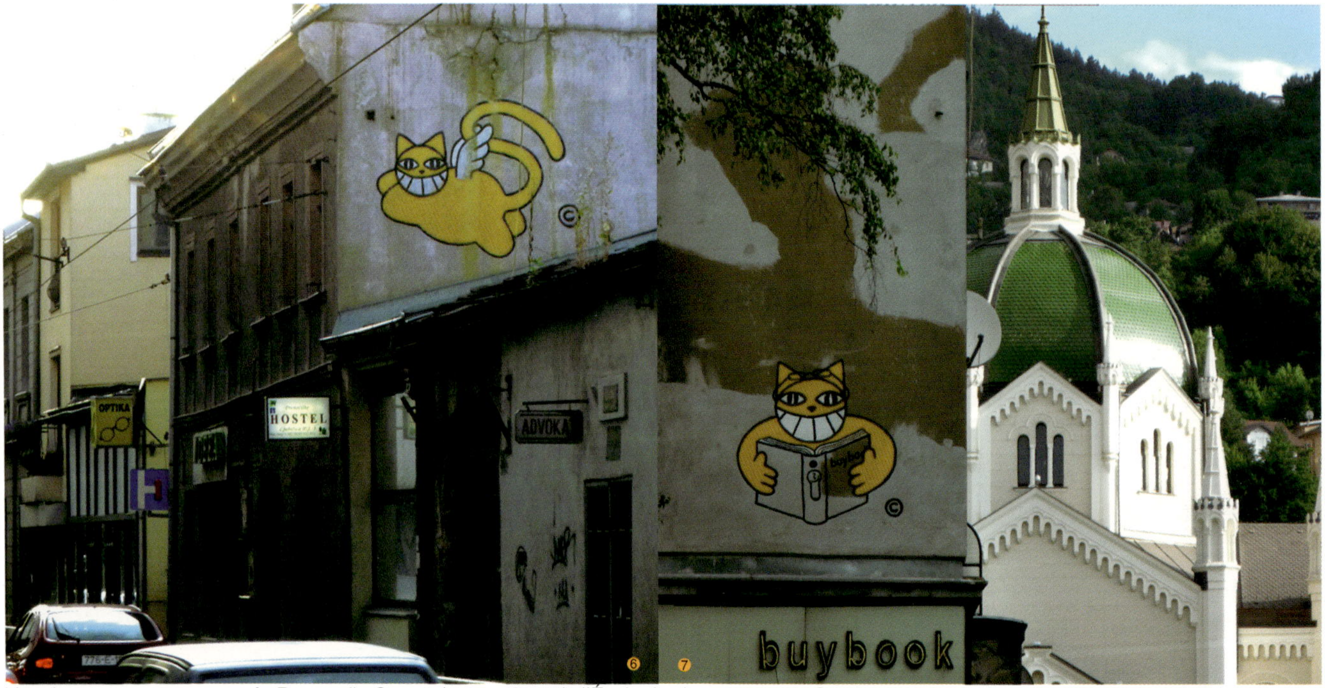

Vue du tramway un peu aprés Bascarsija Centar / rue en face de l'École des beaux-arts de Sarajevo.

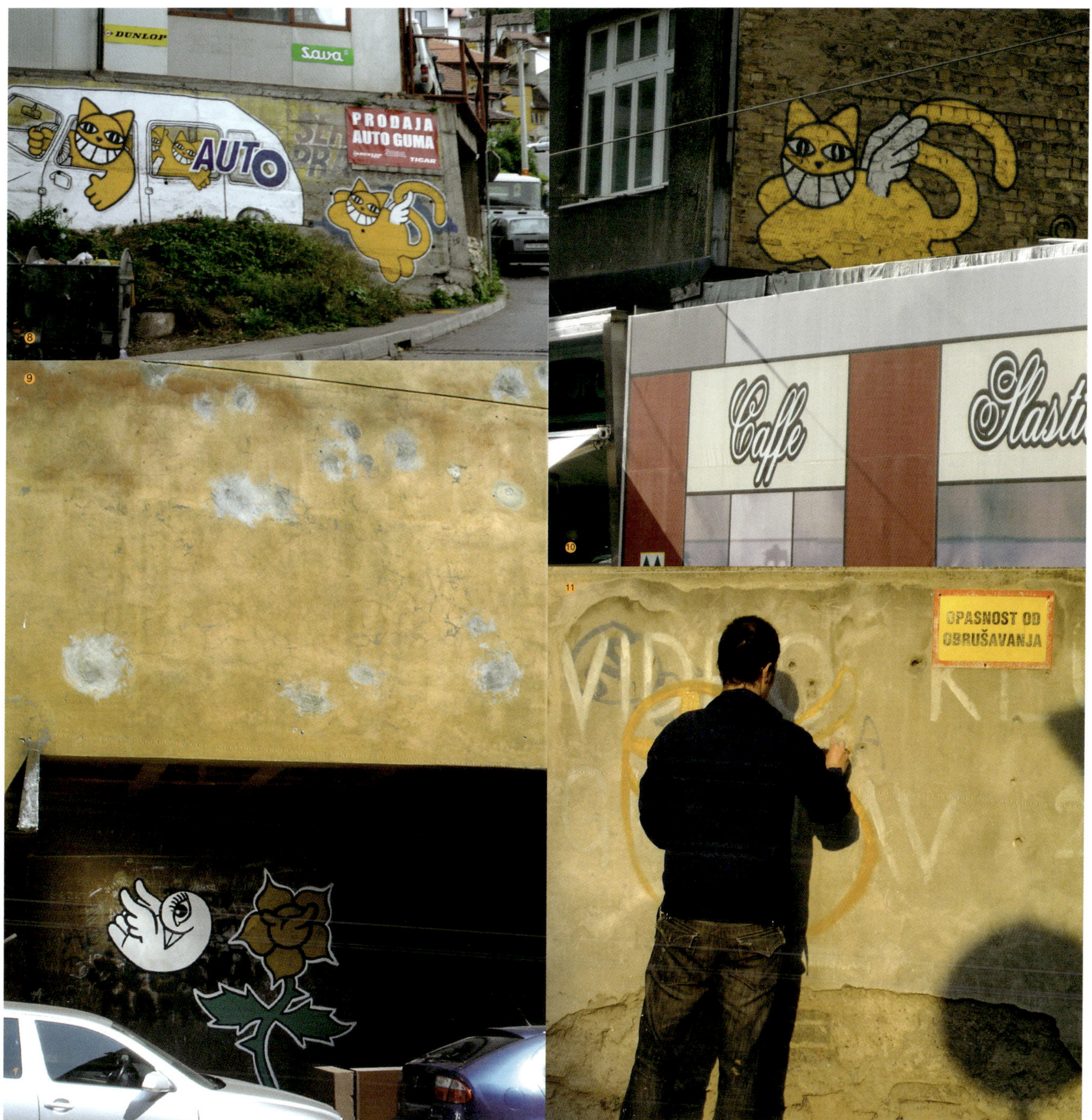

Haut de la rue Bistrik / Avenue Tito / A côté de chez Francis / A proximité de l'ambassade suisse.

THE UNITED ST
ONE
ANNUIT COEPTIS
MDCCLXXVI
NOVUS ORDO SECLORUM
THE GREAT SEAL
ONE
ONE

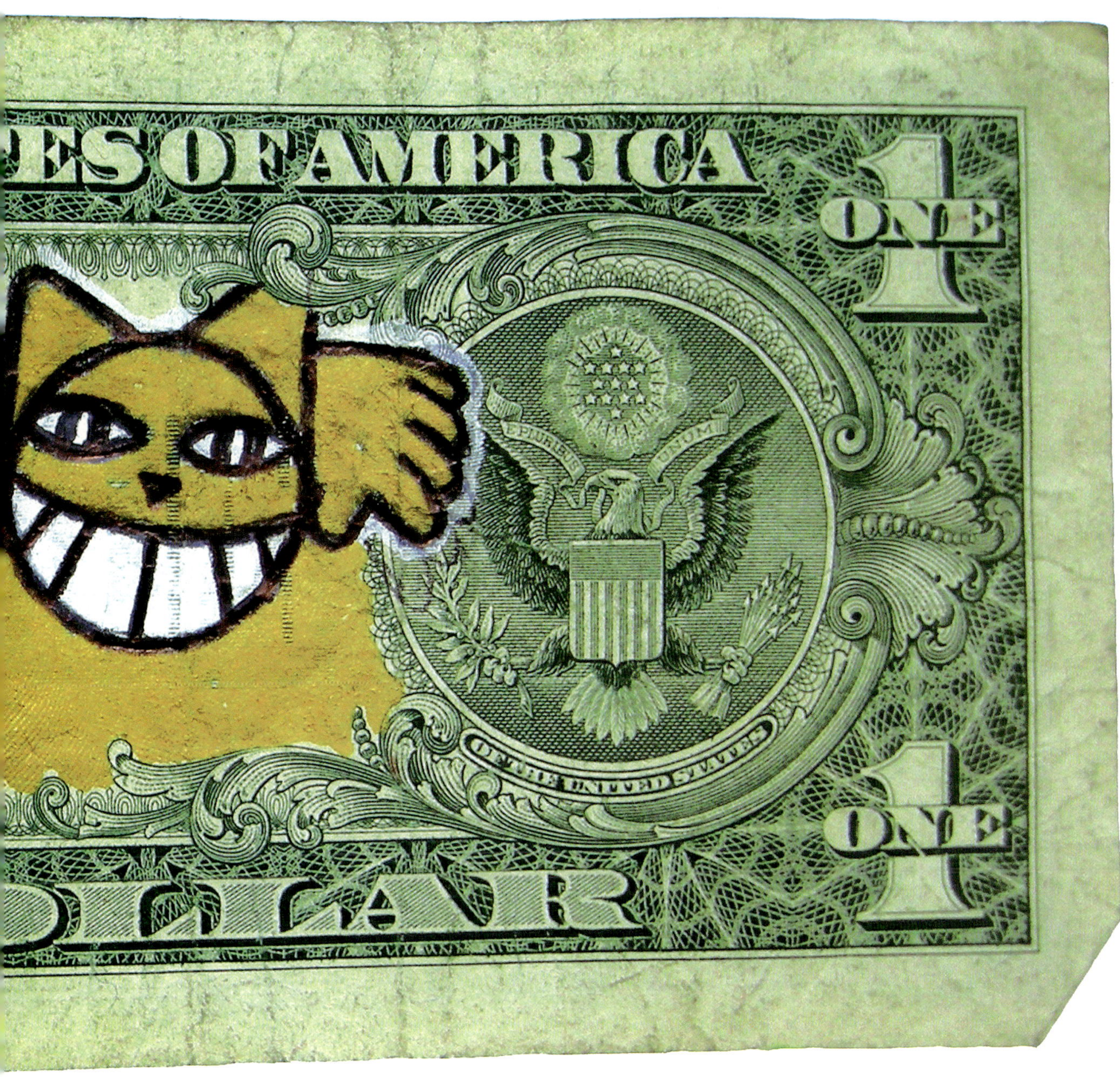
ES OF AMERICA
1
ONE
E PLURIBUS UNUM
OF THE UNITED STATES
1
ONE

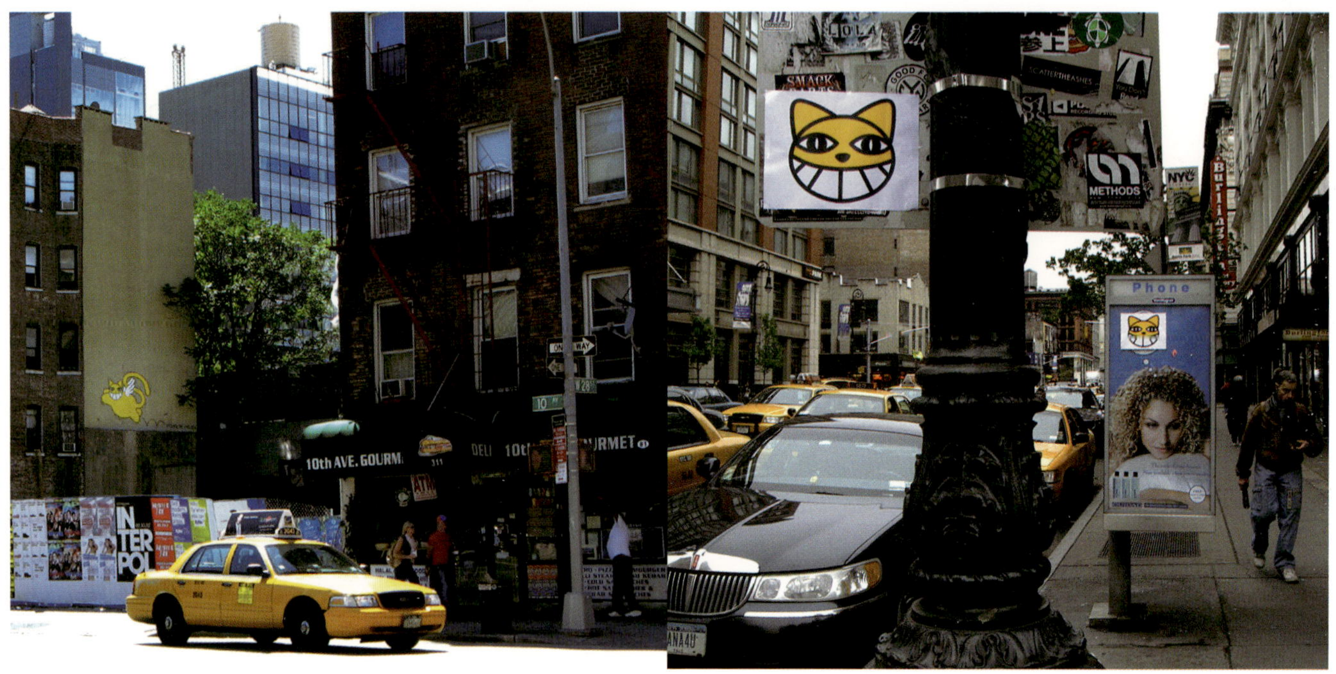

Chelsea, 10e Avenue, 28e Rue Ouest.

Chelsea, 10e Avenue, 23e Rue.

La rumeur dit qu'il est à

J'ai traîné du matin au soir sur l'île de Manhattan. Me laissant dériver de Chelsea à Wall Street, empruntant aux hasards d'une intersection Broadway avenue. Cherchant à chaque croisement une perspective intéressante, une façade accueillante pour nicher un chat.
J'ai marché de Time Square à Ground Zero, zigzaguant de la première à la dixième avenue. J'ai marché pour m'habituer à cette ville, pour essayer de comprendre son rythme et ceux qui habitent ces avenues quadrillées à la romaine, où chaque block d'immeubles ressemble aux précédents. A part les numéros des rues et des avenues qui changent, New York ressemble à une répétition sans fin de gratte-ciels louant à l'unisson la démesure humaine. Molly Nesbit m'avait prévenu, cette ville peut te faire voir au-dessus des nuages mais aussi te réduire plus bas que la poussière...

Le dernier soir j'ai marché toute la nuit. Je ne pouvais pas partir sans peindre, sans savoir si cette ville m'aimait. Amour, elle accepte mes chats, haine, elle m'incarcère...
J'ai emprunté les rues que je commençais à reconnaissais. Les avenues de la ville étaient moins animées que la journée. L'obscurité aidant, mes escalades passaient inaperçues. Je marchais à la recherche des lieux que j'avais repérés ou que je découvrais.

Au petit matin j'avais peint trois chats. Je commençais à ne plus sentir mon corps et le manque de sommeil illuminait ce qui devait être la dernière journée à New York. La fatigue me donnait l'impression de n'être qu'une carcasse errante dans les gigantesques corridors d'immeubles. Sans le vouloir, mes pieds m'ont conduit à Union square. Un vieil homme noir était là avec sa femme endormie dans un chariot recouvert d'affiches militantes contre la guerre en Irak. Au sommet de son chariot étaient posés deux portraits, un de Che Guevara et un chat souriant, tous deux récupérés deux jours avant lors de la manifestation du Premier Mai...

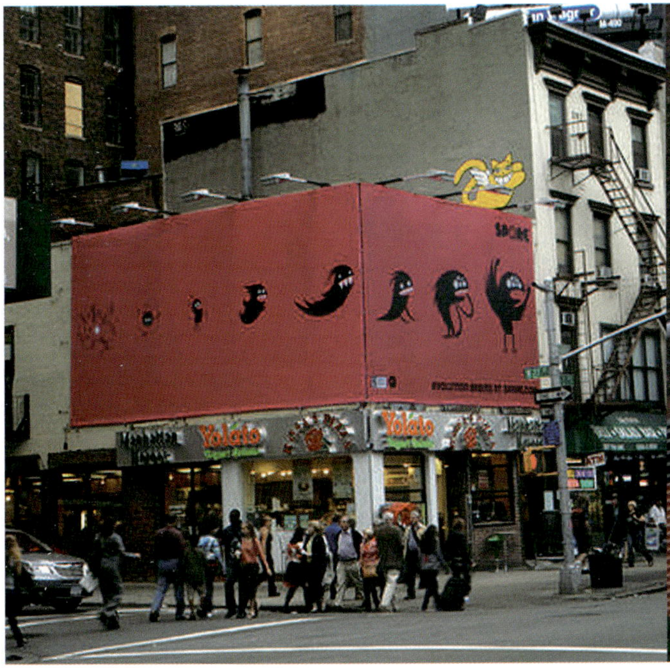

Chelsea, 7e Avenue, 27e Rue.

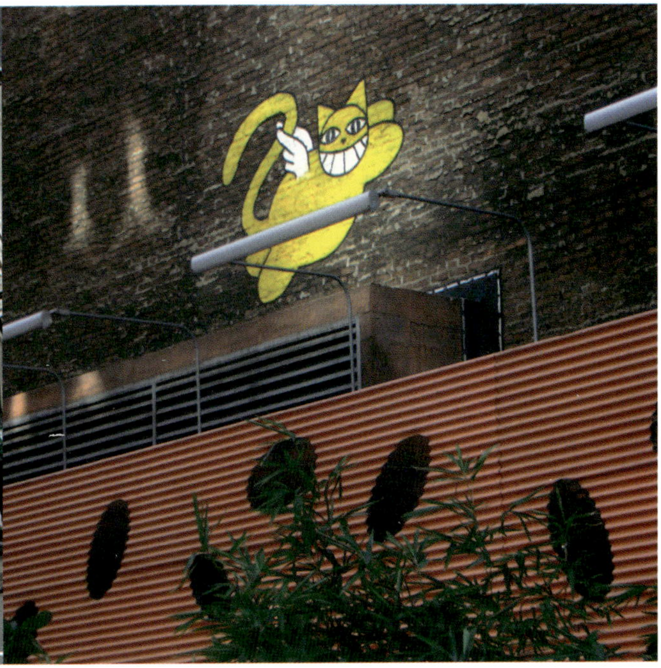

Tout près du Centre culturel suisse.

New York

Nous avons très vite sympathisé, si bien que je suis repassé lui laisser les pots de peintures qu'il me restait et les matrices pour qu'il puisse lui aussi faire des pancartes chats. Je lui ai dit que s'il le voulait il pouvait les vendre...
J'ai ensuite été récupérer mes affaires à l'appartement, j'ai pris le bus qui conduit à l'aéroport et je me suis retrouvé coincé dans un embouteillage !

De retour à Tribeca, j'ai cru que j'allais dormir dehors. Finalement, j'ai trouvé assez de force pour retourner en métro jusqu'à Chelsea au croisement de la 27e rue et de la 10e avenue, là où Chris Reitz et son colocataire m'avaient hébergé pendant quinze jours. Ils m'ont regardé en souriant habitués à me voir revenir... C'était le deuxième soir que je leur disais que je partais...

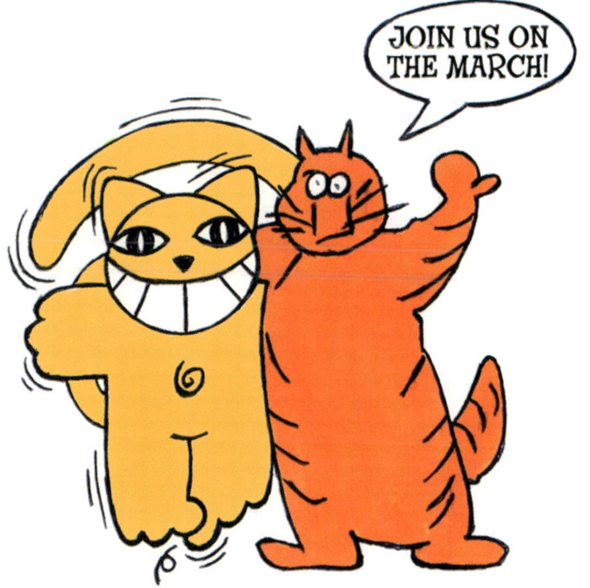

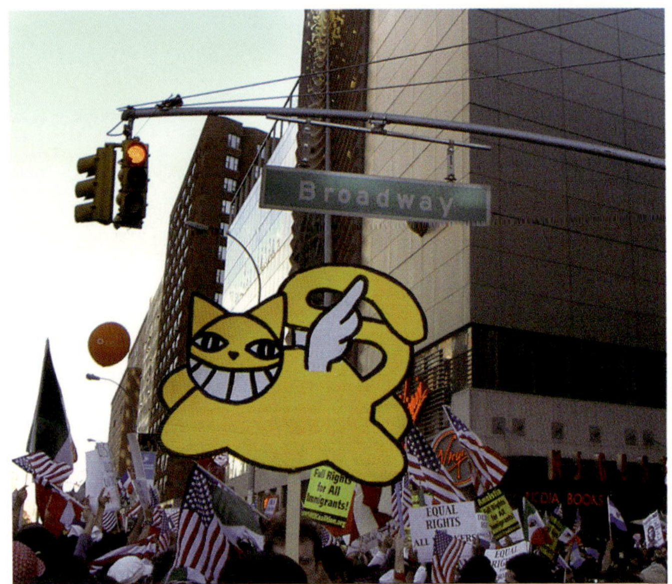

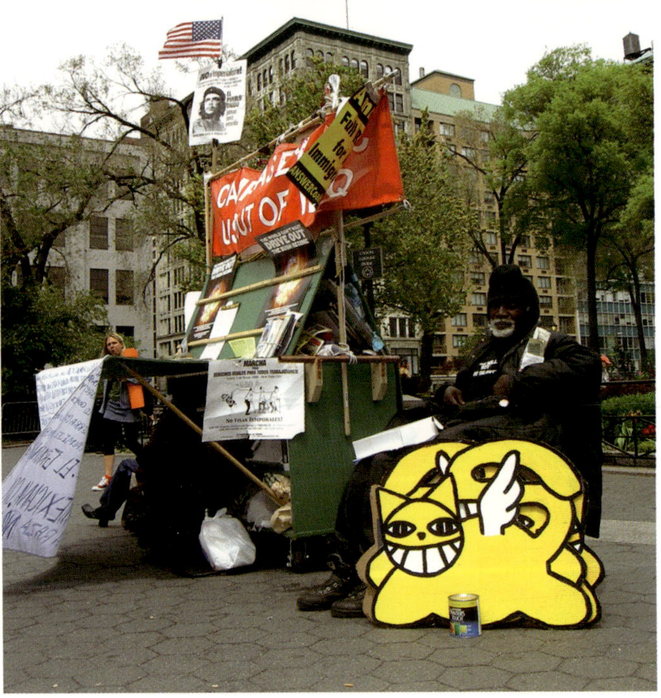

Le cas du *grinning cat*

Films Festival. Ce documentaire de Chris Marker rend compte depuis le 11 septembre de la politique française mais aussi de l'apparition d'un « grinning cat » un peu partout dans Paris. Les deux sujets sont développés en parallèle...

Après la projection, l'artiste qui a créé le chat, Monsieur Chat, a parlé brièvement, expliquant la genèse du Chat (il voulait que les gens se sentent mieux dans cette période obscure) et comment il évolue. Puis il a sorti un paquet de 25 pancartes et nous a invités à en prendre une et à rejoindre la marche du 1er Mai/sans papiers, à Union Square.

Il nous a avertis que les pancartes étaient agrafées sur des morceaux de bois, ce qui est interdit dans la ville de New York. Environ dix d'entre nous ont pris une pancarte et se sont mis en marche de la 34e Rue à Union Square.
Sur le parcours, de nombreux passants ont demandé pourquoi nous portions un gros chat jaune.

A Union Square, l'énergie que déployait la foule était folle, des familles entières s'étaient rassemblées pour parader et scander des slogans sous l'écrasante chaleur. Des drapeaux de nationalités différentes ont été attachés à la statue équestre de G.-W. Washington. M. Chat a ajouté une de ses pancartes sur la statue et s'est mis à filmer la foule depuis le socle de la statue. Il voulait montrer à Marker les Chats dans cette manifestation américaine...

Ce chat attire beaucoup l'attention, c'est agréable mais un peu mystérieux. J'ai eu un peu l'impression de faire de la promotion. Mais M.Chat et Chris Marker semblent très attachés aux Chats. C'est pas comme si nous avions porté des pancartes pour un film avec Tom Cruise...
En fin de manifestation, j'ai été me mettre à l'ombre et me désaltérer. Un policier a remarqué le bâton en bois et m'a poliment dit que je devais m'éloigner de la foule.
Cette journée reste pour moi un grand jour, pour les sans-papiers, pour New York, et pour les Chats...

Message de Kate C sur un blog new yorkais en juin 2006.

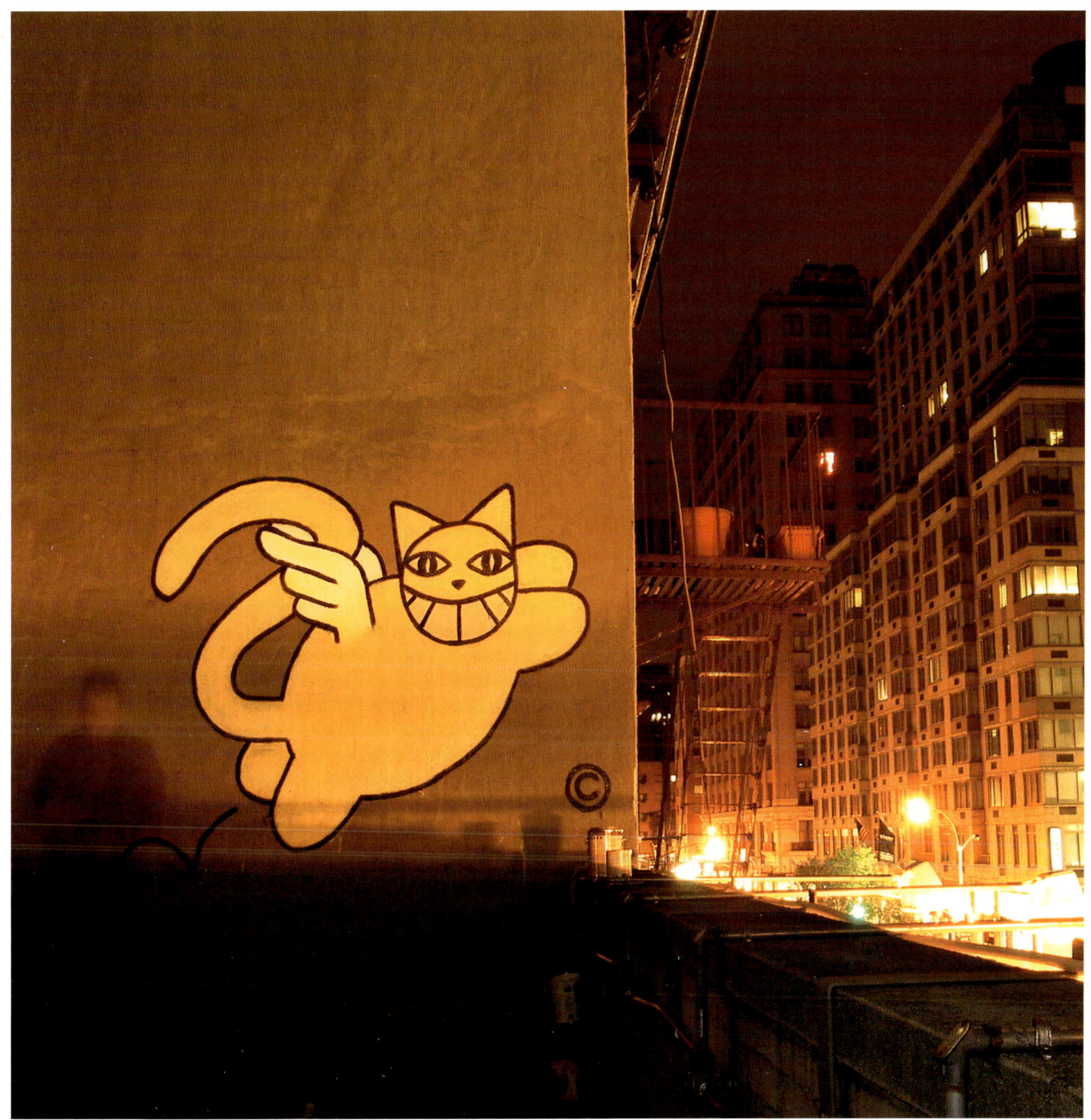

Chelsea, 7e Avenue, 27e Rue.

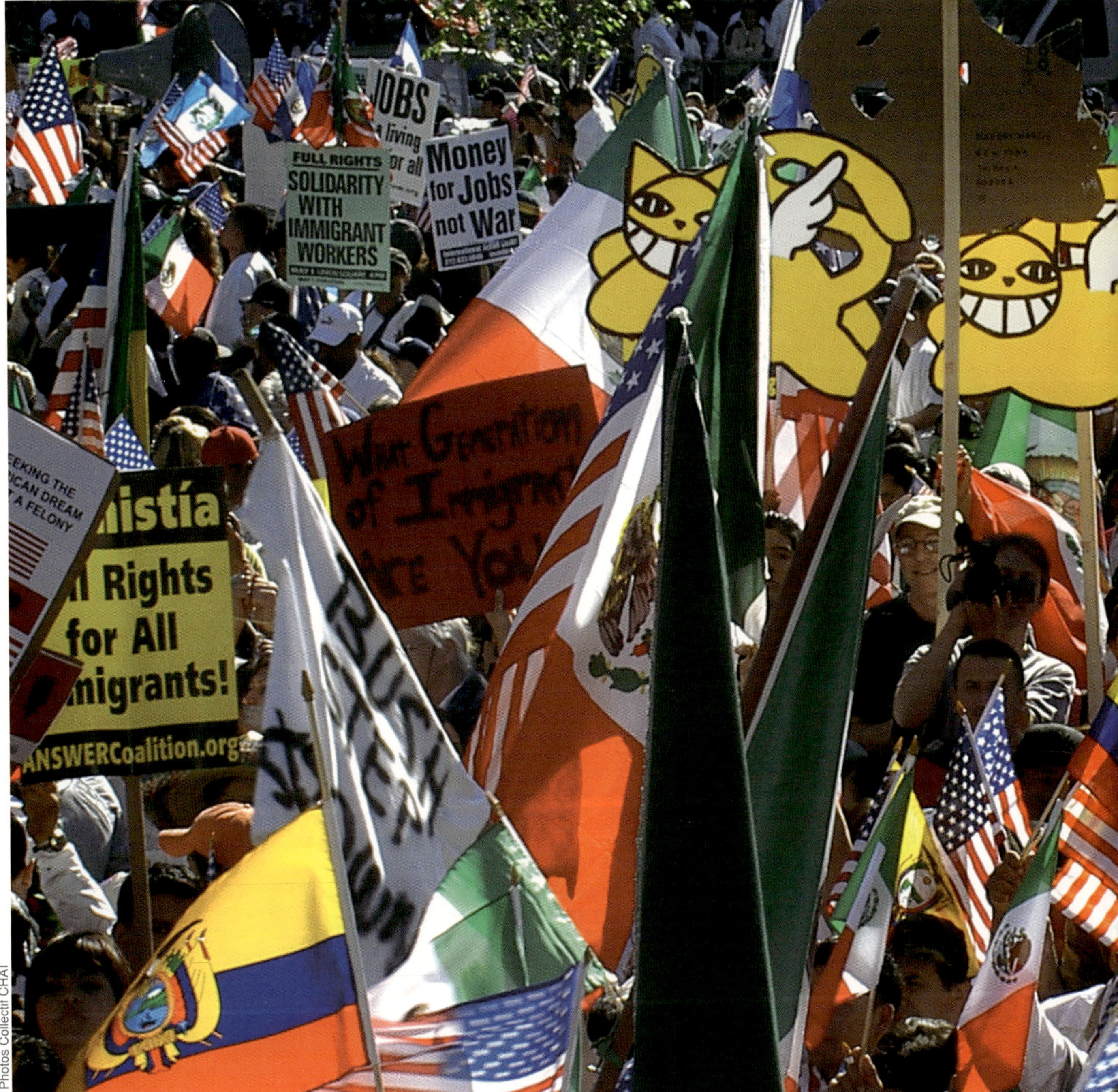
JOBS
a living
or all
FULL RIGHTS
SOLIDARITY WITH IMMIGRANT WORKERS
Money for Jobs not War
EEKING THE
ICAN DREAM
A FELONY
nistía
l Rights
for All
migrants!
ANSWERCoalition.org
BUSH

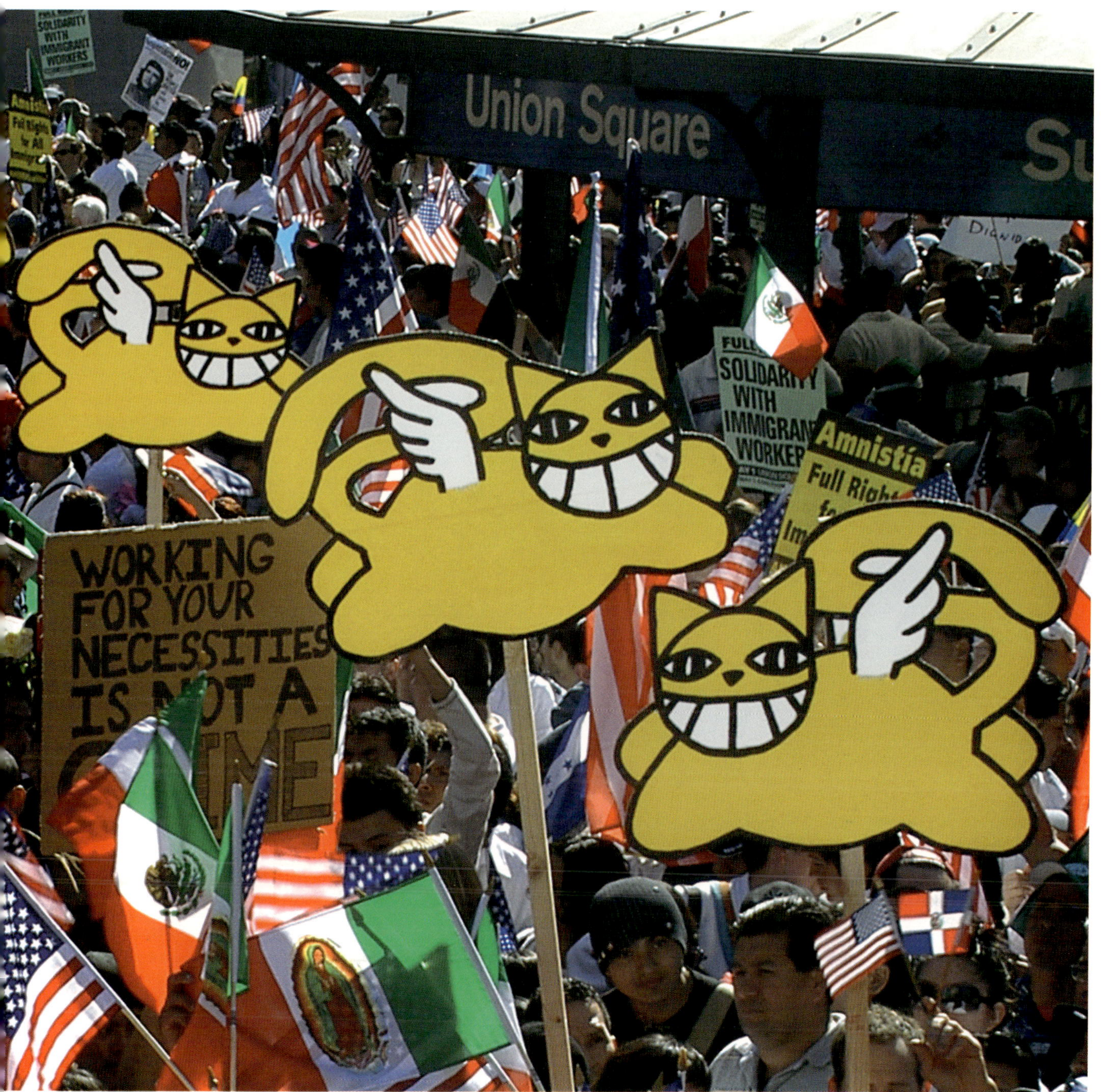

Union Square, manifestation du 1er Mai 2006.

New York /Paris /Hong Kong

Après deux jours de break en France... Il y a eu 20 heures d'avion pour aller à Hong Kong. Dix degrés de plus et un taux d'humidité de 90 % en moyenne... Dès que le soleil commence à se coucher, la peinture ne sèche plus. Impossible donc de peindre des chats la nuit...

Je vais enfin pouvoir mettre un visage sur Connie Lam. Difficile de lui donner un âge, de premier abord, elle ressemble à une adolescente souriante et toujours joyeuse. Ceux qui ont la chance de la connaître savent à qui ils ont à faire. Son équipe a travaillé sans arrêt et en dormant peu jusqu'au soir de la première.

Tout est prêt, les chats peints au sol devant le Hong Kong Arts Center, les autocollants accompagnant les visiteurs jusqu'à la salle de projection du cinéma Agnès B., la fresque et l'exposition de dessins accompagnée par des vidéos. Dans la salle de cinéma, les masques ont été distribués au public qui observe le début de la danse introduisant la projection de Chats Perchés.

Les jours suivants, on nous conduits à Gold Coast, un complexe d'immeubles de résidences secondaires à quelques kilomètres de Hong Kong. La holding Sino, qui a sponsorisé l'ensemble du voyage, souhaite quelques chats pour décorer leur Little Montmartre, quartier rassemblement de boutiques de vêtements, d'épiceries et de restaurants qui permettent aux résidents de venir faire leurs achats à quelques pas de chez eux.
Dés l'arrivée, on contrôle l'équipement. Un échafaudage est prévu pour que je puisse peindre en hauteur. Les jours suivants sont dédiés à des workshops avec les enfants des résidents : confections de masques et de pancartes pour mini manifestations. Les revendications des enfants sont évidentes au pays de Mao : « Plus de chats ».

Retour à Hong Kong pour rencontrer les héritières Sino : Judith et Edith. La voiture avec chauffeur nous conduit au sommet de l'île de Hong Kong. Les lumières de la ville se mélangent à la brume nocturne offrant un éventail de dégradés de couleurs allant du rose clair vaporeux à la densité violet-pourpre de l'obscurité. Les traînées d'eau en suspension laissent apparaître les Nouveaux Territoires qui nous font face. La voiture nous raccompagne à la Maison des diplômés de l'Université de Hong Kong. J'en profite pour faire un détour au sous-sol et vérifier que je n'ai pas rêvé la fresque faite avec les étudiants quelques jours plus tôt...

Départ en aéro-jet pour le Centre culturel de Macau où nous attendent une quinzaine de jours au rythme infernal. On visite deux à trois écoles et voyons plus d'une centaine d'enfants chaque jour. On bataille pour avoir un peu de repos. Pas le temps de prendre du recul, les coordinateurs disent oui oui à tout ce qu'on leur demande mais rien n'est réellement pris en compte. Le week-end, deux master class d'une trentaine de familles sont organisés. Les assistants ont bien compris comment utiliser les matrices, et mettent en place les works shops sans mon aide. Tout le monde peint son chat sans moi. Je me sens un peu dépossédé et commence sérieusement à fatiguer...
A la fin, on part pendant la projection, on aura vraiment tout donné à Macau. On va se réfugier à Hong Kong pour retrouver l'ambiance amicale. Agnès, Margareth et Alex, les assistants de Connie, viennent nous chercher à l'aéro-jet, le stress redescend. On n'a pas bonne mine. Le lendemain c'est le départ. On a acheté trop de neko et de papiers à brûler pour les ancêtres. Les valises dépassent quarante kilos chacune. Elles partiront par bateau...

Les colis sont arrivés il y a quinze jours. Je n'ai pas encore pris le temps de les ouvrir. En ce moment, je suis dans un tout autre voyage, un pays un peu étrange. Je fais des ateliers de peinture avec les vacanciers de l'association Loisir culture et vacances (LCV). La plupart des vacanciers travaillent toute l'année en centre de travail adapté. Ils partent en vacances deux, trois ou quatre semaines en fonction de l'argent qu'ils ont réussi à mettre de côté.
Il va y avoir une exposition des dessins que l'on a fait ensemble et une brochure va être éditée.

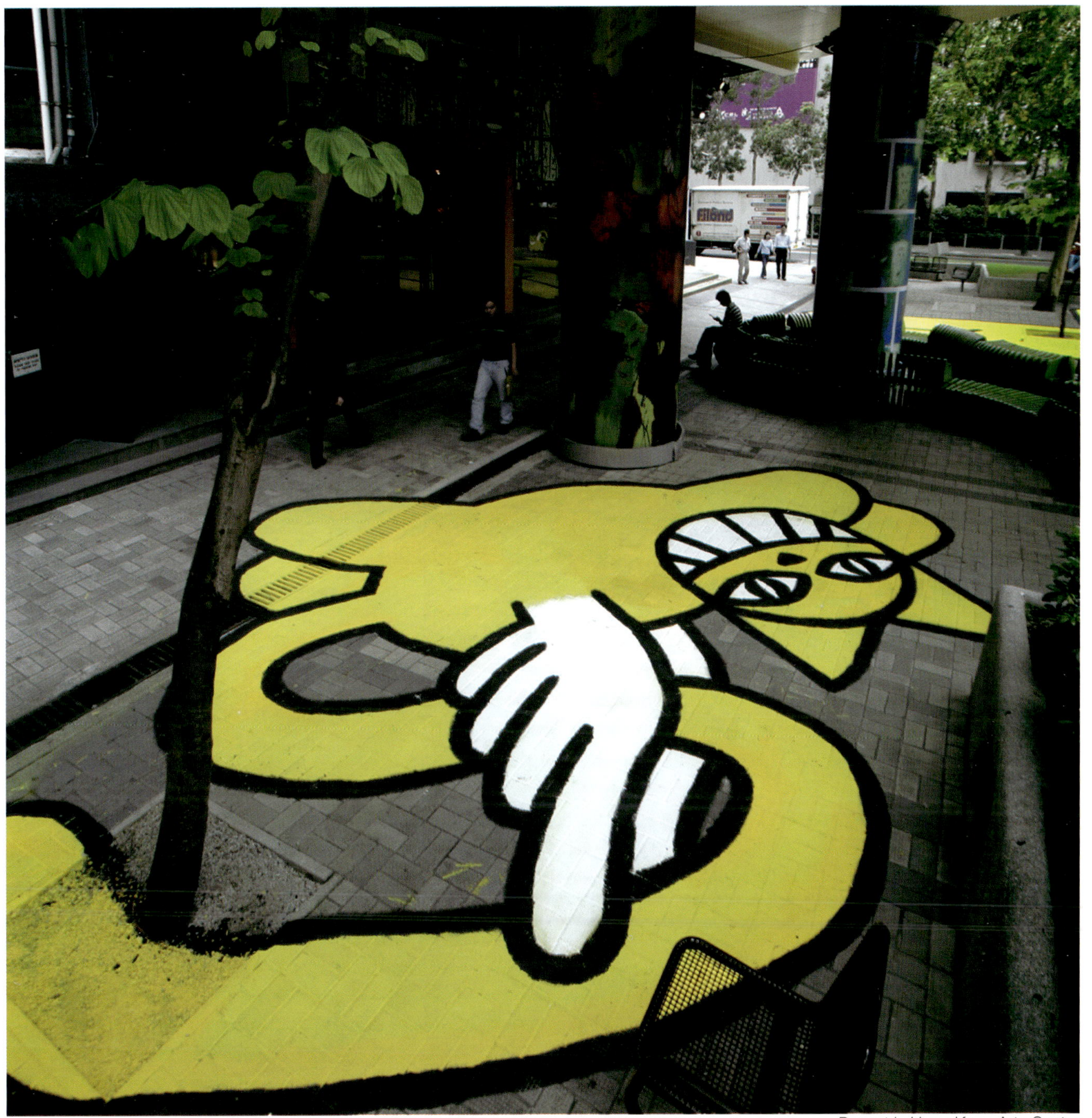

Devant le Hong Kong Arts Center

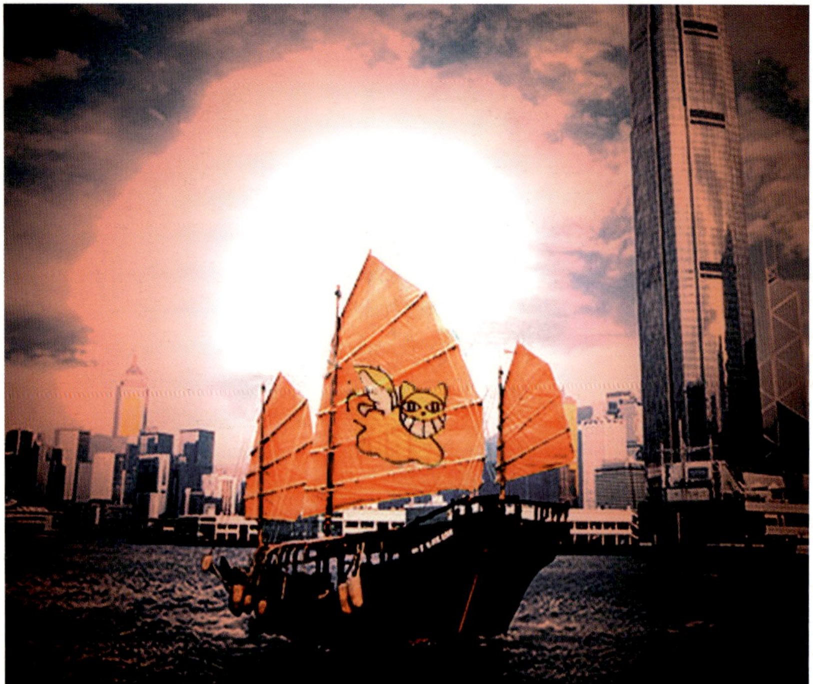

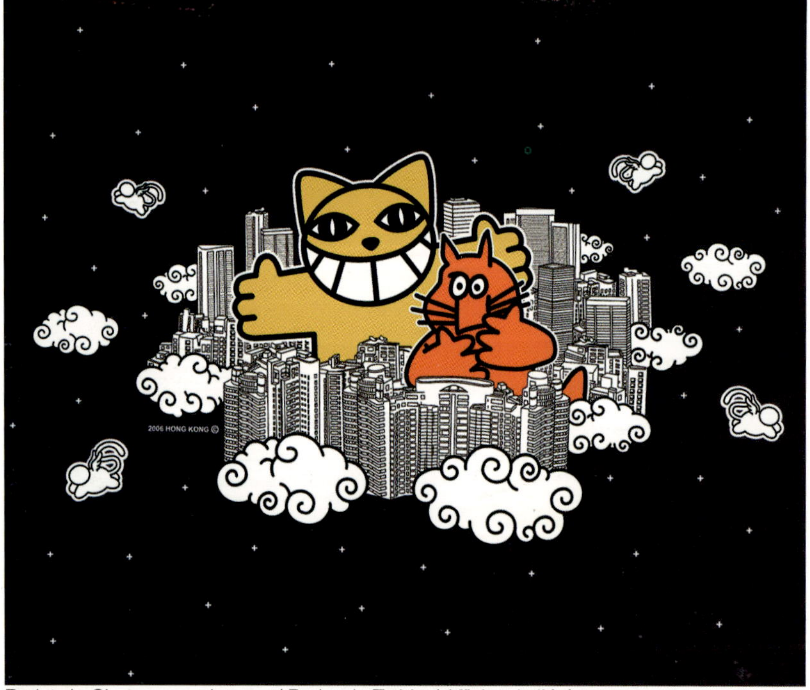

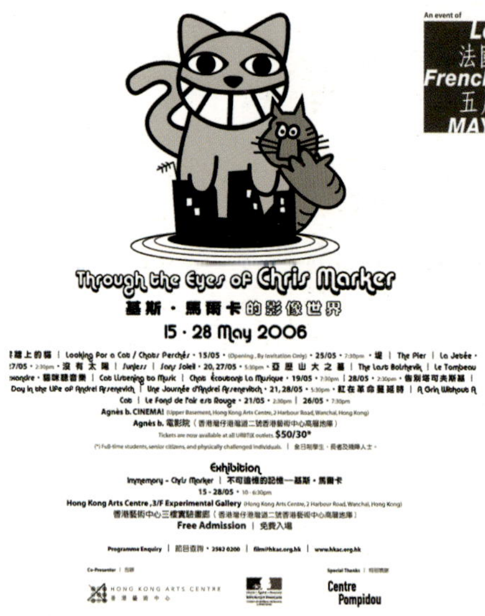

Projet de Chat sur une jonque / Projet de T-shirt / Affiche de l'évènement.

Message de C.M. le 4 juin 2006 au sujet du gymnase de la rue Orillon

(page suivante) :

Pendant que tu joues Tintin en Asie, le nouveau gymnase de la rue de l'Orillon (Paris XIe) a été inauguré. Je suppose qu'Etienne t'a montré les photos.

Ils ont gardé le pan de mur où tu avais peint le Chat dans une échancrure, comme à Rome on enchâsse les fragments du mur d'Hadrien entre les nouvelles constructions. L'architecte a fait un discours où il expliquait comment le Chat qui « intriguait beaucoup les ouvriers » était devenu la mascotte du projet. Tous les jours, des mômes jouent sous sa protection. Sympa.

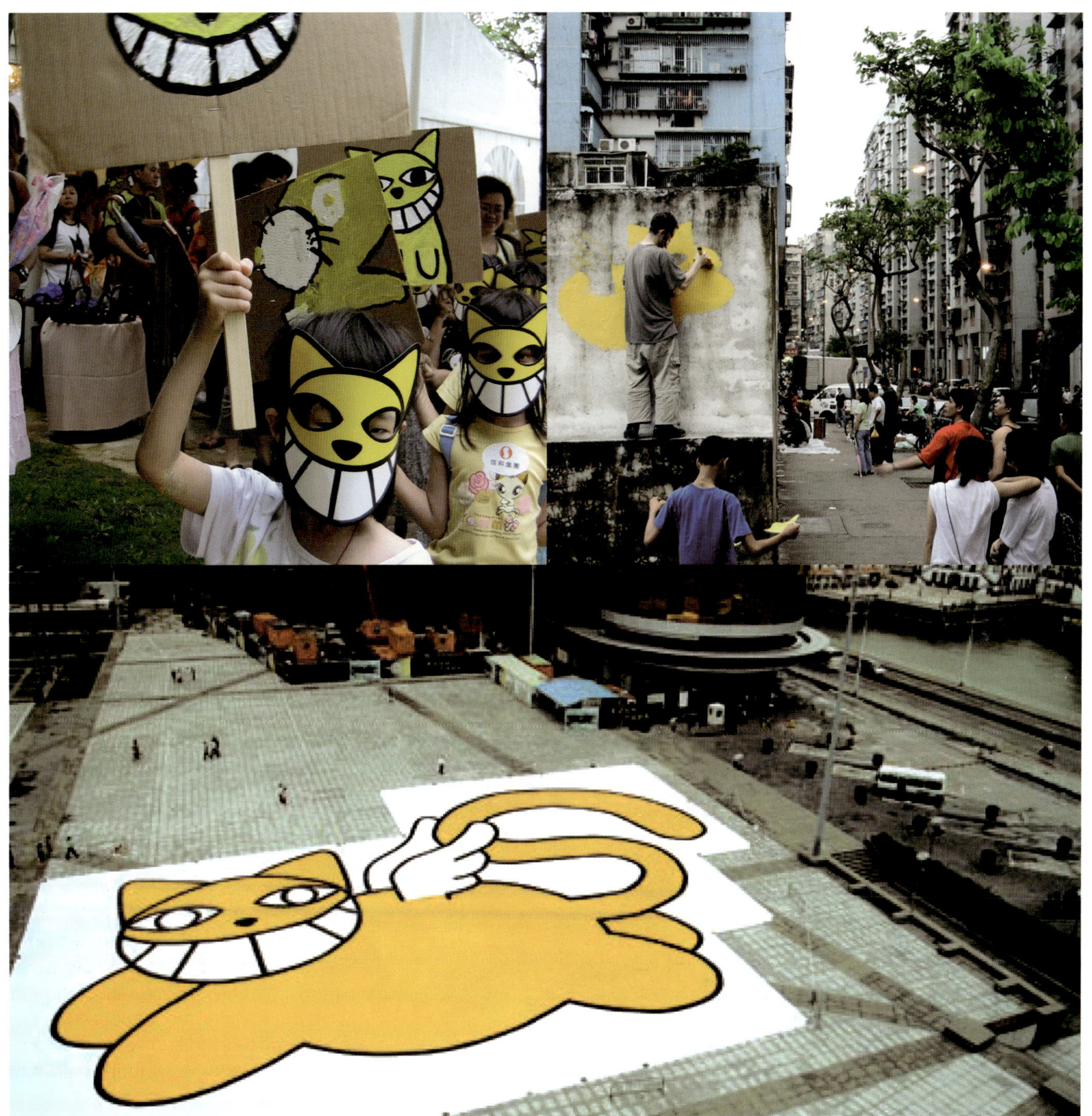

Manifestation *workshop* des enfants du Gold Coast / Big Mao, esplanade du Centre culturel de Macao.

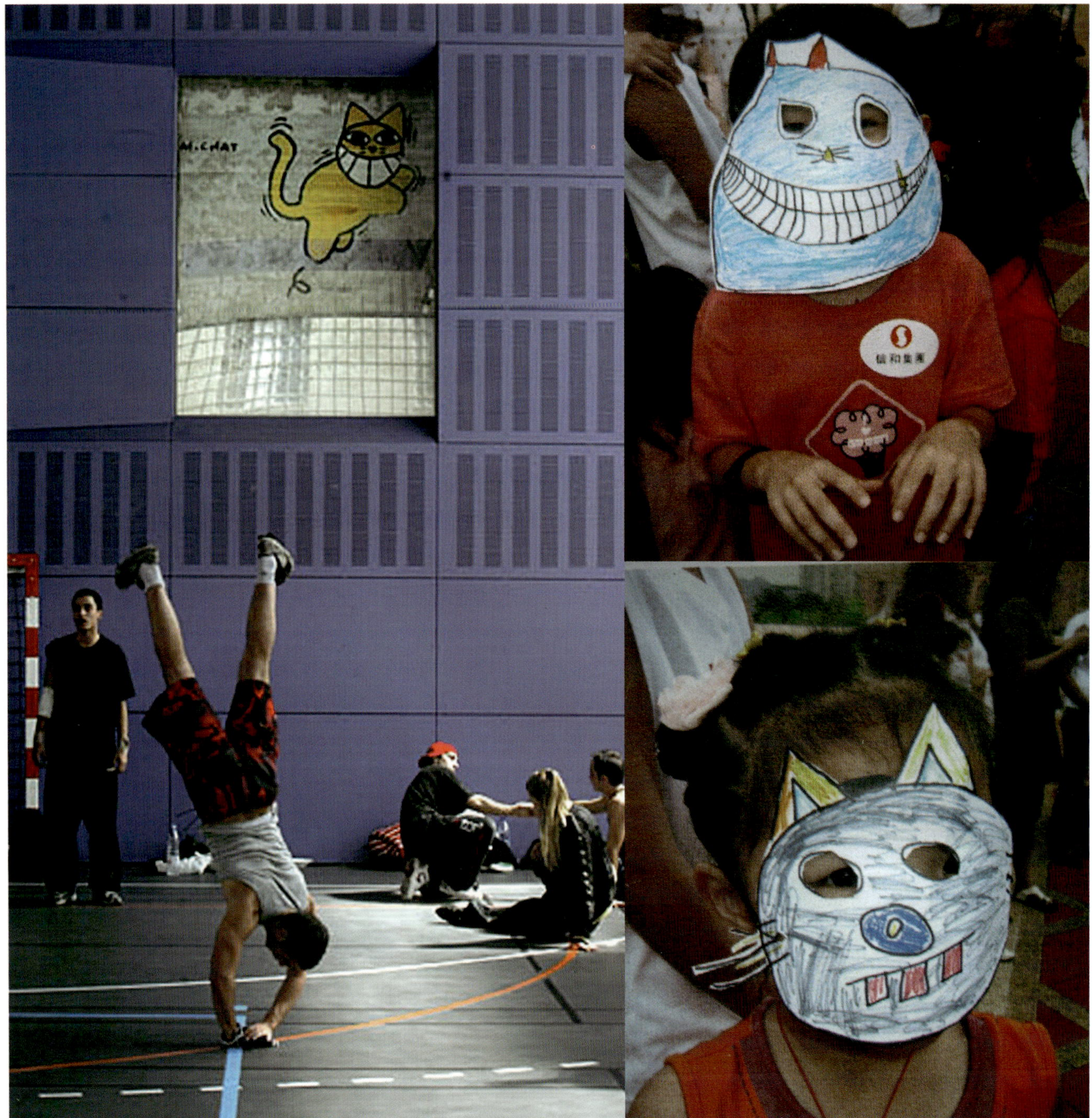

Gymnase de la rue de l'Orillon, Paris XIe / Atelier masques avec les enfants de Gold Coast, Hong Kong.

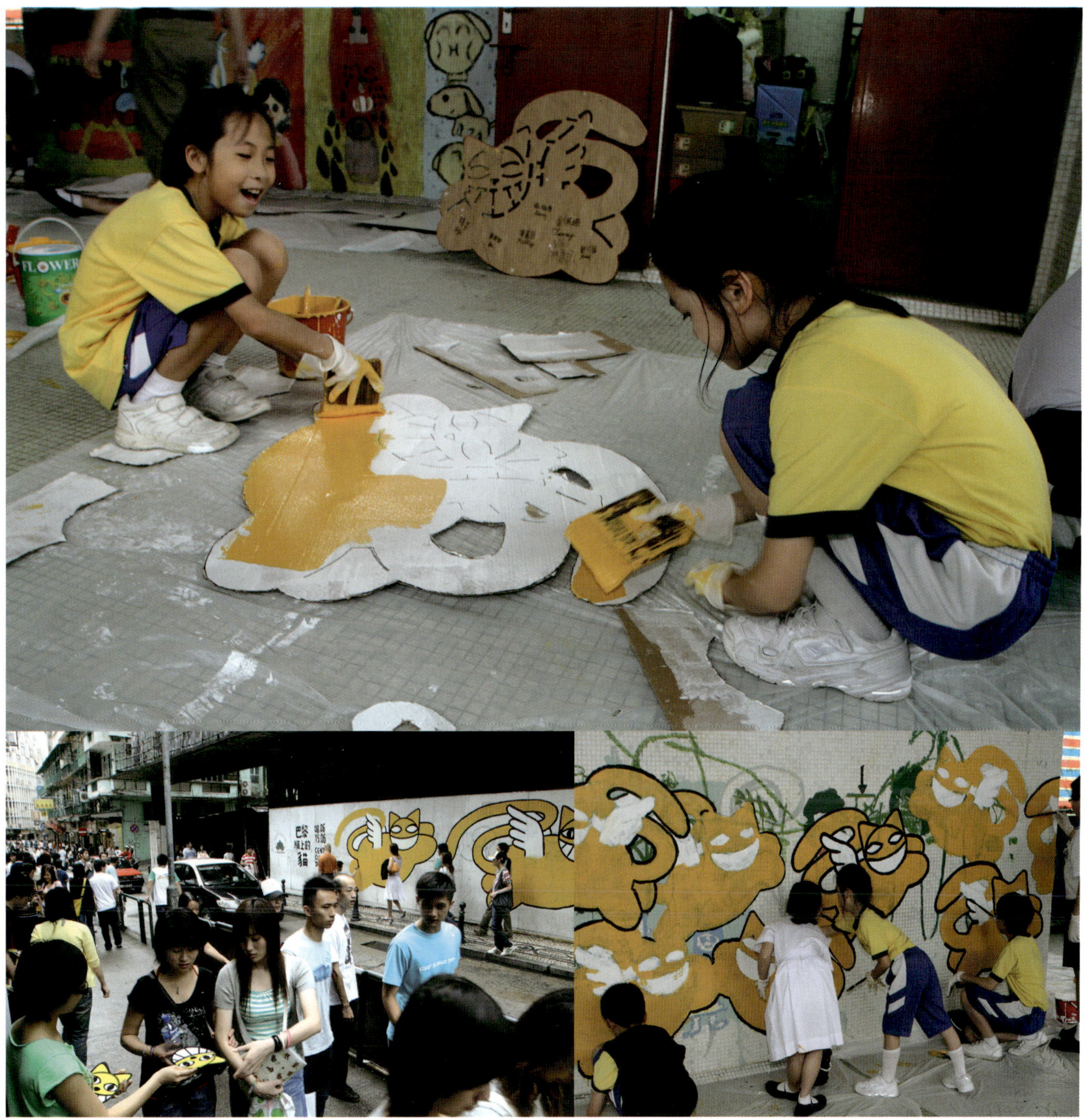

Interventions avec le Centre culturel de Macao, 2006.

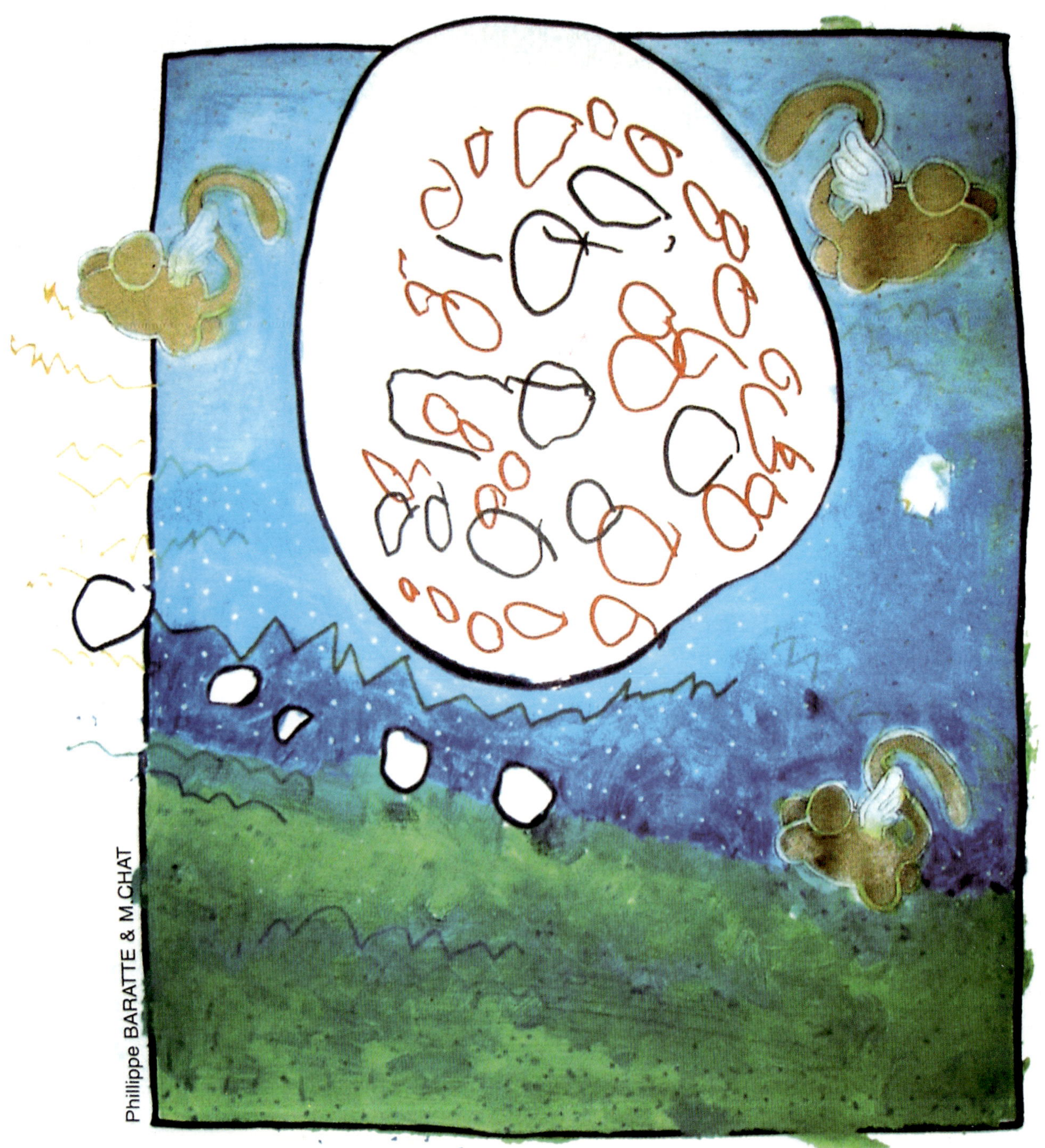

Œuvre à deux mains, Philippe Baratte - Thoma Vuille.

« Tout le monde est

peintre. Peindre, c'est comme parler ou marcher. C'est à l'être humain aussi naturel de crayonner, sur n'importe qu'elle surface qui s'offre à sa main, de barbouiller quelques images, que l'est de parler ».

Jean Dubuffet

L'association LCV (Loisir culture et vacances) a fait appel à moi pour mettre en place des ateliers d'arts plastiques auprès de personnes handicapées.

Dès les premiers dessins, mon souci a été de permettre à chacun de faire un dessin personnel, qu'il puisse tirer satisfaction de l'aboutissement de ce qu'il a entrepris, tout en assurant un lien entre l'ensemble des personnes rencontrées sur les séjours.

Le dessin est un bon mode de dialogue. L'action vient de soi et s'étale sur la feuille. Il peut y avoir un spectateur, ou on peut se parler seul. On peut laisser entrer quelqu'un dans l'espace de jeu qu'est la feuille en le dessinant. On peut aussi l'inviter à participer en mettant en commun le matériel, conseiller le voisin sur ce que telle ou telle technique produit. Très vite, l'ambiance d'atelier s'installe et chacun peut trouver sa place.

Face aux feuilles blanches, les interrogations surgissent :

– Qu'est-ce que je dois dessiner ?

– Je ne sais pas, ce qui te passe par la tête : ton voisin d'en face, un animal, un arbre... Ne réfléchis pas trop, laisse ta main tracer des traits et petit à petit le dessin viendra.

Sur un groupe, les façons de dessiner diffèrent d'un individu à l'autre. Il y a les naïfs, les figuratifs et les abstraits, les coloristes, les cubistes, les systématiques, sans oublier les surréalistes...

J'ai rencontré trois types de dessinateurs : ceux qui ont l'habitude de dessiner et prennent immédiatement du plaisir à travailler sur grand format, ceux qui n'ont pas l'habitude de dessiner et manquent de confiance en eux et ceux qui ne dessinent pas ou qui ne se souviennent plus qu'ils savent dessiner.

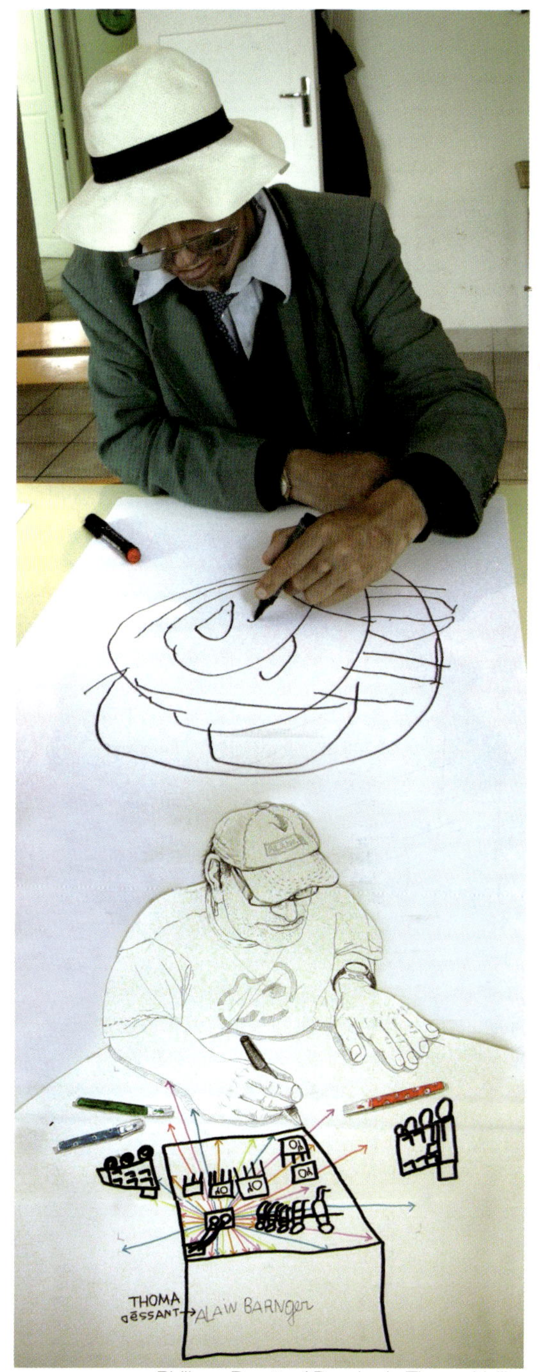

Philippe Baratte / Dessin de Thoma Vuille.

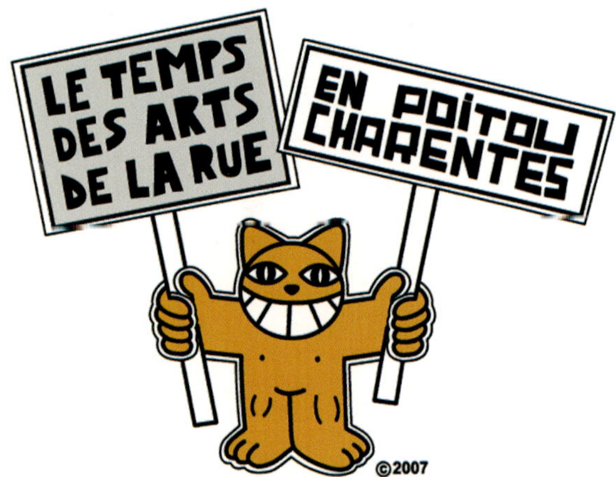

Le Temps des arts de la rue

Unique région à avoir relayé le Temps des arts de la rue initié par le ministère de la Culture et de la Communication et les professionnels, j'ai souhaité passer commande à un artiste contemporain pour valoriser ce secteur et le rendre visible auprès de mes concitoyens.
Quoi de plus adapté que le travail de Monsieur Chat, avenant et présent sur de nombreux murs de France et du monde entier, puis dans l'inconscient collectif urbain de nombreux individus ? Plus que l'emblème d'une politique volontariste pour le développement de l'art dans l'espace public, Monsieur Chat a participé à de nombreuses activités culturelles en Poitou-Charentes pour faire valoir que les aspirations culturelles du XXIe siècle, que l'on habite en ville ou à la campagne, sont urbaines.

À l'heure d'un bilan sur le parcours artistique de Monsieur Chat, je me réjouis d'avoir été, au nom de la Région Poitou-Charentes, la première collectivité à lui faire confiance au moment où il sortait de l'anonymat pour (re)devenir Thoma Vuille. Et si Thoma n'est pas à proprement parler un artiste de rue selon la catégorisation professionnelle et taxidermique à la française, il n'en est pas moins un des plus brillants représentants français du *street art* à l'international.

Convaincue que sans imaginaire commun les hommes ne peuvent pas vivre ensemble sur un même espace, je me réjouis que l'édition de ce parcours artistique puisse alimenter un imaginaire collectif renouvelé. J'ose espérer qu'il contribuera à réduire la frilosité de nombreux aménageurs concernant cette pratique et qu'il suscitera à son tour le désir d'un travail artistique régulier pour la qualification et l'embellissement du cadre de vie, propice au mieux vivre ensemble.

Ségolène Royal
Présidente de la Région Poitou-Charentes

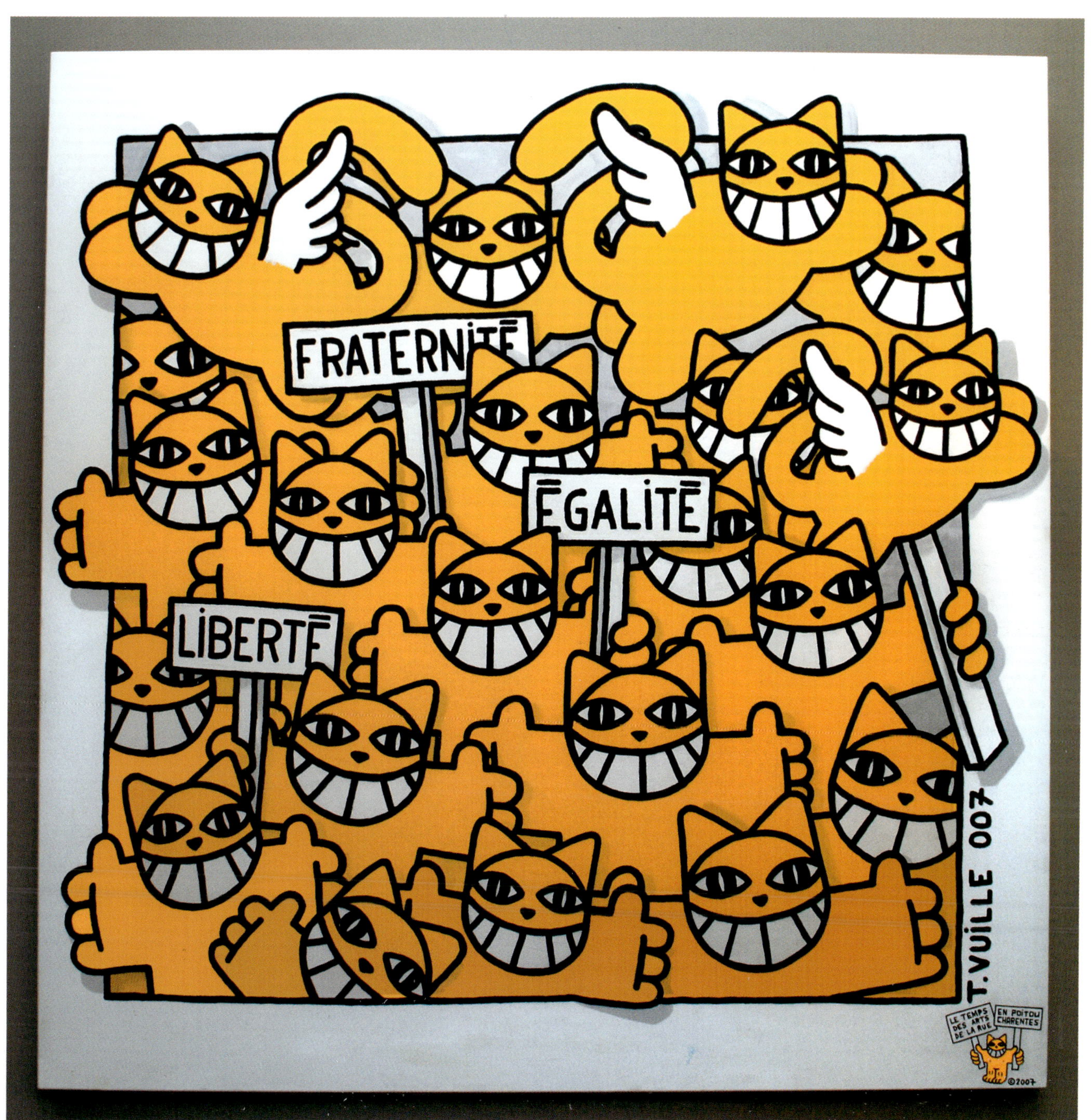

La Démocratie en marche, tableau (2 x 2 m) .

Le Chat qui se prenait pour un champ

L'agriculture est une des catégories professionnelles qui caractérise le mieux le milieu rural. Malheureusement, depuis une trentaine d'années, on dénombre de moins en moins d'agriculteurs. Ceux-ci ne représentent aujourd'hui qu'un très faible pourcentage de la population, ce qui explique que cette profession est de plus en plus méconnue.

Face à ce constat, de nombreuses initiatives ont vu le jour pour faire découvrir les réalités de ce métier et tenter d'endiguer la mise à l'écart de cette profession (fermes auberges, camping à la ferme, réseaux des fermes ouvertes...).

Sur les deux cantons d'Airvault et de Saint-Loup-sur-Thouet (Deux Sèvres – 79), un petit groupe d'agriculteurs, tous producteurs de lait (de vache ou de chèvre), ont souhaité se mobiliser d'une façon plus originale, en s'associant avec le milieu artistique. Ce « Collectif d'agriculteurs » s'est alors tourné vers la Compagnie Ego et le Centre socioculturel de l'Airvaudais et du Val du Thouet pour mettre en place un programme d'actions artistiques où se rencontrent monde rural et culture hip hop. De là est né le projet Milk Hip Hop...

Cette idée de rapprocher deux cultures (urbaine et rurale) en associant les arts du mouvement hip-hop a maintenant fait ses preuves. Depuis deux ans, les acteurs du projet ont réussi par l'intermédiaire d'un groupe de jeunes de diverses origines, à démystifier l'image des métiers agricoles.

Construction collective dont les acteurs sont nombreux, Milk Hip Hop œuvre ainsi pour le développement d'une culture créative, ouverte à de nouvelles références. Il favorise également la rencontre, l'échange, la diversité culturelle et la mixité intergénérationnelle.

Le Collectif des agriculteurs

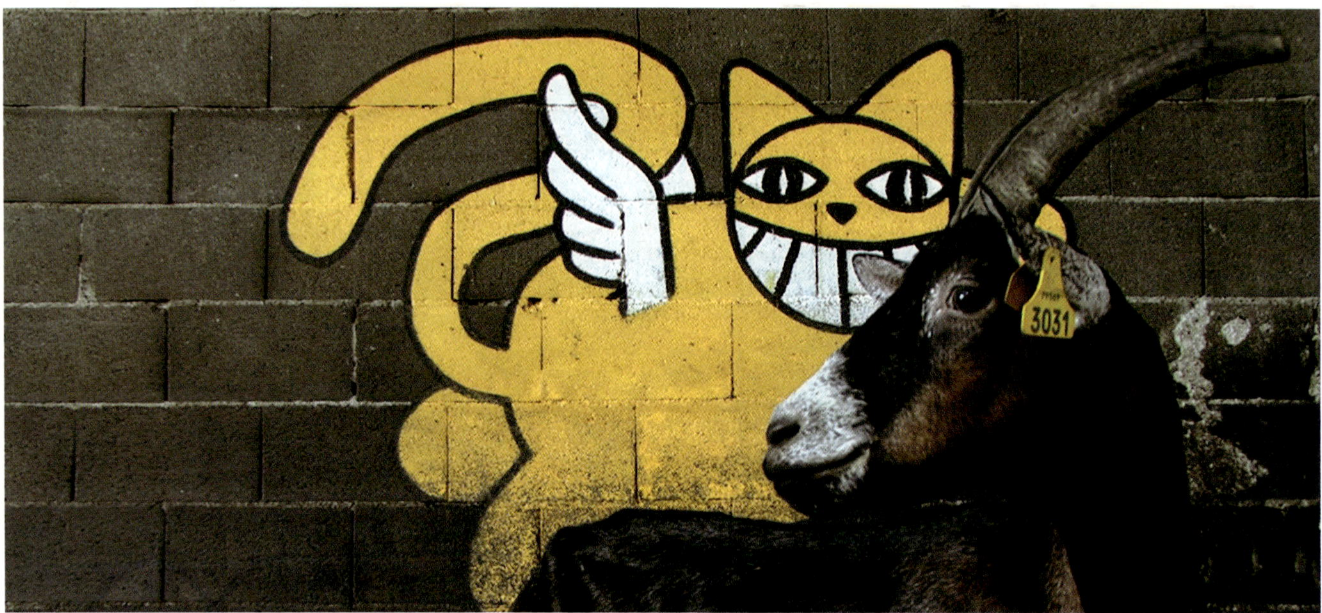

Peinture dans une exploitation agricole près d'Airvault.

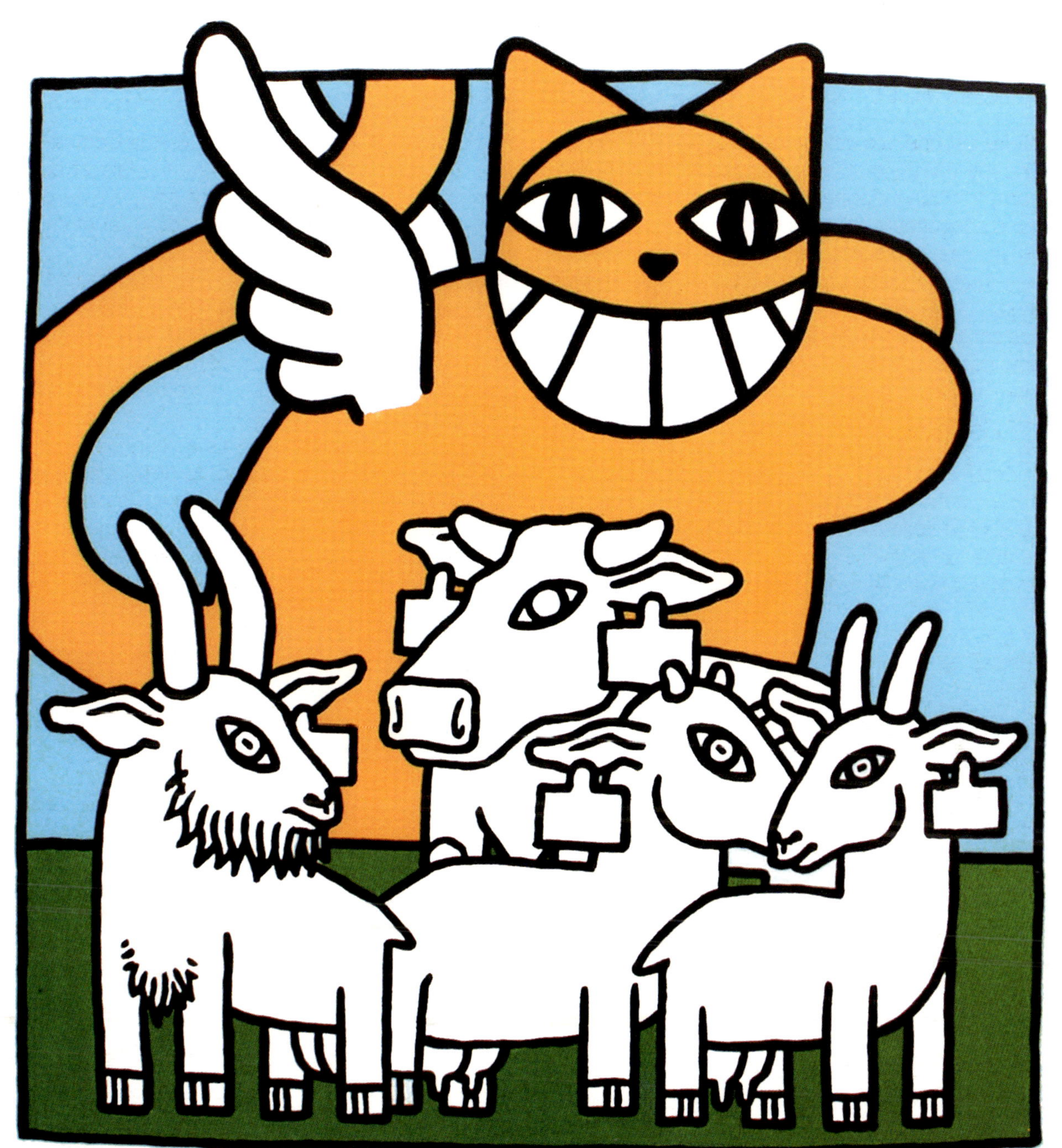

Le Chat se fait de nouveaux amis.

Partout chez soi

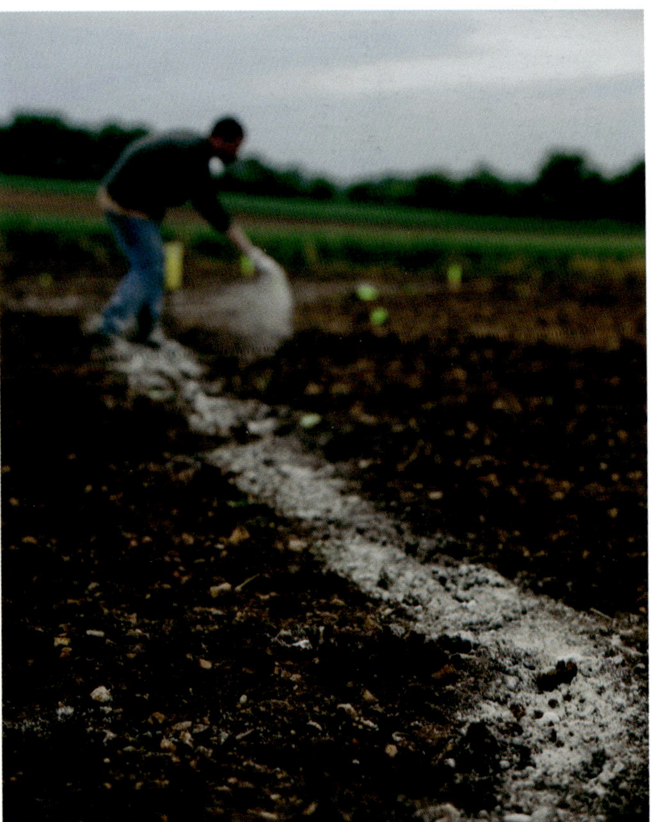

C'est en 2001 que j'ai rencontré Monsieur Chat pour la première fois. La Rochelle, Nantes, Bordeaux et Paris, cette itinérance d'étudiant sans logis fixe était habitée par ce félin énigmatique. J'avais ainsi un point de repère dans au moins trois de ces villes. Après l'avoir entr'aperçu dans les pages du quotidien *Libération*, grande fut mon émotion de le rencontrer en 2006, en chair et en os à Tours, à l'occasion des vingt ans de la Cie Off. Cela faisait pourtant déjà cinq ans que nous cheminions ensemble sur des voies parallèles. Après une entreprise de séduction mutuelle, nous étions farouchement décidés à travailler ensemble.

Alors responsable de la conduite du Temps des arts de la rue en Poitou-Charentes, je décidai de faire de Monsieur Chat le symbole d'une politique de développement de l'art dans l'espace public. A l'heure de l'institutionnalisation et de la reconnaissance des arts de la rue, quoi de plus évident que de travailler avec cet animal agissant alors dans l'espace public, en marge des franges institutionnelles ; c'était avant son arrestation et sa sortie de l'anonymat. Avec la production d'une mascotte à l'effigie du temps politique, Thoma réalise également dans les caves du Conseil régional Poitou-Charentes sa première œuvre sur toile signée de son nom au format presque discret de 2 x 2 mètres.

Mais la force du travail de Monsieur Chat ne peut se résumer à une opération de communication et à une commande artistique. Véritable emblème du Temps des arts de la rue en Poitou-Charentes, Monsieur Chat a été associé à de nombreuses manifestations construites ou accompagnées par le Conseil régional de Poitou-Charentes. En partenariat avec les acteurs culturels, sociaux et scolaires, Monsieur Chat a sillonné le territoire régional et au-delà, laissant des traces matérielles et imaginaires indélébiles. Ainsi a-t-on pu le voir à Cognac, Niort, Châtellerault, Angoulême, Poitiers, Airvault, l'Ile de Ré et même Hue au Vietnam. A l'image d'une pandémie, Monsieur Chat s'est emparé de manière virale du Poitou-Charentes pour marquer l'imaginaire et l'histoire de ce territoire.

Généreux et insatiable, Thoma et Monsieur Chat ne semblent plus faire qu'un même personnage. Avides d'embrasser le monde à l'image de ce sourire gargantuesque, ni l'un ni l'autre ne savent s'arrêter et continuent de parcourir le monde pour le marquer de leurs griffes, à l'instar des multinationales. Mais sous son aspect débonnaire et à force de ne pas vouloir être le héraut d'un quelconque message, Monsieur Chat est en passe de devenir une icône planétaire. Présent sur cinq continents, il interpelle les hommes dans leur quotidien, et rappelle qu'ils peuvent être liés ensemble par autre chose que les valeurs marchandes dans lesquelles on essaye de les contenir. De l'art, tout simplement.

Adrien Guillot,
Directeur du Centre national des arts de la rue de Niort.

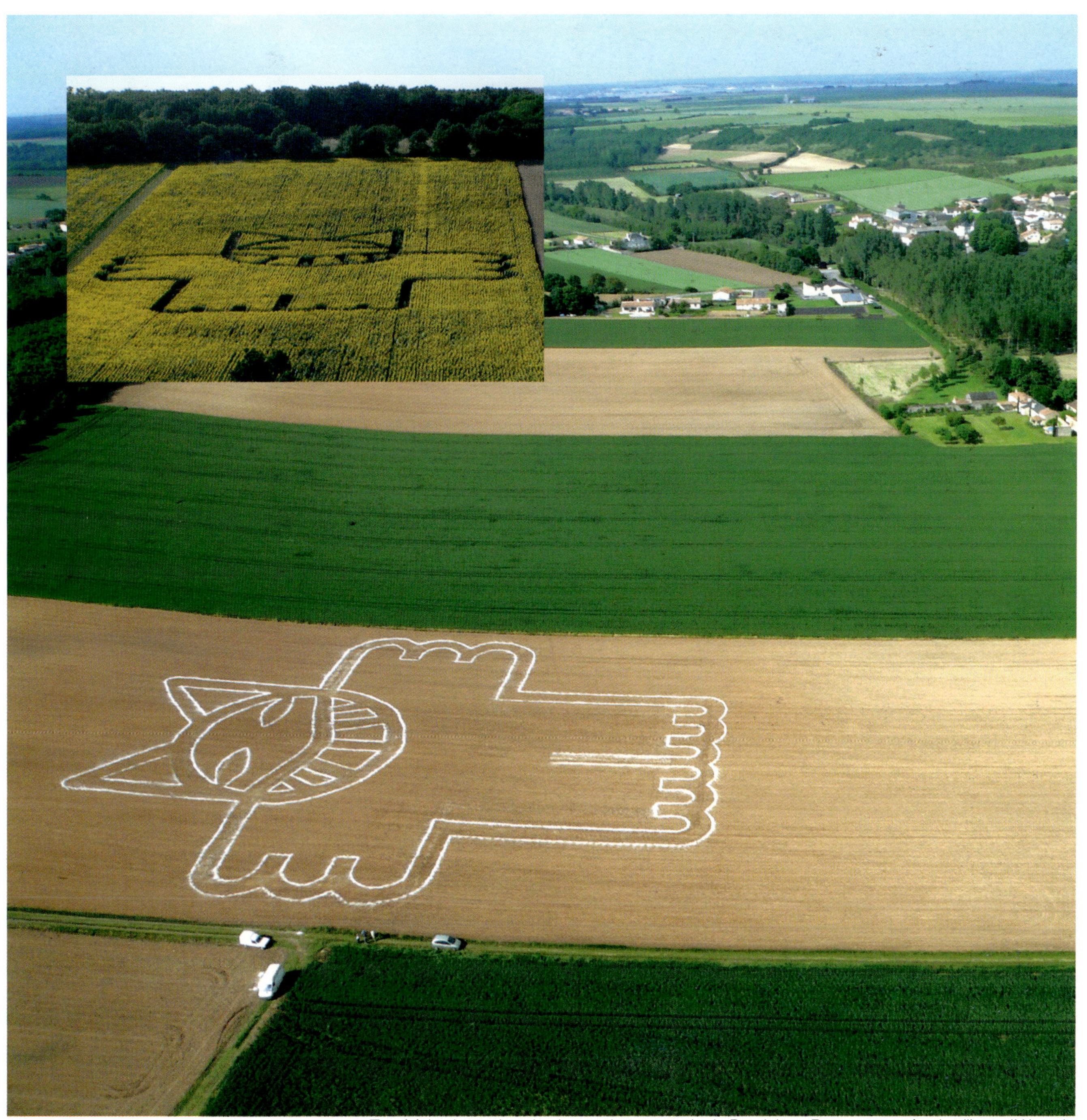

Tracé à la chaux dans le champ de tournesols de Dominique Paquereau, près du village d'Airvault.

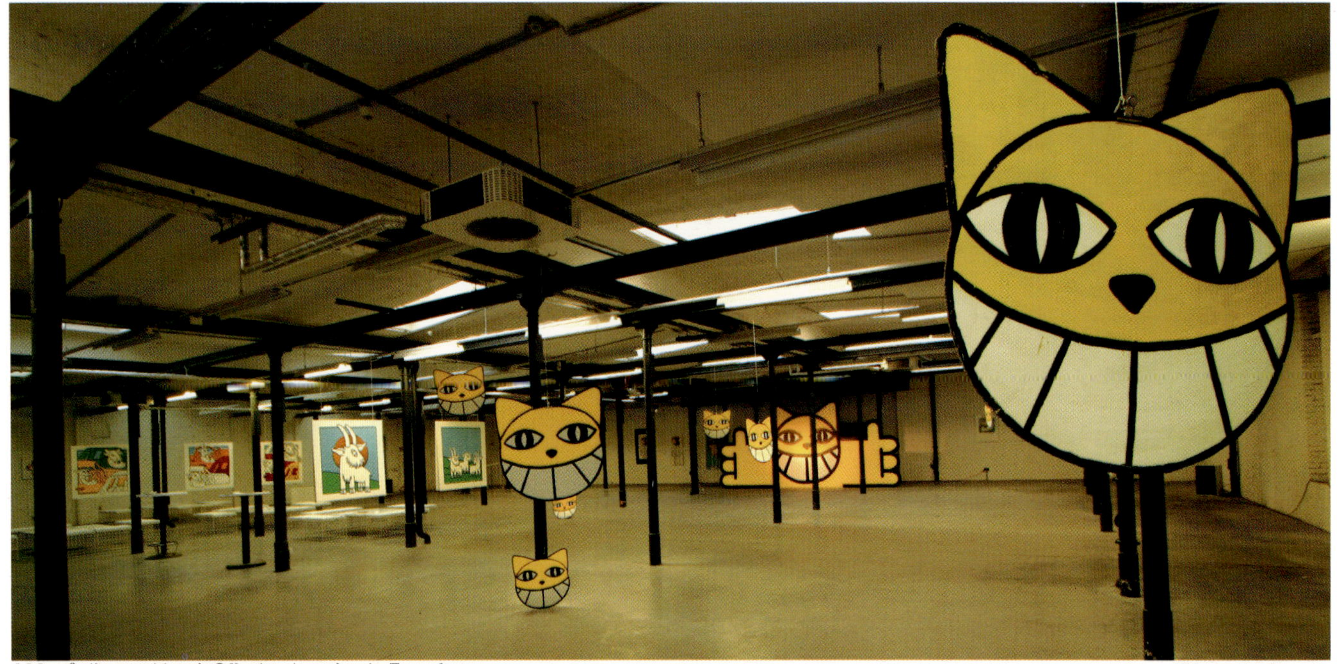

600 m² d'exposition à Offenbach, près de Francfort.

Heyne Kunst Fabrik

Sans que je le sache, la participation au Tribeca Film Festival a marqué un des spectateurs. Il m'a contacté une année plus tard pour participer à l'International Frankfurt Films Festival. Je suis donc invité par Sacha Linse à Francfort. Une fois de plus, je me retrouve le seul peintre parmi des réalisateurs, cherchant à trouver une place pour mon travail.

Un atelier s'organise à l'étage du Métropolis Cinéma, j'y réalise une vingtaine de pancartes chats qui seront offertes lors d'une vente aux enchères mis en scène par plusieurs acteurs. On me présente le parrain de ce festival. Je suis tout ému lorsque je serre la main du grand Wim Wenders. Je lui offre un billet chat et lui fait signer mon registre. Il ira compléter les noms prestigieux qui l'ont signé, John Malkovich, Peter Scarlet, Pierre Lhomme, Samadian, Laurence Braunberger, Connie Lam, et ceux d'inconnus croisés aux quatre coins du monde.

A la fin du festival, on me présente Thomas Kypta qui souhaite m'acheter un tableau. Je passe l'après-midi à peindre la toile qu'il a apprêtée pour moi ; une seule contrainte, utiliser sa couleur fétiche : le vert. Ravi de sa nouvelle acquisition, Thomas me fait part de son envie d'organiser une grande expositon pour moi dans le hall de 600 m² de la Kunst Fabrik. Nous nous revoyons à Paris pour finaliser le projet où je présenterai une série de peintures sur bois. Une fois sur place, je réalise un Chat de sept mètres transportable par plaques. Nous décidons de faire sérigraphier trois séries de dessins, sur arches et sur toiles. En parallèle, je vais peindre dans Francfort pour marquer le début de l'exposition et l'ouverture d'un nouveau site, www.monsieurchat.eu.

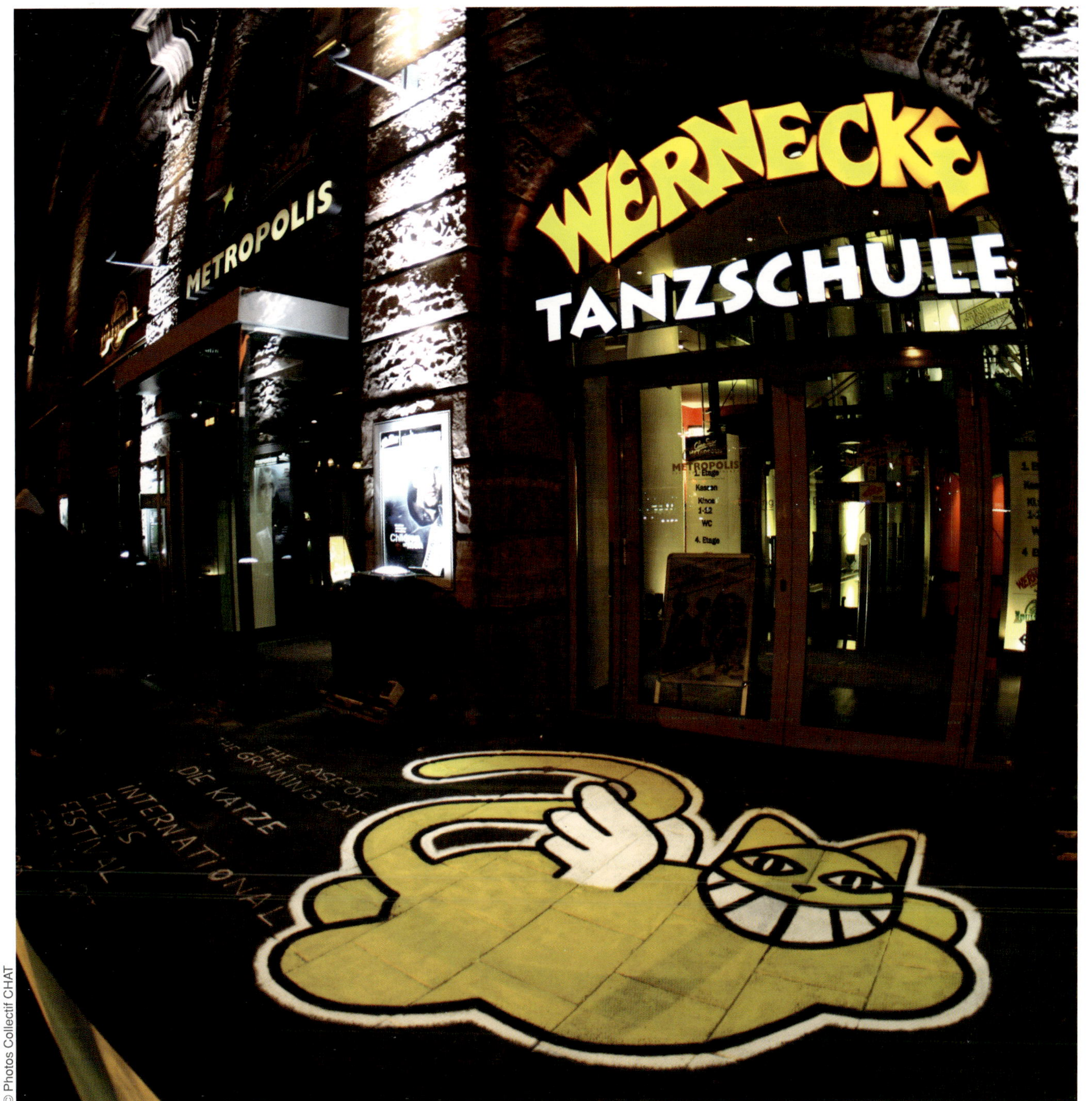

Peinture sur le trottoir devant le cinéma Métropolis à Francfort, 2006.

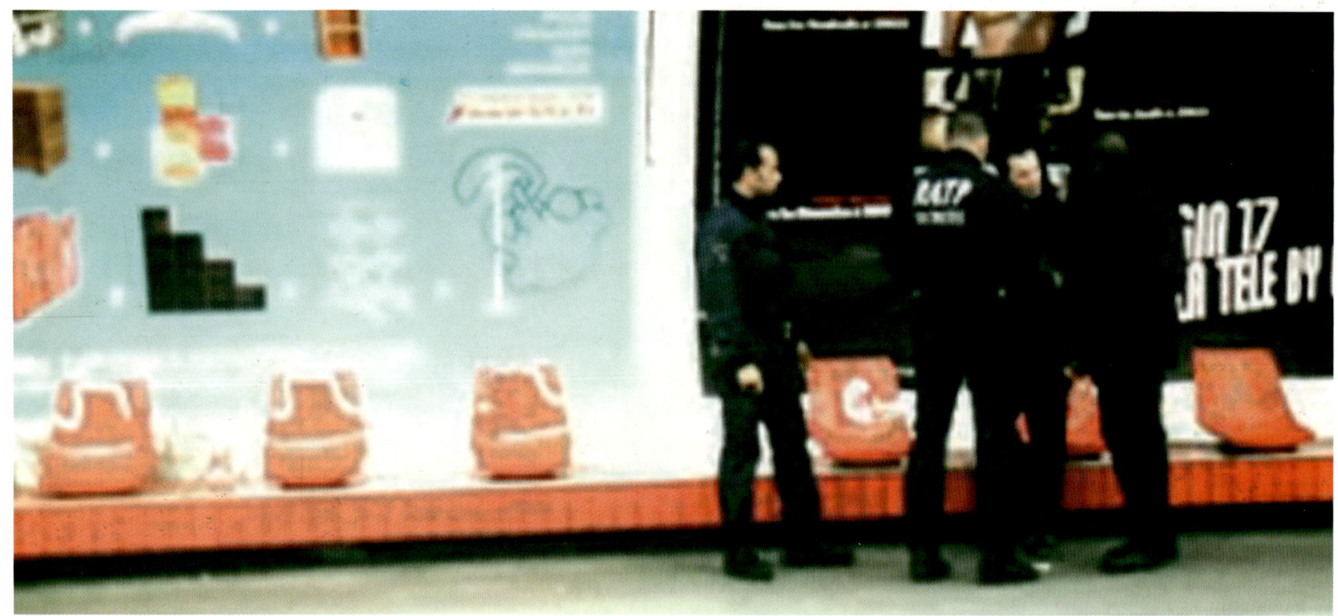

Interpellation(s)...

Je revenais de ma petite visite chez la police pour dégradation légère par graffiti. J'étais en terrain conquis : après avoir passé la porte battante qui sépare la salle d'attente/d'accueil des bureaux de police à proprement parler, j'ai jeté un coup d'œil autour de moi. C'est toujours intéressant de connaître le quotidien des policiers, se rappeler qu'eux aussi sont humains. Sur l'un des murs d'un bureau, vous n'allez pas me croire : une tête de Chat... une de celles que j'avais déposées il y a quelques années dans toute la ville.

J'ai ri très fort, intérieurement. Je me suis presque senti chez moi. Et puis le policier semblait un peu gêné. Je me suis rappelé alors la fameuse consigne comme quoi, soi-disant, le maire de la ville protégerait le Chat. Le Chat n'a pas besoin de protection, il ne s'est jamais fait attraper de toute façon...

Dans ma déposition, j'ai dit que je m'entraînais pour être aussi bon que Monsieur CHAT. Je ne sais pas si c'est un secret de polichinelle, si le policier se doutait de quelque chose. En tout cas on a bien discuté. Je crois qu'on s'est encouragé mutuellement. Oui, c'est vrai...

Je lui ai expliqué mon histoire de reconnaissance institutionnelle, sans lui dire qui me l'avait soufflé aux oreilles :

– Eh bien oui, la Police est une institution, ma déposition est une forme de reconnaissance institutionnelle de mon activité de peintre...

– Alors là, vous y allez un peu fort !

– Mais si, je vous assure.

Un peu avant :

– Mais c'est des tags, tout ça !

– C'est marqué « tag » dans le code pénal ?

– Ah non : « graffiti ».

– Ben, mettez « graffiti ». Ah non, attendez : vous pouvez pas mettre « post-graffiti » ?

– Ah non là vous allez trop loin...

Nantes métropole

Le Chat démasqué à Orléans

À Nantes, comme ailleurs, des chats jaunes sourient aux passants. Après dix ans de mystère, leur auteur vient d'être démasqué.

Un matin de 1999, neuf chats jaunes avec un large sourire et des yeux malicieux ont fait leur apparition sur les murs et toits de Nantes, donnant lieu à mille légendes. La rumeur racontait alors qu'il s'agissait d'étudiants des Beaux-Arts, d'un groupe de filles ou de jeunes ayant un lien avec les arts du cirque. Mystère, et impossible de savoir.

Des années ont passé, alimentées ici et là par la curiosité des passants et de la presse, tandis que les chats ont été peu à peu effacés du paysage nantais. Aujourd'hui, seuls trois y sourient encore : sur un mur du CHU, sur l'échafaudage ayant servi aux travaux de l'église Saint-Nicolas et rue de l'Héronnière.

L'auteur lui, après dix ans d'anonymat, vient de se faire pincer par la police municipale d'Orléans où le Chat (également baptisé « Monsieur Chat ») est apparu pour la première fois en 1997.

« C'était dans la nuit du 17 au 18 mars. Je me suis laissé attraper », résume Thoma Vuille, 30 ans, qui vit à Orléans depuis 15 ans.

400 chats dans le monde

Du coup, le jeune homme a décidé *« d'assumer la paternité »* de ses chats, égrenés un peu partout en France et dans le monde entier (Sarajevo, New York, Londres, Amsterdam, Francfort, Honk-Kong...).

Au point que le cinéaste international Chris Marker s'est lancé dans un jeu de piste à la recherche des *Chats perchés*, nom d'un documentaire sorti en 2004.

Dans la foulée, sollicité par des institutions, Thoma Vuille a fait vivre officiellement son motif à l'étranger. Résultat, dix ans après : entre 300 et 400 chats jaunes ont fleuri sur la planète ! Et ce, grâce à une petite fille.

« Lors d'un atelier que j'animais dans une école, elle a dessiné un chat. Je l'ai retravaillé, remodelé à ma façon, c'est comme ça qu'il est né ». Très vite, des passants se sont approprié l'animal, sa forme ronde, son sourire bienveillant et sa couleur jaune : *« J'aime bien. C'est lumineux, ça se voit de loin et c'est très utilisé pour la signalétique »*.

Et tant pis s'il échappe désormais à son créateur, régulièrement copié. *« Le chat existe, il vit sa propre vie, il appartient à tout le monde. Chacun se projette, se raconte des histoires »*, apprécie cet ancien étudiant des Beaux-Arts, qui ne se reconnaît pas dans le milieu du graff.

Lui fait de la peinture et s'inscrit dans une démarche d'art contemporain, avec l'idée de *« rendre plus beau le quotidien »*. Un objectif que Thoma compte plus que jamais poursuivre, après de multiples activités (ouverture d'une galerie d'art contemporain, festivals, ateliers dans des écoles, des orphelinats...).

À cet effet, il prépare d'ailleurs un événement à Orléans pour les dix ans du Chat, en lien avec la ville (qui le soutient) et les partenaires officiels. *« J'aimerais beaucoup proposer la même chose à Nantes, c'est une ville qui me plaît, j'y passe régulièrement »*.

Comme cette nuit de 1999, qui a vu naître neuf chats d'un coup. Durée de création : 45 minutes en moyenne, sans regarder en bas, à cause du vertige !

S.G.

http://monsieurchat.free.fr ou http://www.flickr.com/groups/mrchat/.Contact : m.chat@laposte.net

Photo B.D./Chat

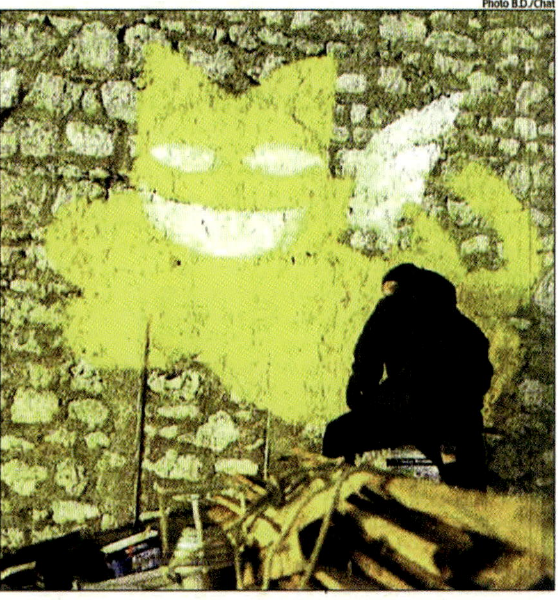

Dans la nuit du 17 au 18 mars, Thoma Vuille n'a pas eu le temps de finir de peindre son chat jaune. Le 10 mai, il s'en expliquera devant le tribunal d'Orléans.

Presse Océan, 31 mars 2007.

Les petits chats de Serenne

L'Institution Serenne a vu le jour en 1890 grâce à M. Serenne, un entrepreneur orléanais. Sans descendance, il lègue une partie de sa fortune pour construire un orphelinat. Aujourd'hui, cet établissement accueille 160 enfants et jeunes adultes, placés temporairement par les services départementaux de l'aide sociale à l'enfance, en raison de problèmes familiaux.

En 2007, l'Institution Serenne a accueilli Thoma Vuille pour animer des ateliers de dessin avec les enfants. Un autre moyen pour eux de se reconstruire.

C'est presque par hasard que cet atelier artistique a vu le jour. « C'était il y a dix-sept ans, raconte Gérard Coulon, directeur de l'établissement. J'étais en voiture près d'Orléans et j'ai remarqué un jeune homme qui peignait sur un transformateur désaffecté. J'étais déjà très intéressé à l'idée d'apporter une pratique artistique dans mon établissement et je suis allé le voir. Il a été un peu surpris au début, mais on a discuté et il m'a laissé sa carte. Depuis j'ai toujours suivi son parcours et j'ai monté cet atelier. »

Lancé en janvier 2007, l'atelier animé par Thoma Vuille a d'abord porté sur le thème du portrait. Un vrai défi et un bouleversement pour ces enfants au passé souvent douloureux. « De par leur histoire personnelle, souvent très lourde à porter, ces enfants ont une image très dévalorisée d'eux-mêmes, de leur corps, explique Gérard Coulon. La création artistique permet d'apporter un autre regard sur soi, de débloquer certaines situations et d'améliorer cette image. » Près d'une trentaine de portraits ou d'autoportraits ont ainsi vu le jour.

Évidemment, le Chat n'a pas manqué de pointer son museau au coin de tous les tableaux. Adopté comme mascotte, le chat le plus célèbre d'Orléans se prélasse sur le mur de toutes les chambres de l'Institution Serenne, pour le plus grand plaisir de son géniteur... « Je leur ai appris à fabriquer des pochoirs pour dessiner les chats, indique Thoma Vuille. Le but est qu'ils sachent en faire le plus rapidement possible et qu'ils soient autonomes. Ils peuvent être fiers d'eux. Tout est possible avec le dessin, il n'y pas de contraintes. Le plus important pour moi, c'est qu'ils prennent simplement plaisir à faire des chats. »

Devenus des « docteurs ès Chat », les enfants de Serenne interviendront même aux côtés de Thoma Vuille lors de l'exposition M. Chat, prévue au musée des Beaux-Arts d'Orléans.

Sylvain BRIENT, *Orléans Mag,* juillet 2007.

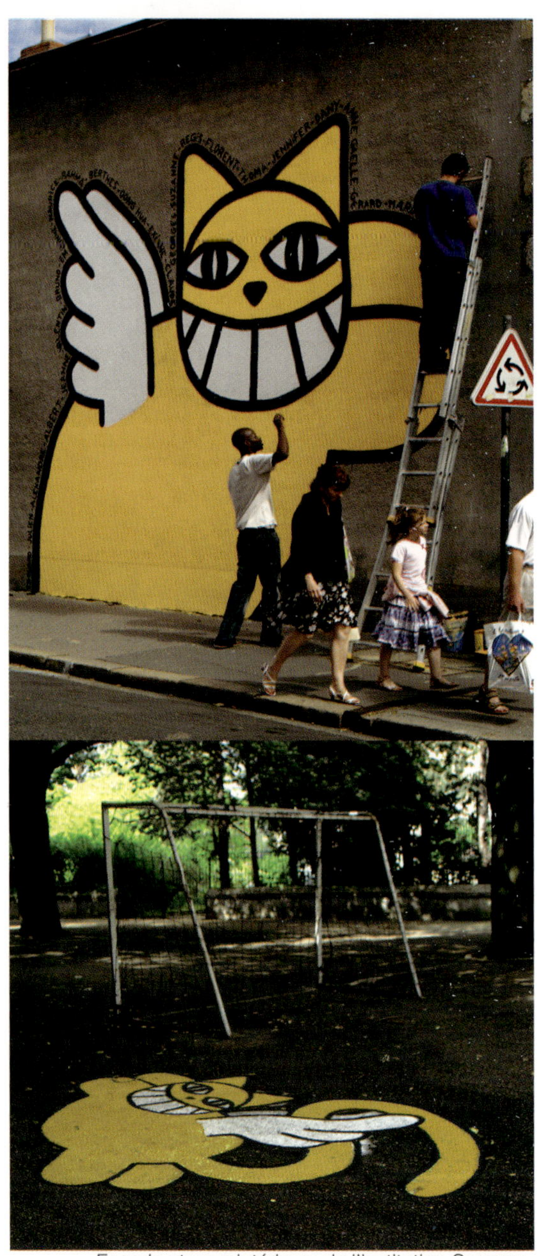

Façade et cour intérieure de l'institution Serenne.

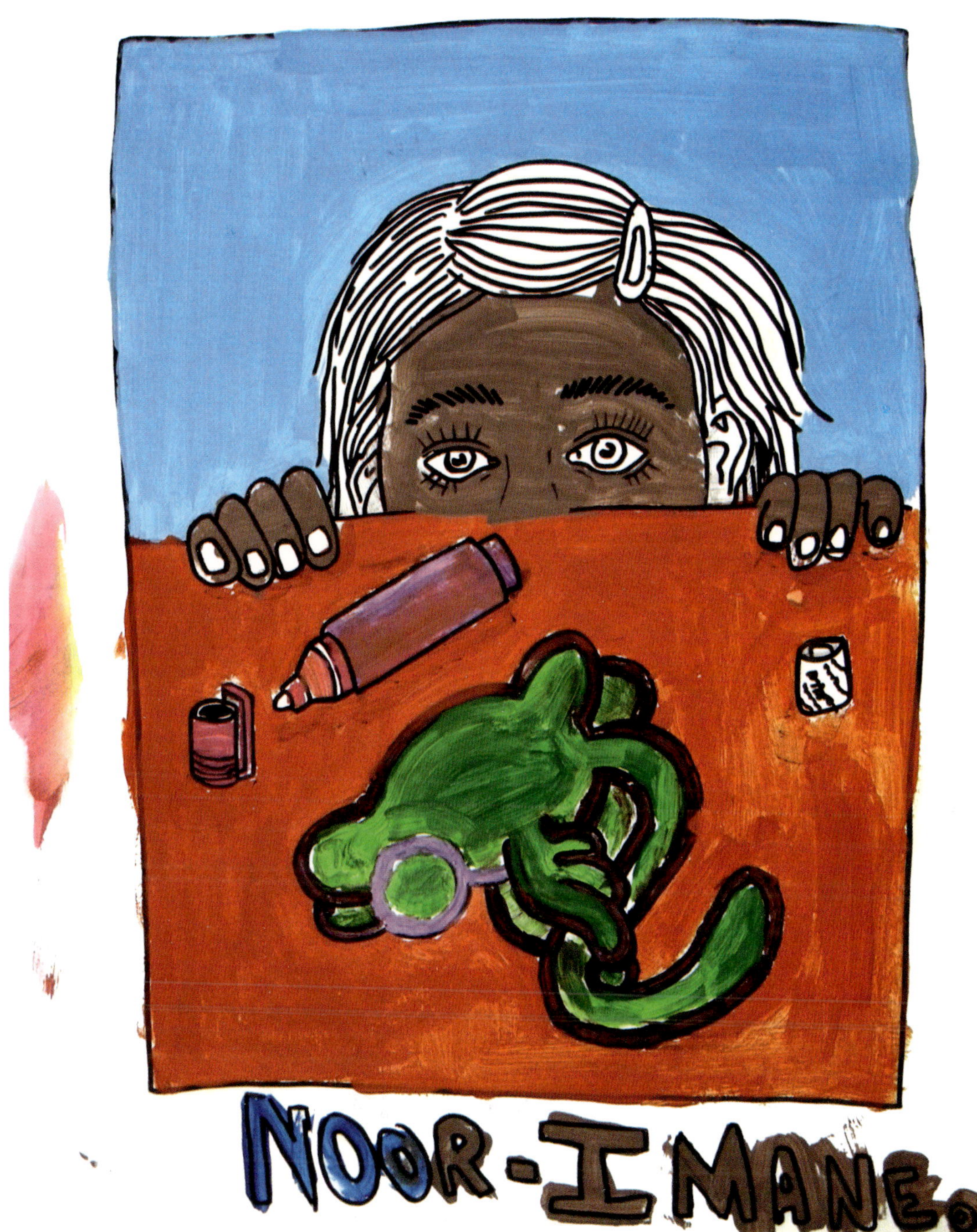

Dessin réalisé par Thoma Vuille et colorié par Noor-Imane.

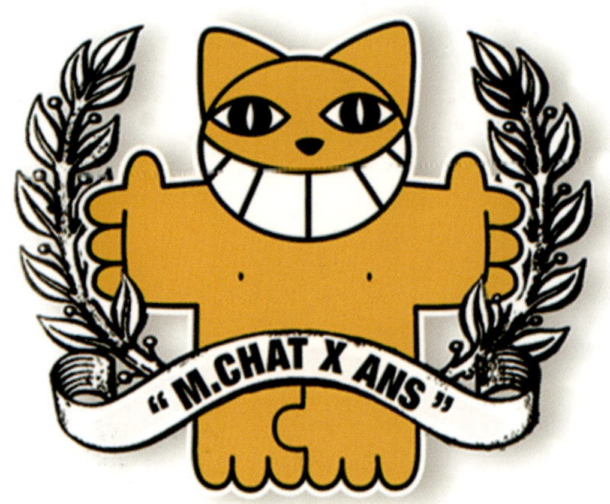

Chat perché à Orléans

A Orléans, les regards des promeneurs jouent à chat perché pour retrouver la figure amicale de leur chat favori M.CHAT, qui depuis 1997 se love tout sourire au détour des rues, tout en haut des murs, alliant ainsi le geste artistique et la prouesse sportive !
On peut déambuler dans notre ville en s'inventant un itinéraire ludique pour retrouver les divers épisodes de la vie trépidante de notre CHAT familier intégré avec une tendre ironie dans notre patrimoine urbain.

M.CHAT a pendant plusieurs années jouer à cache-cache. L'intrusion anonyme de ce personnage impertinent sur des pans de murs inaccessibles a suscité mille questions et quelques rumeurs. Puis M.CHAT s'est peu à peu révélé et a créé de belles histoires avec les Orléanais.

M.CHAT a posé ses pattes et étendu son dos dans le mouvement *street art*. Il a beaucoup voyagé et grimpé sur des immeubles du monde entier. Mais il revient souvent ronronner à Orléans pour poursuivre ses aventures et nous surprendre.

Avec M.CHAT, Orléans a ouvert une galerie en plein air. Des rebondissements dans cette joyeuse épopée sont à prévoir. Avis aux chercheurs d'art.

Serge GROUARD
Député, maire d'Orléans

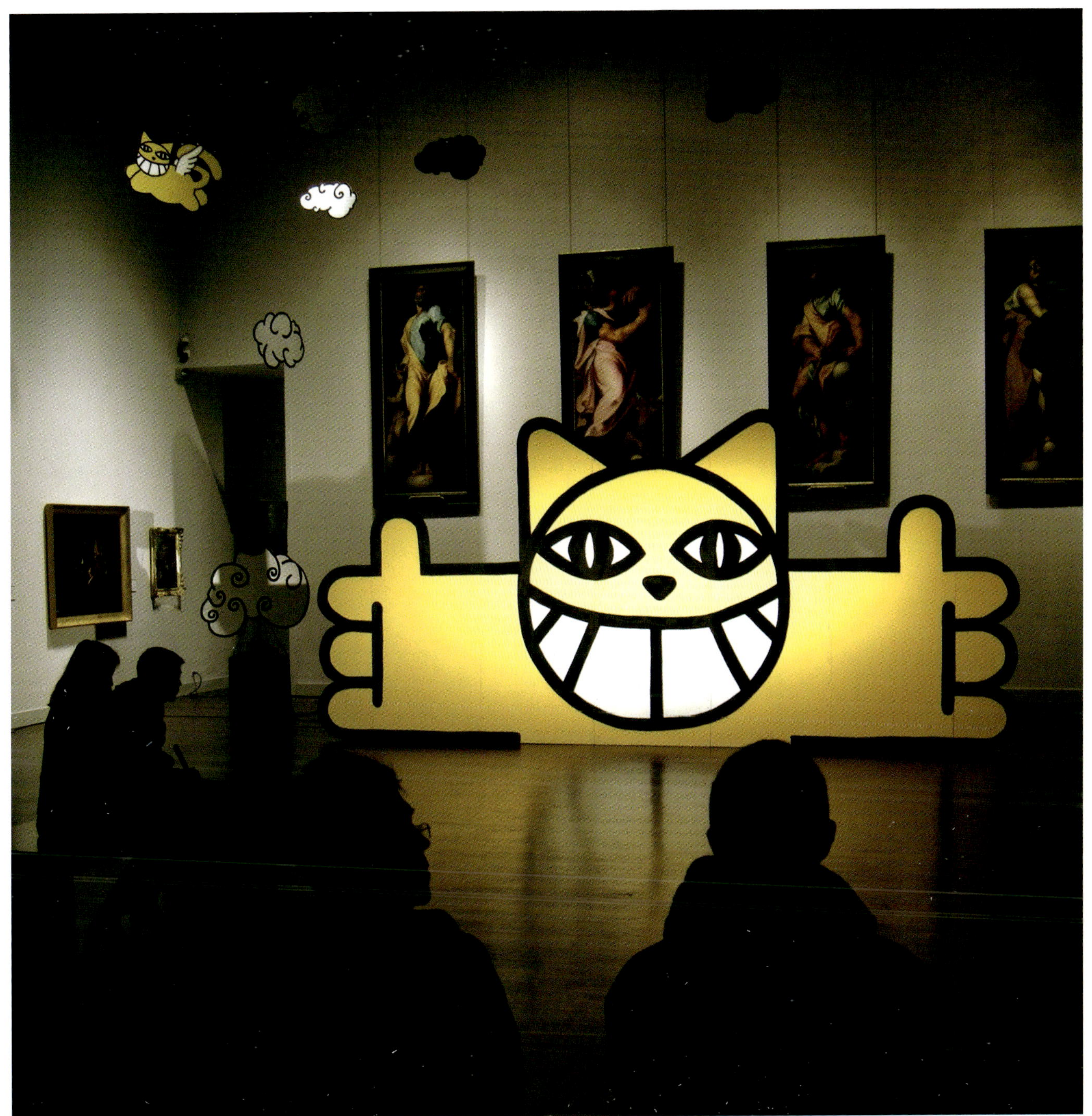

Musée des beaux-arts d'Orléans.

"M.CHAT X ANS"

A Orléans, ça se passe comme Chat

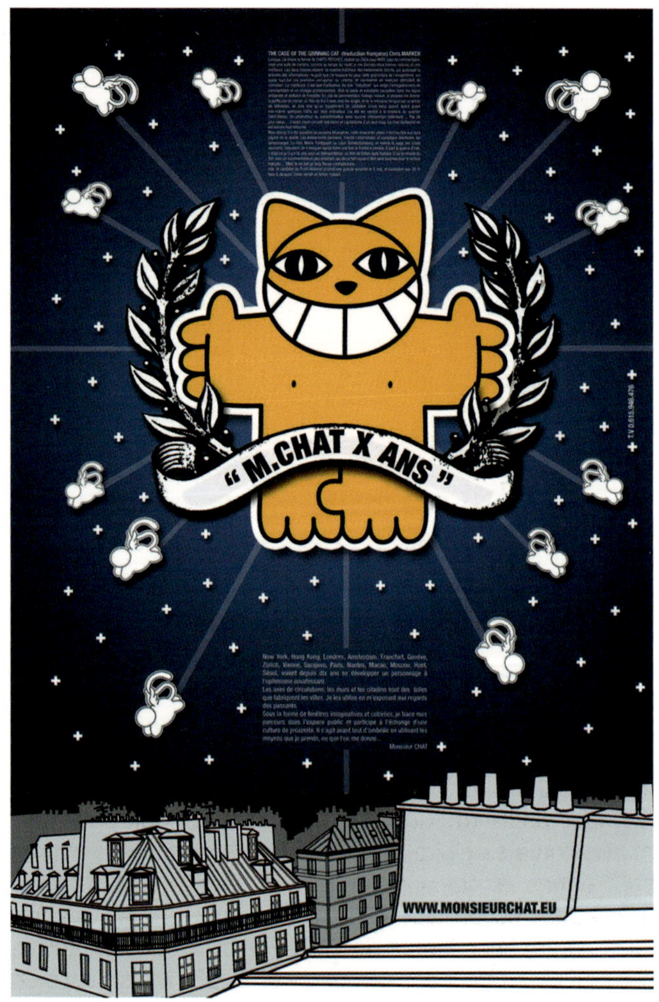

Ce qui est bien avec M.Chat, c'est que, clando ou officiel, le sourire à grandes dents du félin jaune dérange toujours autant. A droite, à gauche, chez les institutionnels de la culture comme chez les habitants du cru, tel cet artisan qui voudrait bien qu'on lui explique pourquoi l'auteur de graffiti est parfois condamné et d'autres fois fêté à coups d'expositions et d'affiches partout. Dix ans déjà que M.Chat, avec sa silhouette cartoonesque, tutoie les toits des villes et des cités, parfois ailé, posant son énigmatique sourire, tel un message de pure poésie, dans nos villes saturées de signes publicitaires ou sécuritaires. Dix ans qu'il fête, à sa façon, en investissant Orléans, sa ville natale, jusqu'à provoquer de drôles de réactions.

Comme beaucoup d'artistes issus de la mouvance des arts de la rue, l'auteur de M.Chat se planquait derrière un collectif. Une décennie plus tard, de manifestations anti-CPE en rencontre artistique majeure, en l'occurrence celle de Chris Marker, le cinéaste du réel qui en a fait l'objet de son dernier docu-fiction, *Chats perchés*, Thoma Vuille revient à visage découvert à Orléans. Entre-temps, il a investi le parvis de Beaubourg, en 2004, a défilé au 1er Mai de New York, est passé par Francfort, Hong Kong ou Macao en 2006. Bref, M.Chat s'est offert un joyeux tour du monde, mégalo et vertigineux, qu'il achève momentanément avec cet envahissement d'Orléans sur tous les fronts : musée des Beaux-Arts, affiches de rue, plaquettes du Conseil régional, médiathèque, galeries, journal local...

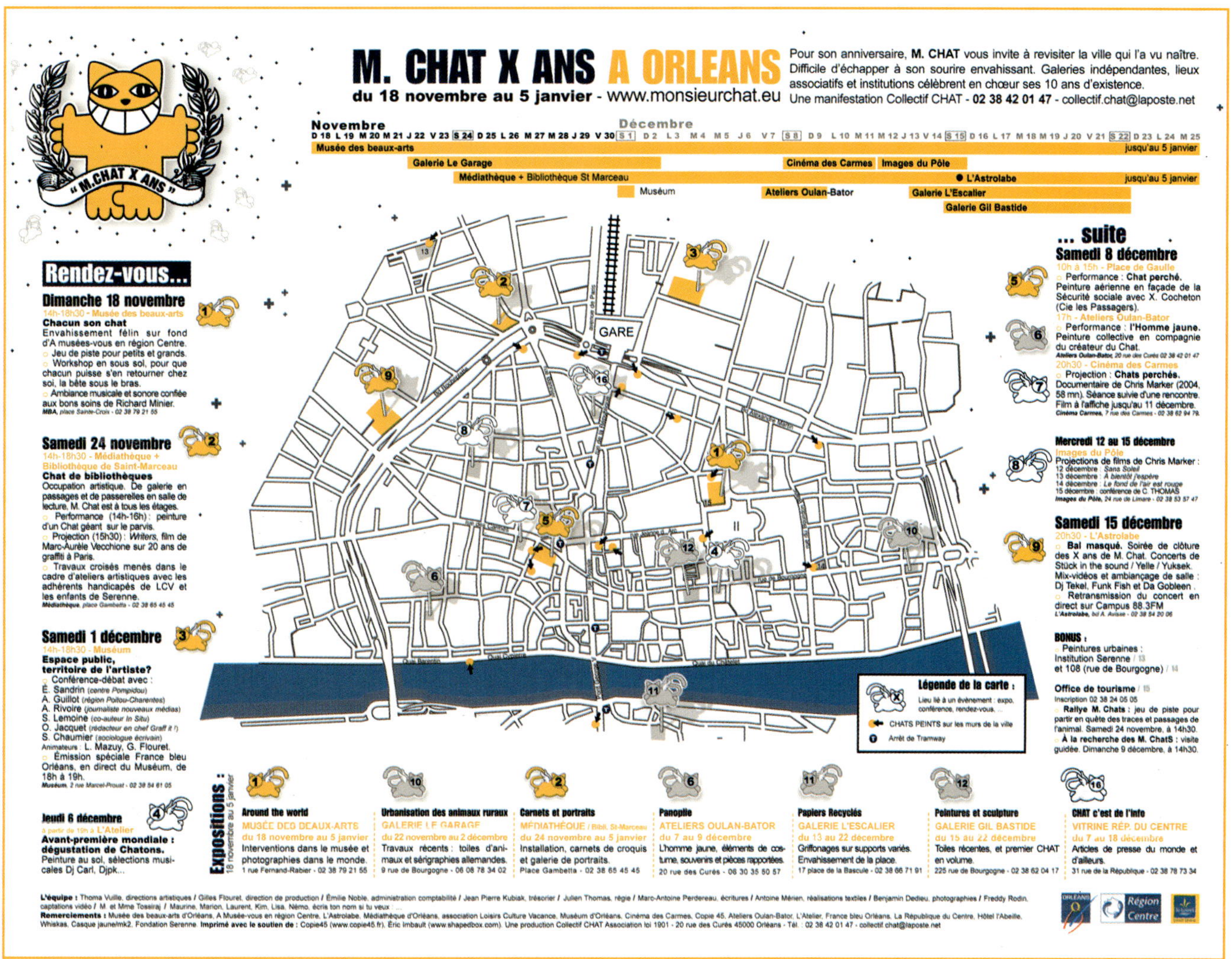

Programme-set de table regroupant l'ensemble des événements Monsieur Chat, hiver 2007-2008.

Orléans, la ville anti-jeunes ? Mais la déferlante passe mal : localement, on accuse M.Chat d'être récupéré par la municipalité (de droite) qui en ferait un objet de communication à sa gloire et redorerait ainsi son image auprès des jeunes à quelques mois des élections. La mairie d'Orléans, c'est un fait, n'aime ni les jeunes (arrêté « couvre-feu » contre les mineurs de moins de treize ans en 2001), ni les SDF (arrêté « anti-bivouac » en 2002). Mais c'est bien mal connaître Thoma Vuille, au RMI depuis dix ans, que de le croire instrumentalisé par les politiques du cru. Thoma a créé une association pour monter cet anniversaire orléanais, a fédéré une bande de citoyens proches de la culture urbaine, aimant le chat et son message œcuménique (ambiance à la Lewis Caroll, le sourire d'un sphynx ne vaut pas toujours approbation...), lesquels se sont battus en économisant sur tout, et surtout sur les non-subventions...

Un chat sur la ville

Un après-midi de début décembre, lors d'une rencontre organisée avec des spécialistes de l'art urbain – un sociologue, un représentant du centre Pompidou, et une ex-journaliste de *Libération* (auteur de ces lignes) – le ton des questions du public indique qu'ici M.Chat fait partie de la campagne municipale. Pourtant, les Parisiens qui ont fait le déplacement à Orléans pour y voir ces hordes de chats colonisant les cimaises du musée des Beaux-Arts ou s'invitant, en carton découpé, à dialoguer avec les animaux empaillés du Muséum d'histoire naturelle n'y voyaient qu'un joyeux événement, un chat sur la ville, un sourire géant venu recouvrir les clichés tenaces sur la cité à la pucelle la plus célèbre au monde, confite dans son patrimoine pesant (malgré les tentatives diverses pour la tirer vers des horizons culturels plus pointus, type Archilab notamment).

Les Orléanais se sont-ils sentis réellement envahis pour ainsi réagir avec une virulence d'un autre âge quand il s'agit de manifestation culturelle ? Tracts haineux (« la délinquance entre dans l'institution ») et effacement express de la fresque au sol de M.Chat devant la médiathèque (peinte samedi, effacée « accidentellement » le lundi), anathèmes jetés en place publique par les opposants à la municipalité et questionnements, jusque dans les pages de *Libération*, sur les limites d'un art urbain sorti de la clandestinité, donc de la rébellion, et qui du coup aurait perdu toute pertinence.

« Réhumaniser les zones de non-lieu »

Ce débat, les street-artistes, les post-graffeurs et autres qualificatifs qui désignent cet art hors les murs des galeries et des musées, le connaissent bien. Faut-il vivre caché pour vivre artiste ? La qualité plastique des interventions dans l'espace public tient-elle uniquement à son illégalité ? Questions absurdes si l'on se contente d'opposer artificiellement création officielle et art clandestin. Laurent Mazuy, agitateur culturel à Orléans, le résume admirablement : « Le chat ne se décline pas en logotype, mais furtivement nous captive ». Le rédacteur en chef de *Graff'it*, le magazine qui a failli disparaître, suite aux attaques de la SNCF pour avoir diffusée les photos des plus

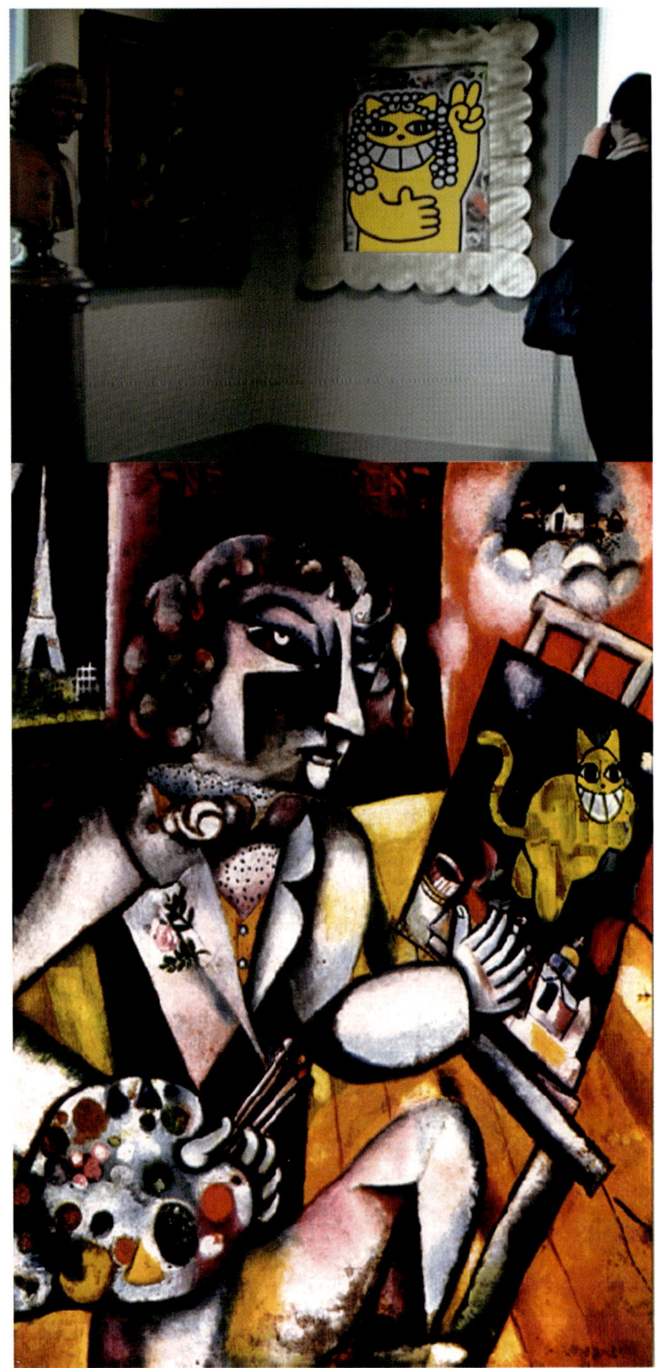

Chat à perruque / Montage de Chris Marker sur Chagall.

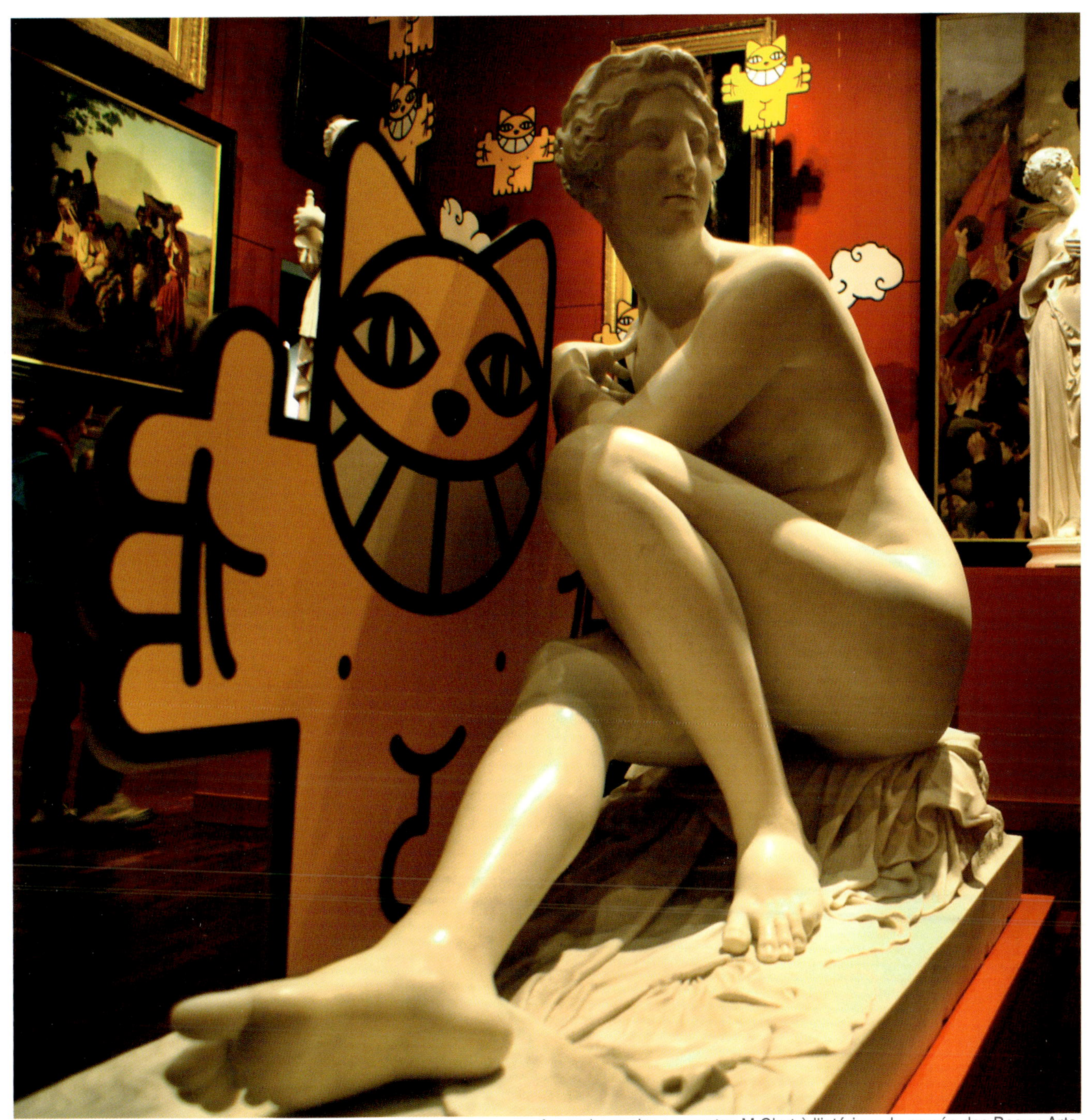

Accrochage des pancartes M.Chat à l'intérieur du musée des Beaux-Arts.

beaux graffs urbains sis dans les friches ferroviaires (trois ans de procédure judiciaire, 150 000 € de dommages et intérêts demandés), rappelle justement que le mouvement graffiti avait pour objectif de « réhumaniser les zones de non-lieu des espaces publics comme les zones ferroviaires ». « Au départ, l'impulsion, ajoute Thoma Vuille, c'était de mettre de l'humain et de l'amour dans la ville : Orléans était une ville plutôt grise et on avait besoin d'un peu de soleil partout. »

Enfin, l'intervention de M.Chat à Orléans, même canalisée par les institutions qui l'accueillent, reste une manière bien particulière d'investir l'espace. Au musée, les chats flottent au-dessus des statues antiques, se posent derrière le coude d'une Vénus allongée, squattent en toute amitié devant un Hantaï et chatouillent le bonnet d'un notable. Au muséum, les répliques cartonnées embrassent les ours empaillés et les masques de chat circulent dans les cours d'école. Lucie, six ans : « En fait, c'est un crâneur M.Chat, il veut être partout ! » Cette occupation fait masse, sature l'espace, pour provoquer, faire réagir, jusqu'au malaise, visiblement.

Pour achever cet envahissement, Thoma Vuille a une solution toute trouvée : « Avec la performance, je travaille sur moi, comme ça, les 30 à 40 % de gens qui ne sont jamais d'accord sur une intervention dans l'espace public ne pourront pas s'y opposer. » Au 5 janvier, les chats jaunes disparaîtront des musées, médiathèques, journaux, et peut-être des murs de la ville. Comme les rats du conte de Grimm ont quitté la cité au son de la flûte... La morale de l'histoire est encore à venir : Orléans mérite-t-elle son chat ?

www.poptronics.fr / Annick Rivoire

Après dix ans d'observation pointue et critique de la création numérique en tant que journaliste au quotidien *Libération* qu'elle quitte à l'été 2006, pour lancer un média des cultures digitales. Rédactrice, gérante et directrice de la sarl *poptronics*.

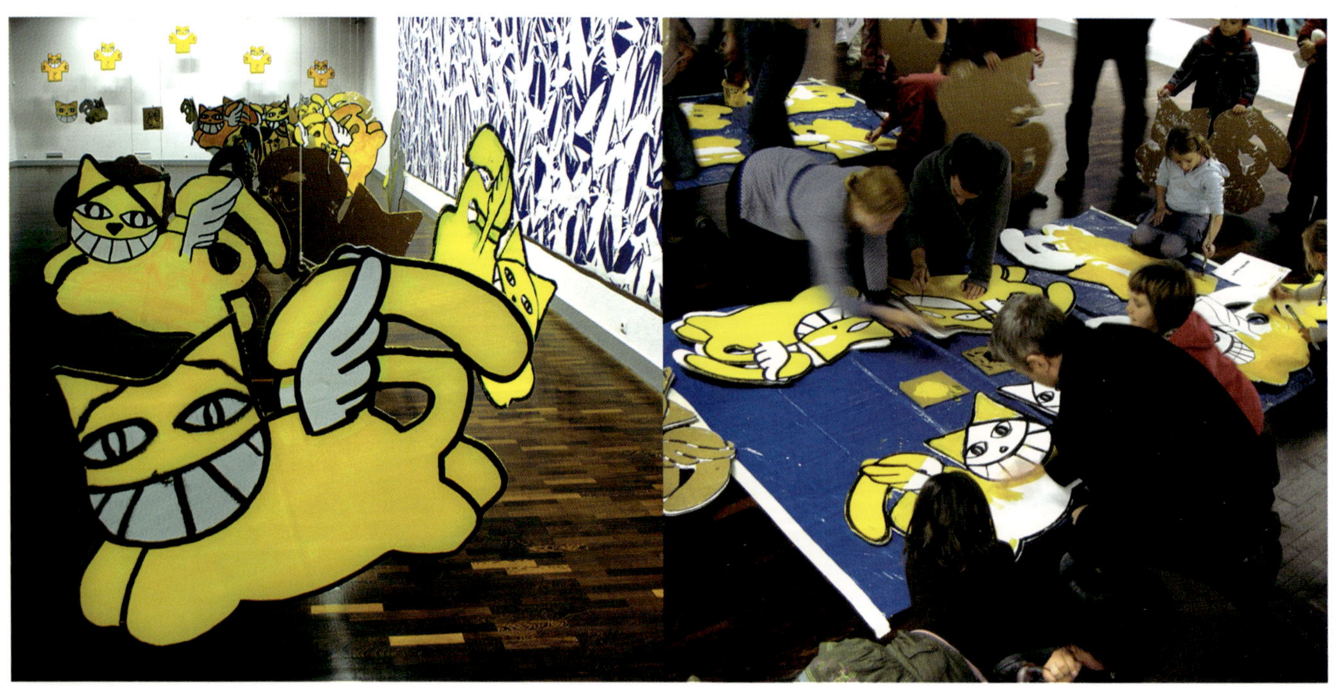

Contribution du public à la réalisation d'une œuvre collective dans la salle dédiée à l'art contemporain.

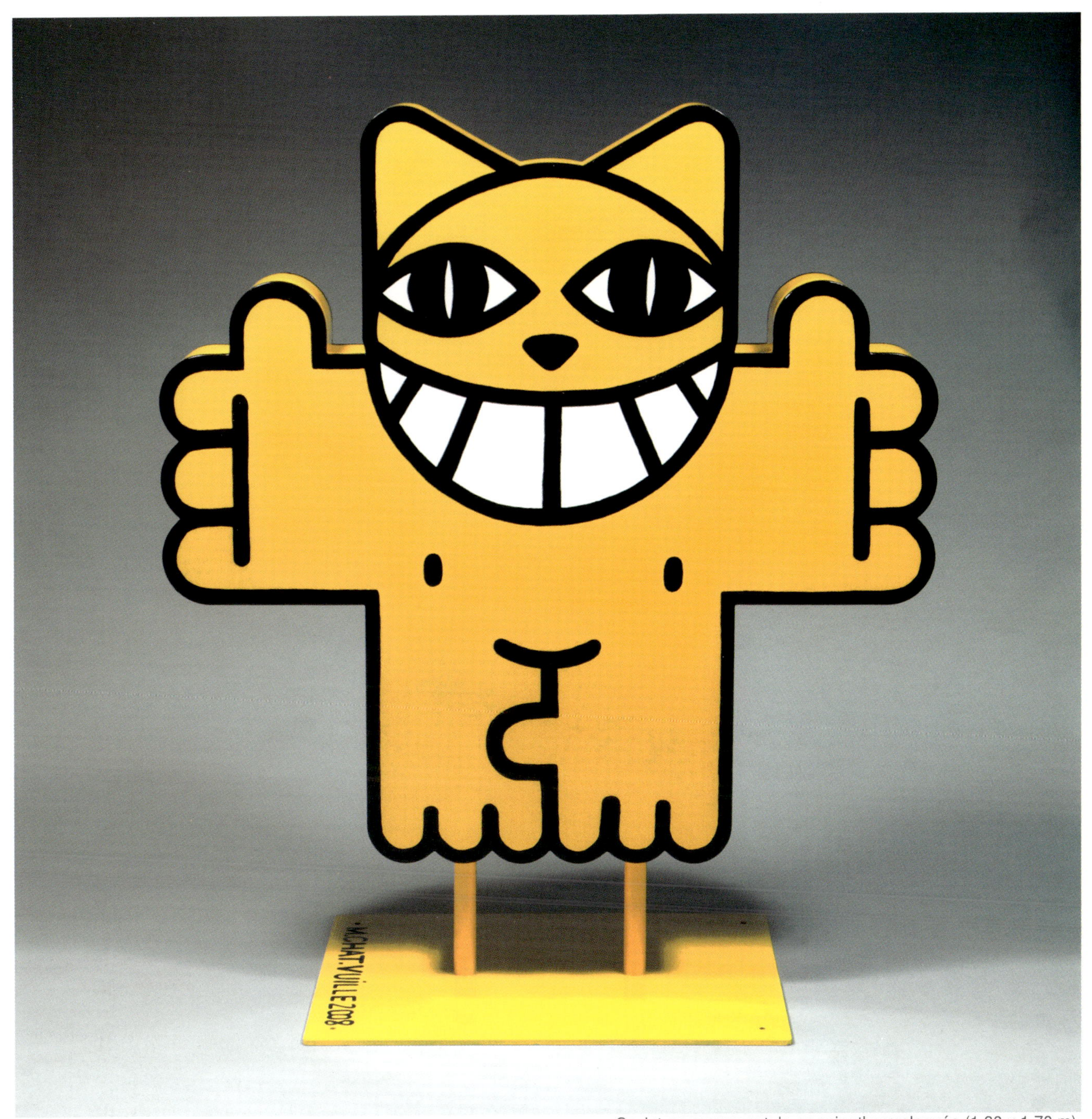

Sculpture monumentale en acier thermolaquée (1,80 x 1,70 m).

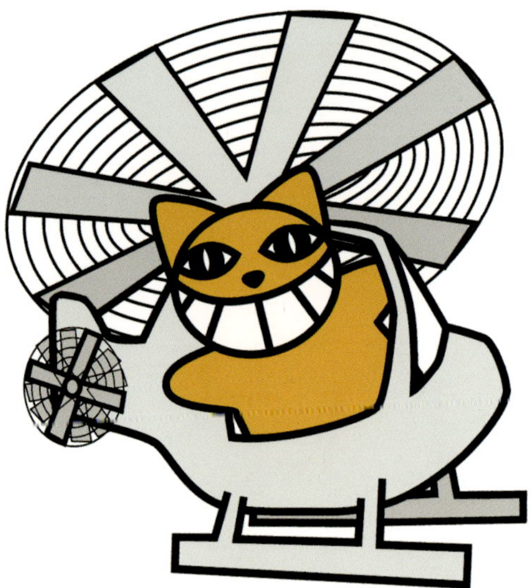

De Hanoï à Séoul, en passant par

Je commence tout juste à prendre le rythme. Les premiers jours avec le décalage étaient un peu extra-terrestesques !!! Je suis parti de Paris à midi, ai survolé Kaboul et Calcutta, puis suis arrivé après treize heures de vol, à Hanoi (Vietnam) à 6 heures du matin alors qu'il était minuit en France.

J'arrive à la place principale de Hanoi, l'architecture rappelle l'époque coloniale. La ville est remplie de fils électriques formant des toiles d'araignées géantes qui envahissent le moindre espace vide. Cette place est au bord d'un lac : le lac de la Tortue. Mon guide m'indique le chemin que nous allons prendre. Au loin, un pont rouge orné de drapeaux flottant au vent. Je suis sur un petit nuage, encore fatigué par le voyage, mais heureux de pouvoir marcher. On arrive à l'entrée du pont qui est en fait un monument en hommage aux martyrs (d'une révolution dont je n'ai pas entendu parler). Les fumées d'encens envahissent l'atmosphère et créent une impression de brouillard. Tout autour, ça klaxonne, ça accélère, ça freine... J'ai l'impression d'être dans une fourmilière.

Je traverse le pont pour arriver sur la petite île où se trouve une tortue géante naturalisée. Il s'agit d'un des lieux saints de la religion taoïste. Il y a toujours autant d'encens, constamment entretenu par les centaines de pèlerins qui invoquent les deux piliers du taoïsme : le général Quan Xo et le docteur La To. Les grandes portes qui conduisent à leurs autels respectifs sont en bois peint en rouge, le sol est dallé de grandes pierres. Un grand nombre de personnes se presse pour faire des offrandes et demander la protection du général qui a repoussé les invasions mongoles au XIIe siècle, devenu le patron de toutes les résistances. En offrandes, s'entassent de vrais et faux billets, des lingots dorés de carton, des fruits, etc. embaumés par une épaisse odeur d'encens. Les gens s'approchent, joignent leurs paumes et secouent leurs mains dans un mouvement de poignet de bas en haut... J'ai à peine le temps de m'imprégner de l'atmosphère surréaliste du lieu que je dois reprendre l'avion pour Hué, afin de commencer mes repérages pour le Festival...

(voir photographies pages suivantes)

(...) Deux semaines plus tard, je suis repassé par l'aéroport de Hanoï, mais cette fois en transit pour la capitale de la Corée du Sud, Séoul. Déjà, m'y attend M.KIM Hyun Chul, mon ami d'étude puis partenaire dans le développement industriel de mon personnage. Monsieur Chat est devenu une trade marque ! Le nom a changé pour simplifier la prononciation par les Asiatiques. Hyun Chul a choisi les deux syllabes de mon prénom : TTO MA.

Tokyo...

Je suis à la fois heureux et inquiet de ce que je découvre dans l'agence qu'il a montée. Tout l'espace est saturé de prototypes de produits dérivés marqués à l'image de mon chat : des sweats shirts, des t-shirts, des dépliants, des cartes postales, des autocollants, des masques, en passant par les boucles d'oreilles, broches, services à thé, mugs, sculptures en cuivre, sans oublier les aspirateurs pour enfant... Lorsqu'il trouve une bonne idée, Hyun Chul mise tout dessus, allant jusqu'à s'endetter pour sa réalisation. Cette attitude péremptoire contraste avec ma prudence, préférant réfléchir mille et une fois, retournant le problème dans tous les sens avant de me décider à faire un premier pas. Avec le temps, je me rends compte que rien n'est plus efficace que de confronter une idée aux contraintes de sa réalisation.

Hyun Chul est comme ça ! Lorsqu'il était étudiant en Corée, il a vu des films de la Nouvelle Vague et a été intrigué par l'étrange atmosphère qu'il y a découvert. Il avait le choix, comme beaucoup de Coréens ou de Japonais, entre les États-Unis et la France. Les films français lui semblaient plus intrigants et différents de ce qu'il pouvait voir à Séoul. En 1997, je commençais à peine à faire mes premiers chats, lui débarquait à Blois, puis à Orléans où nous nous sommes rencontrés, pour quelques années plus tard, nous revoir régulièrement à Paris.

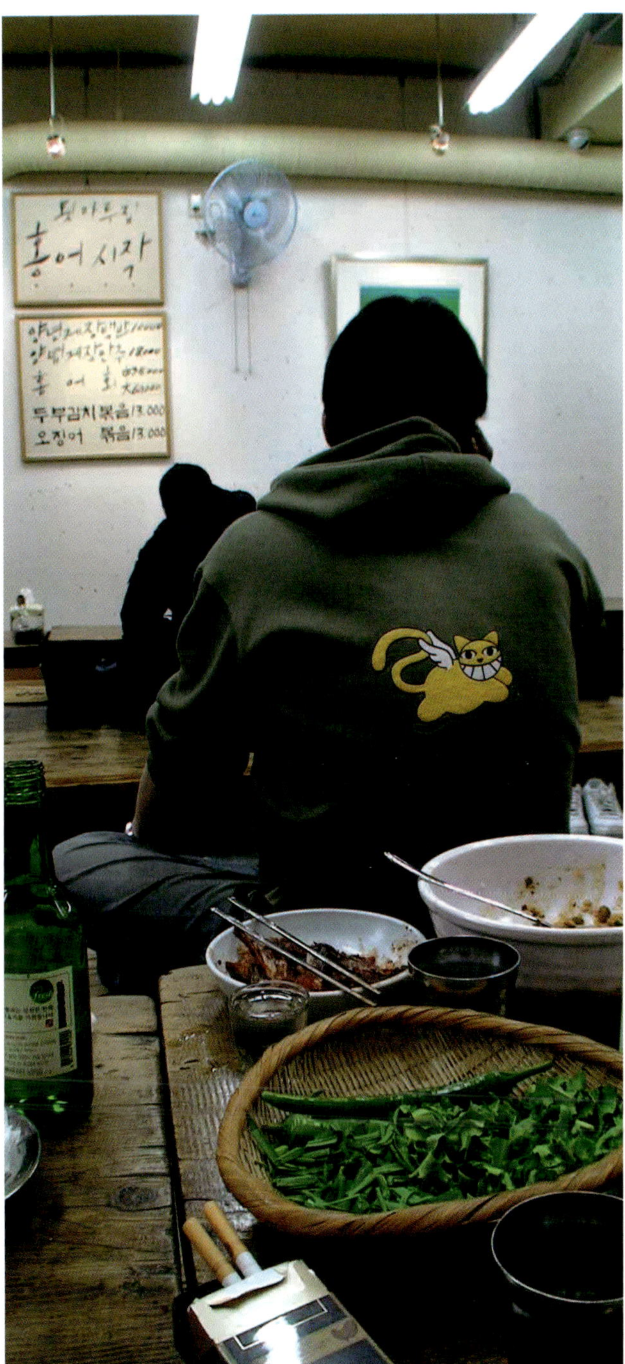

KIM Hyun Chul portant un sweat TTOMA / Flying Vélo, Séoul.

Festival de Hué

du 25 mai au 11 juin 2008

dans le cadre de la coopération décentralisée entre le Conseil régional du Poitou-Charente et la province de Thua-Thien-Hué

Collectif CHAT conception / suivi fabrication :

12 peintures au sol sur la promenade du fleuve Parfum
3 peintures sur bois
2 chats sur façades de particulier
2 matrices pour fabrication cerfs-volants
30 litres peinture acrylique (noir, jaune, blanc)
diffusion masques, pancartes et carnets de coloriage
1 fresque dans l'orphelinat français
pâtisseries sablés M. CHAT soirée de l'ambassadeur
installation de pancartes M. CHAT :
pont métallique / pavillon français reine mère
+ cité impériale / Citadelle Din Minh / villages périphériques

M. Hoang construction / démonstration :

10 cerfs-volants 1 x 1 m
3 cerfs-volants 3 x 3 m
5 pousses-pousses avec conducteurs

M. Trong Trong construction / démontage :

ponton sur le fleuve Parfum d'environ 12 x 6 m
+ panneaux de bois + rampe d'accès
panneau de bois sur le portail du parc départ défilé
7 dragons + tambours d'accompagnement
3 masques et accessoires M. Dieu
23 costumes traditionnels jaune et rouge pour les porteurs de cerfs-volants
14 costumes traditionnels blanc pour les porteurs de dragons

Thuan Phat impression / sous-traitance :

15 000 masques de chats avec élastiques
4 000 pancartes chats de 40 x 40 cm
+ perforation
2 500 carnets de coloriage offset 80g
+ 100 ex. 120 g

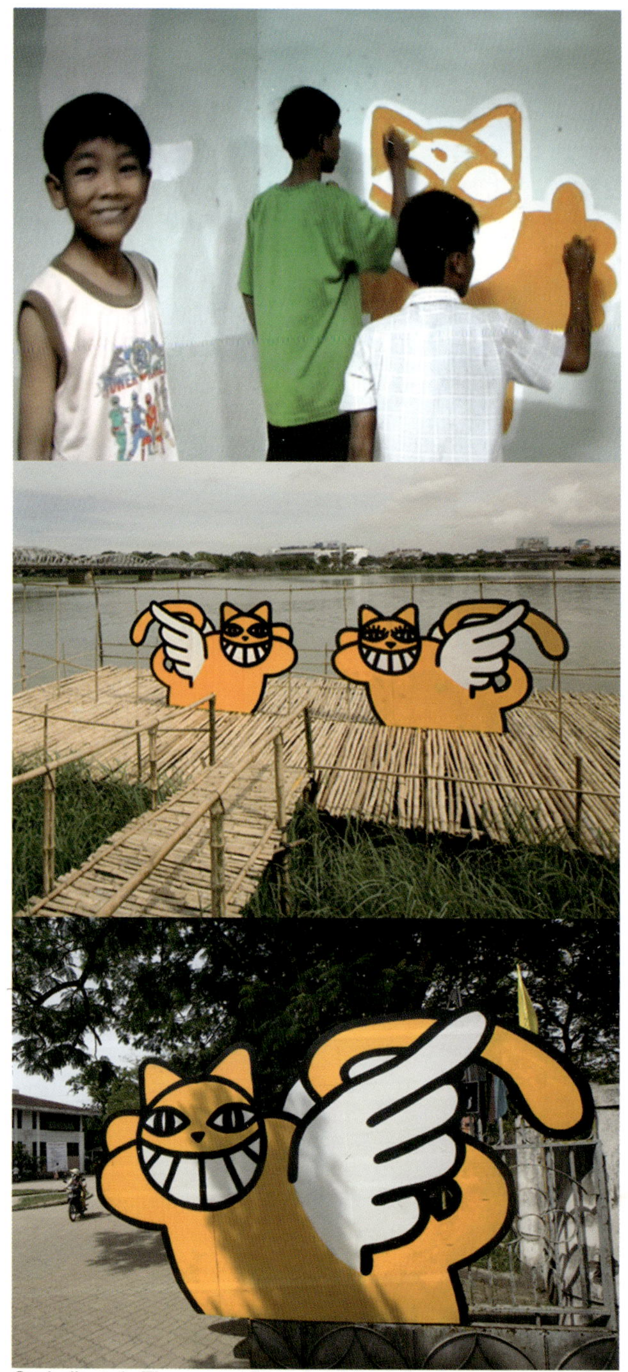

Orphelinat de Thuyxuan / Parc de loisirs / Berge du fleuve Parfum.

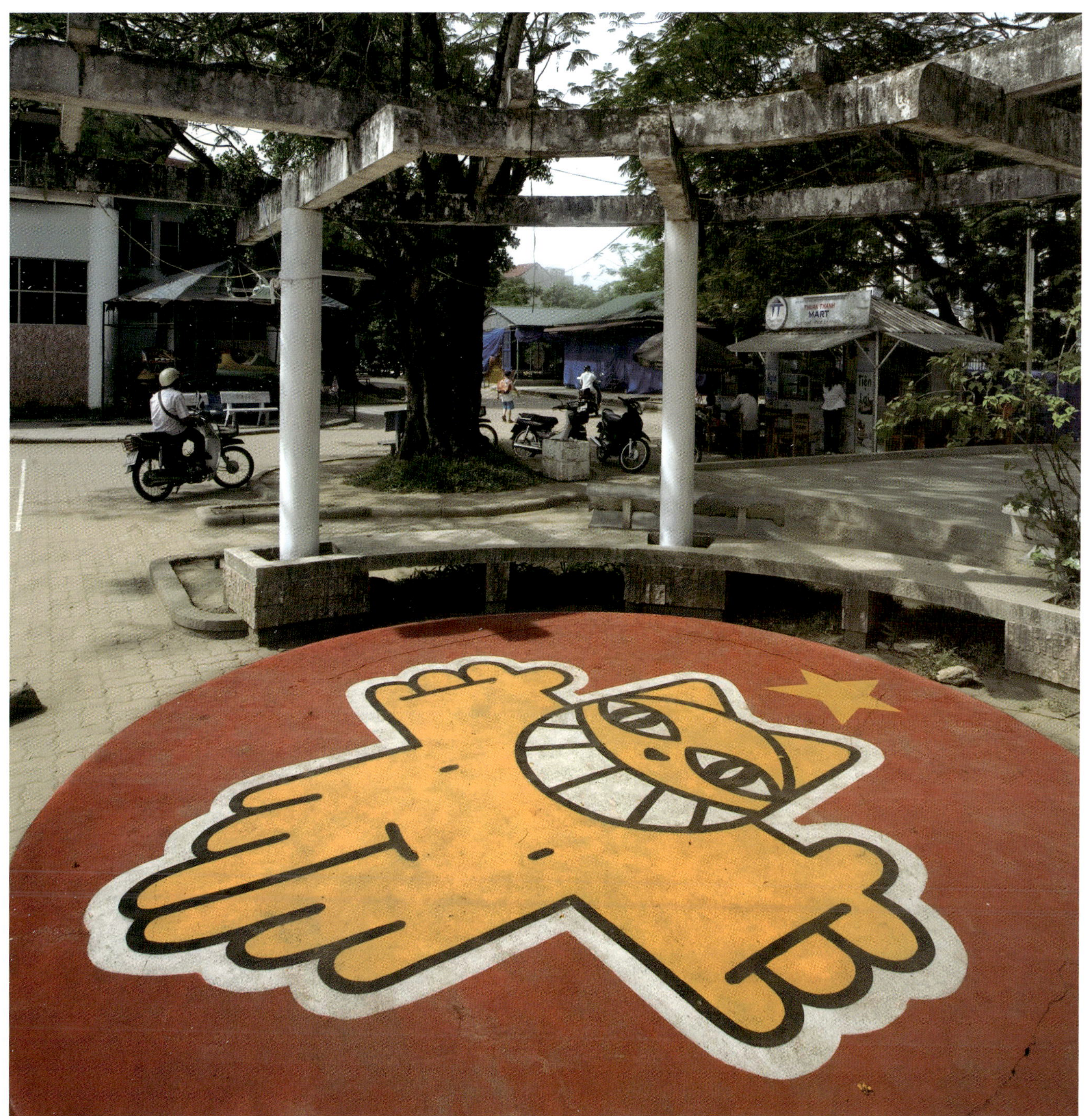

Parc de loisirs de la ville de Hué

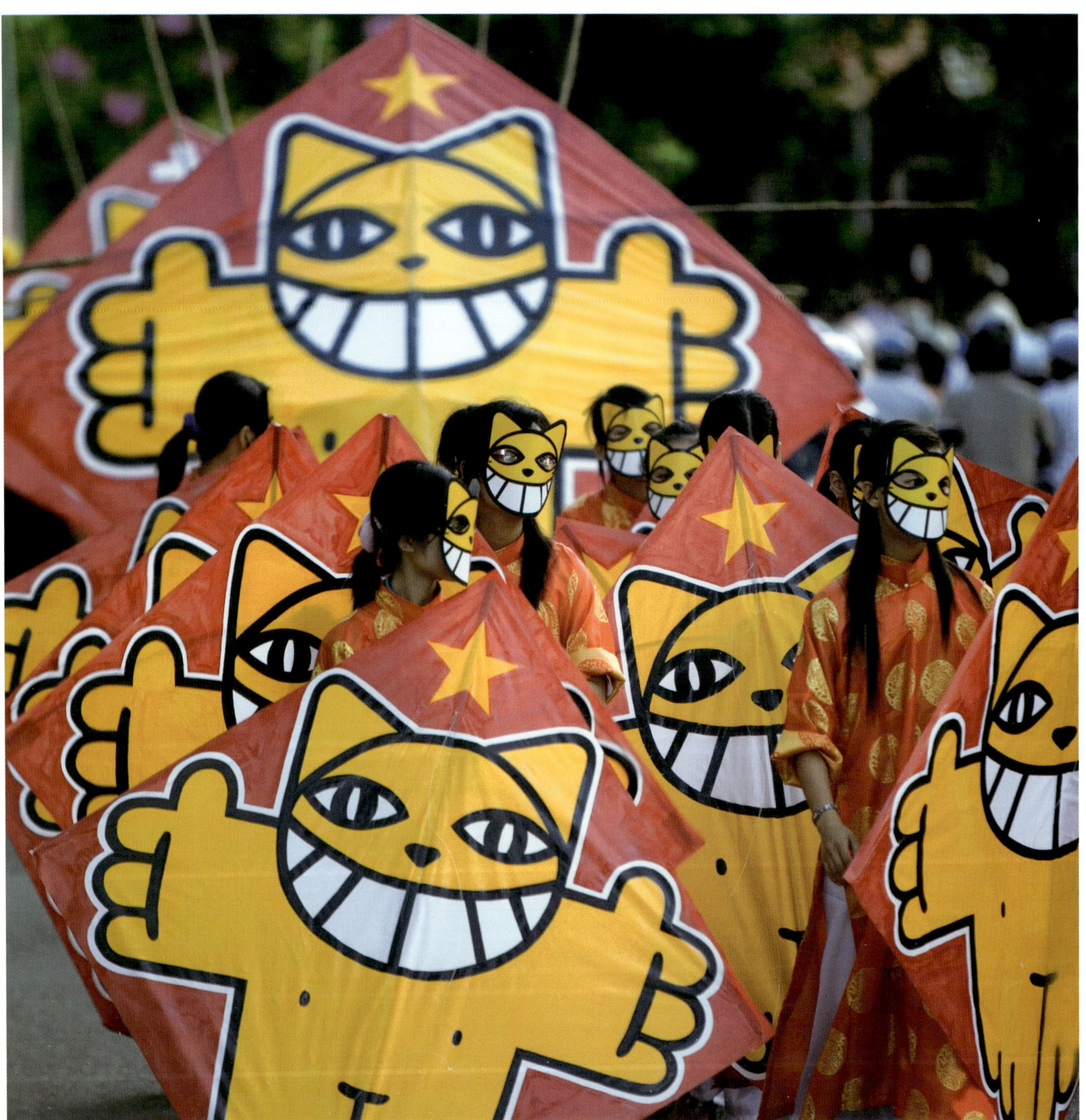

Carnaval de clôture du festival de Hué

Tran Van Minh, 56 ans, présente son “chat volant”

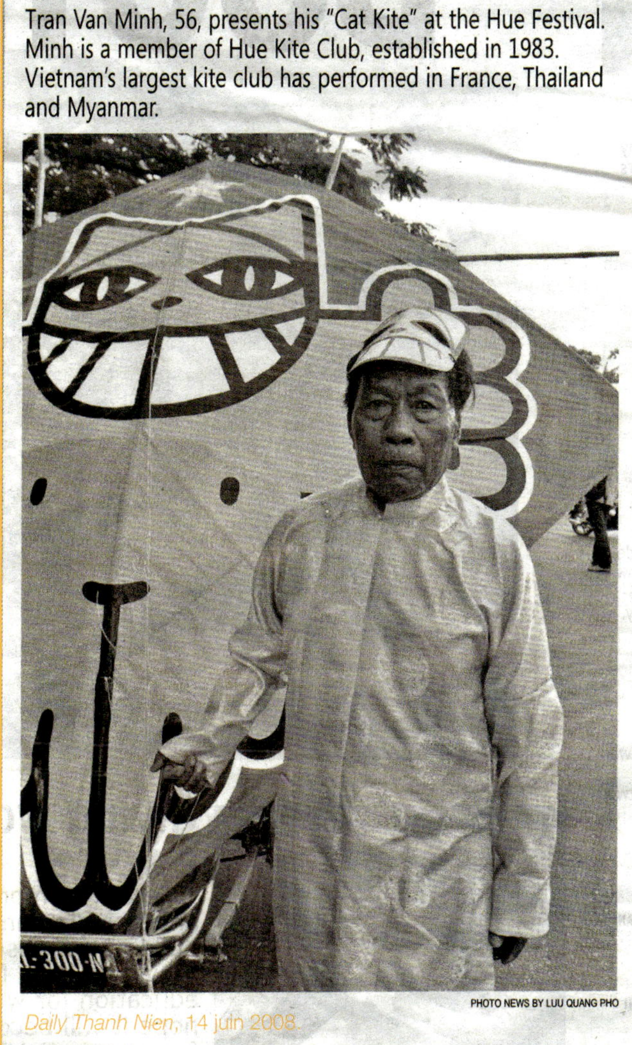

Tran Van Minh, 56, presents his "Cat Kite" at the Hue Festival. Minh is a member of Hue Kite Club, established in 1983. Vietnam's largest kite club has performed in France, Thailand and Myanmar.

PHOTO NEWS BY LUU QUANG PHO

Daily Thanh Nien, 14 juin 2008.

< 26.06.08 M. Chat volant au Vietnam >

M.Chat donne de ses nouvelles après une incursion plutôt réussie au Vietnam, où il faisait le beau au nom de la région Poitou-Charente pour le festival de Hué, énorme manifestation plutôt « folk » (dix-neuf nationalités représentées, dont la France). Mister Cat nous raconte comment il s'est démultiplié en Asie.

« Le Vietnam a été très prolifique : 15 000 masques, 4 000 pancartes, 2 500 carnets de coloriage chat, 7 dragons, 4 M. Dieu (personnage symbolique du carnaval chinois et vietnamien). Les distributions ont été l'occasion de mini-émeutes assez troublantes. J'ai eu l'impression de me faire happer par des bancs de piranhas humains...

Il y a eu la fresque dans l'orphelinat français, et la douzaine de chats peints au sol, le long de la promenade bordant le fleuve Parfum. Un peu plus en amont, M. Trong Trong, un entrepreneur trapu qui rit beaucoup, a construit un ponton en bambou sur lequel j'ai pu faire deux chats qui se faisaient face, se détachant à la tombée de la nuit sur de magnifiques couchers de soleil qui n'avaient rien à envier des cieux fushia parisiens. Une fois de plus, j'ai pu constater que le fond de l'air était bel et bien rouge...

Le festival s'est achevé avec un défilé auquel les chats ont participé. C'était grandiose : trois grands cerfs-volants de 3 mètres sur 3, attachés à des pousses-pousses pour ouvrir la marche. Suivaient dix jeunes femmes en costumes rouges avec dans leurs mains dix cerfs-volants “chat-vietnam” d'1,50 mètre, puis deux pousses-pousses avec les masques et les pancartes à distribuer. Pour compléter l'ambiance, une vingtaine de scouts masqués portant des pancartes-chats faisaient une haie d'honneur à la fanfare.

En mars-avril, pendant le repérage, j'étais invité officiellement et je ne pouvais pas me permettre de peindre sans autorisation. J'ai donc rencontré M. Hoang, vice-président du club de cerf-volants de Hué, et nous avons fait ensemble de magnifiques cerfs-volants chats où les pattes se transforment en plume. Puis je me suis promené un peu partout avec mon cerf-volant chat pour le faire rentrer dans l'inconscient collectif.

Ça a fait fureur. Dans l'avion, j'ai été surpris de lire tout autre chose : “Tran Van Minh, 56 ans, présente sont 'chat volant'”... L'article était douteux, mais la photo bien cadrée. »

Article paru sur :
http://www.poptronics.fr/M-Chat-volant-au-Vietnam

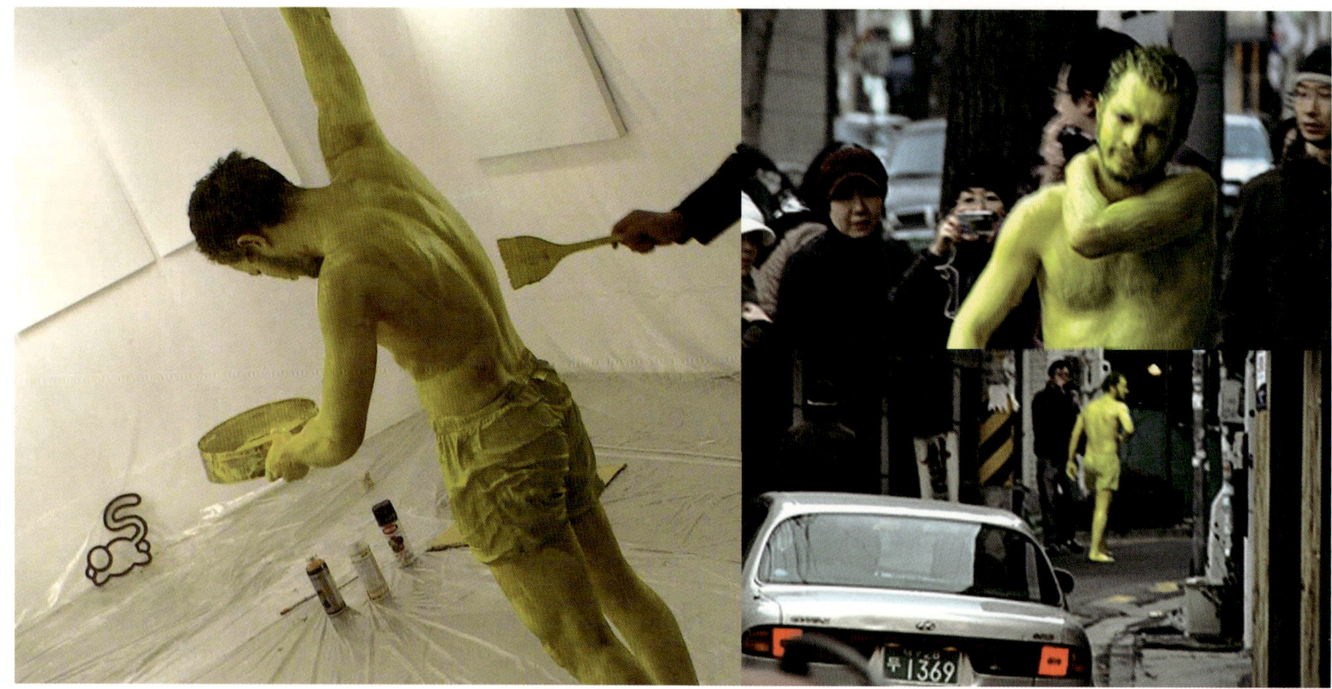

Moi, Pas moi...

Je n'ai pas réussi à retrouver le texte que j'avais écrit pour Huyn Chul. Il s'appelait « Moi, Pas moi... » C'est un texte inspiré de photographies qu'il a prises lorsqu'il était en France. J'avais dactylographié les mots qu'il me dictait dans un français à peine moins bon que le mien. Le texte était haché, chaque phrase portait en elle la difficulté de surpasser le statut d'étranger. Ce texte parlait de l'effacement de ses acquis au profit d'un nouveau mode de vie calqué sur la culture d'accueil.

(...) Tout voyage de plus de trois semaines réussit à me faire oublier les habitudes que je me suis construites au quotidien. Progressivement, s'installe un sentiment ambigu d'appartenir à un autre décor. Très vite je ressens les décalages qui m'éloignent des habitués de cette nouvelle ville. Les jours passent, et j'apprends à vivre au rythme de ce nouveau quotidien : se confronter à un autre espace, une autre temporalité, amène en moi une transformation qui m'oblige à déconstruire mes habitudes françaises...

(...) A Paris, avec Hyun Chul, nous partagions par nos modes d'expressions personnels un intérêt commun pour l'art : lui avec la photographie et moi la peinture. Je peignais un peu partout autour de moi pour m'approprier clandestinement des espaces inaccessibles. Lui, de son côté, faisait le portrait d'inconnus qu'il rencontrait au hasard. A chacune de mes sorties je recouvrais de peinture de nouveaux pans de murs, explorant la ville, seul. Lui, construisait un nouveau réseau de connaissances et améliorait son français.

(...) Un jour j'eus l'idée de me peindre entièrement en jaune et de lui demander de me suivre pour photographier ma déambulation dans les rues du XVIIIe. Derrière son appareil il devenait à son tour le témoin de l'incompréhension des passants à laquelle nous étions confrontés. Lors de mon premier voyage en Corée j'ai eu envie de faire à nouveau cette expérience, cette fois dans une ville étrangère. J'abordais les gens sous un autre regard : « Je suis l'homme jaune, ravi de vous rencontrer ! »

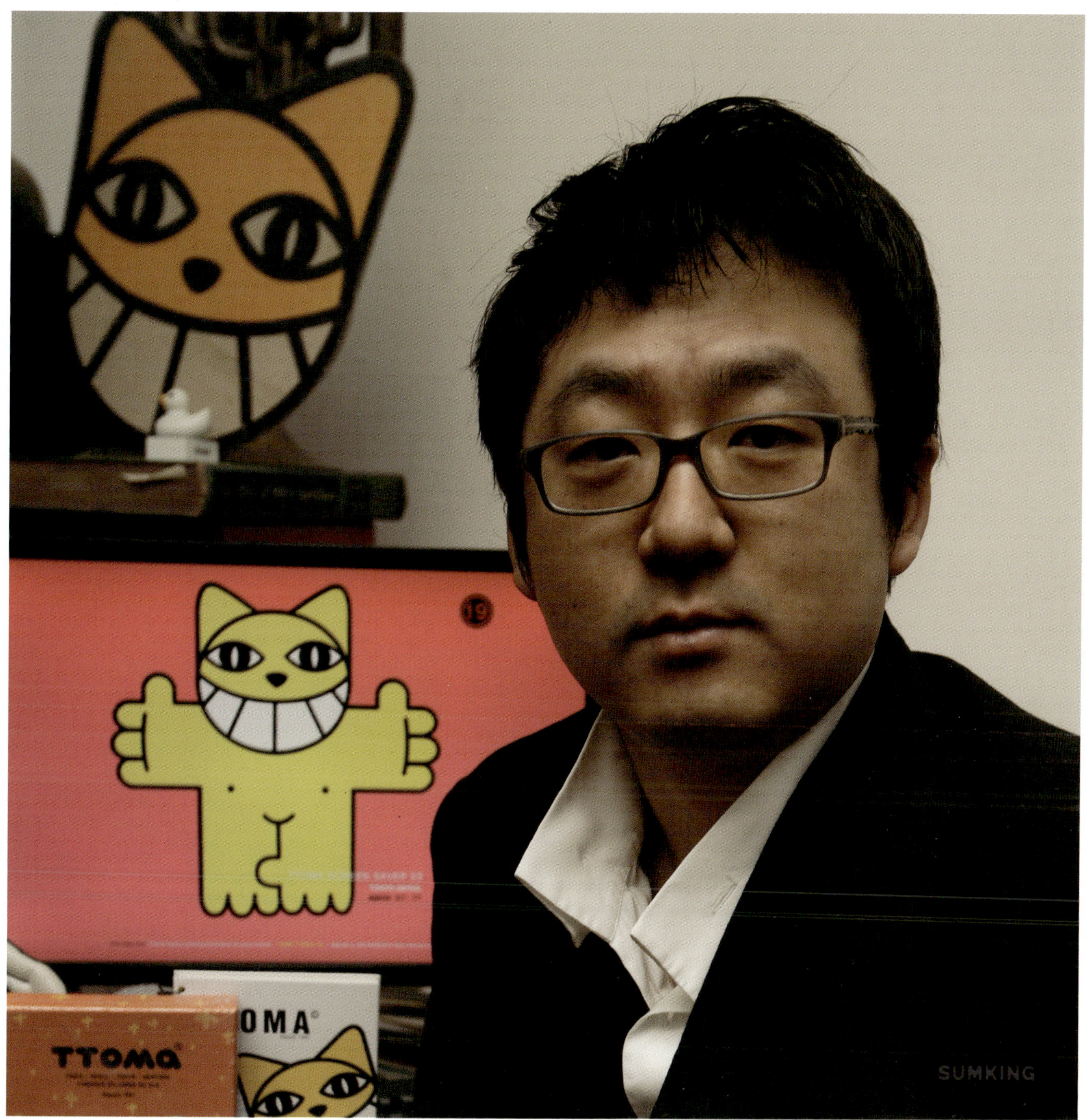

M. Kim Hyun-Chul président de la société développant la marque TTOMA en Asie.

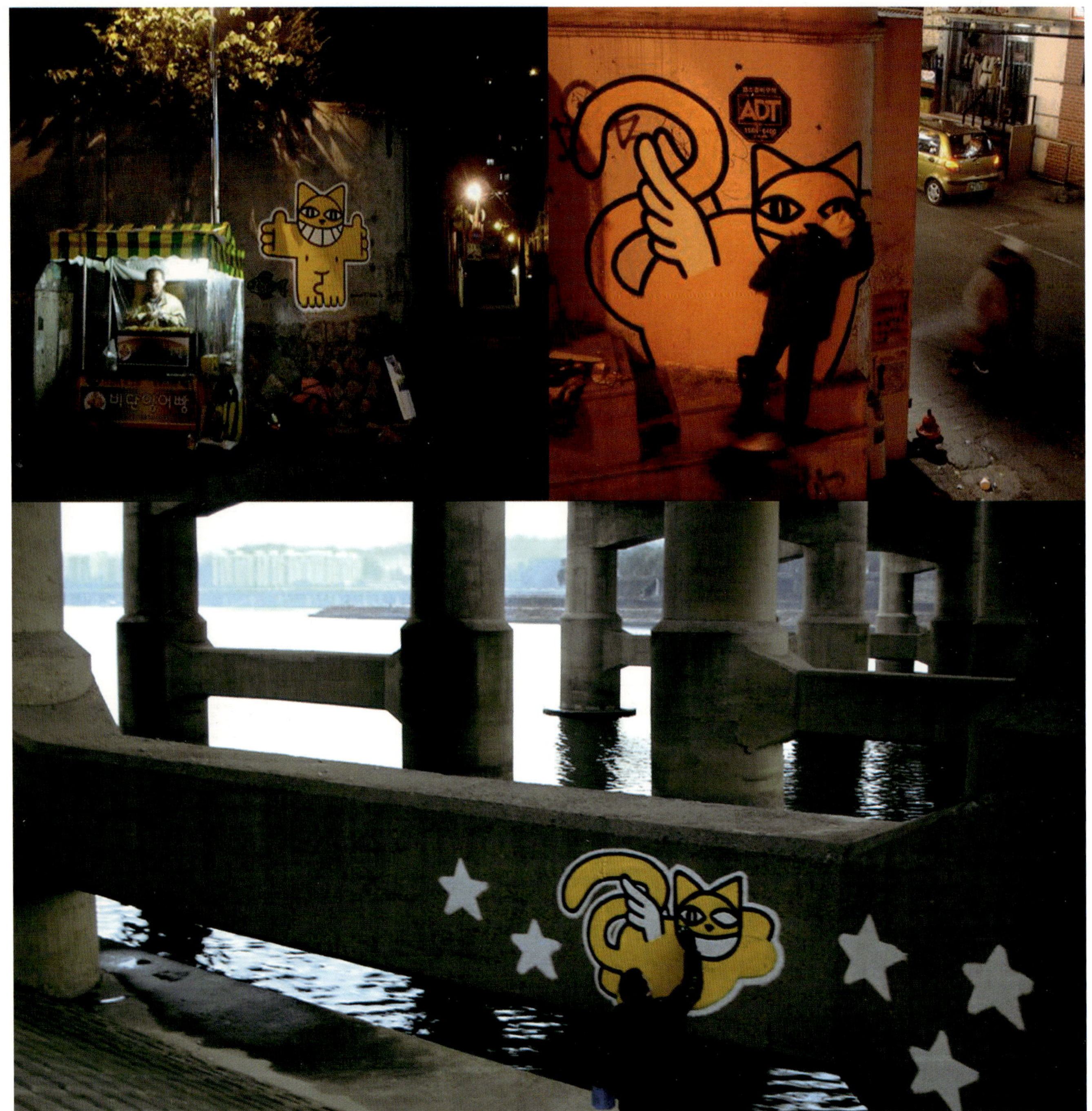

Devant le Lock Museum / dans le quartier de Seogang-Dong / le long du fleuve Han, sous le pont Han-Gang.

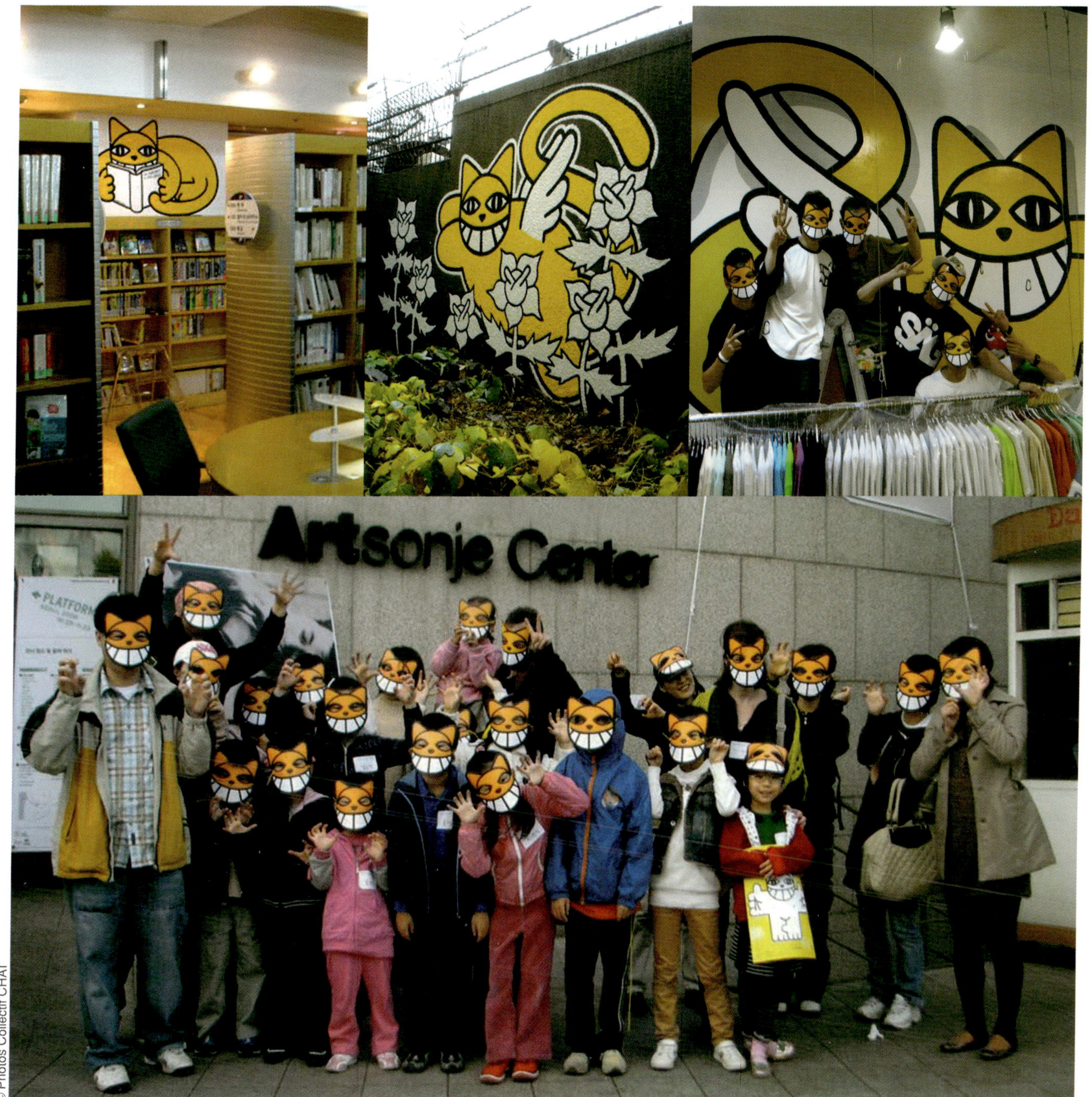

Bibliothèque de l'Institut français de Séoul / Jardin Samuso et ARTSonje Center dans le quartier de So keuk-dong.

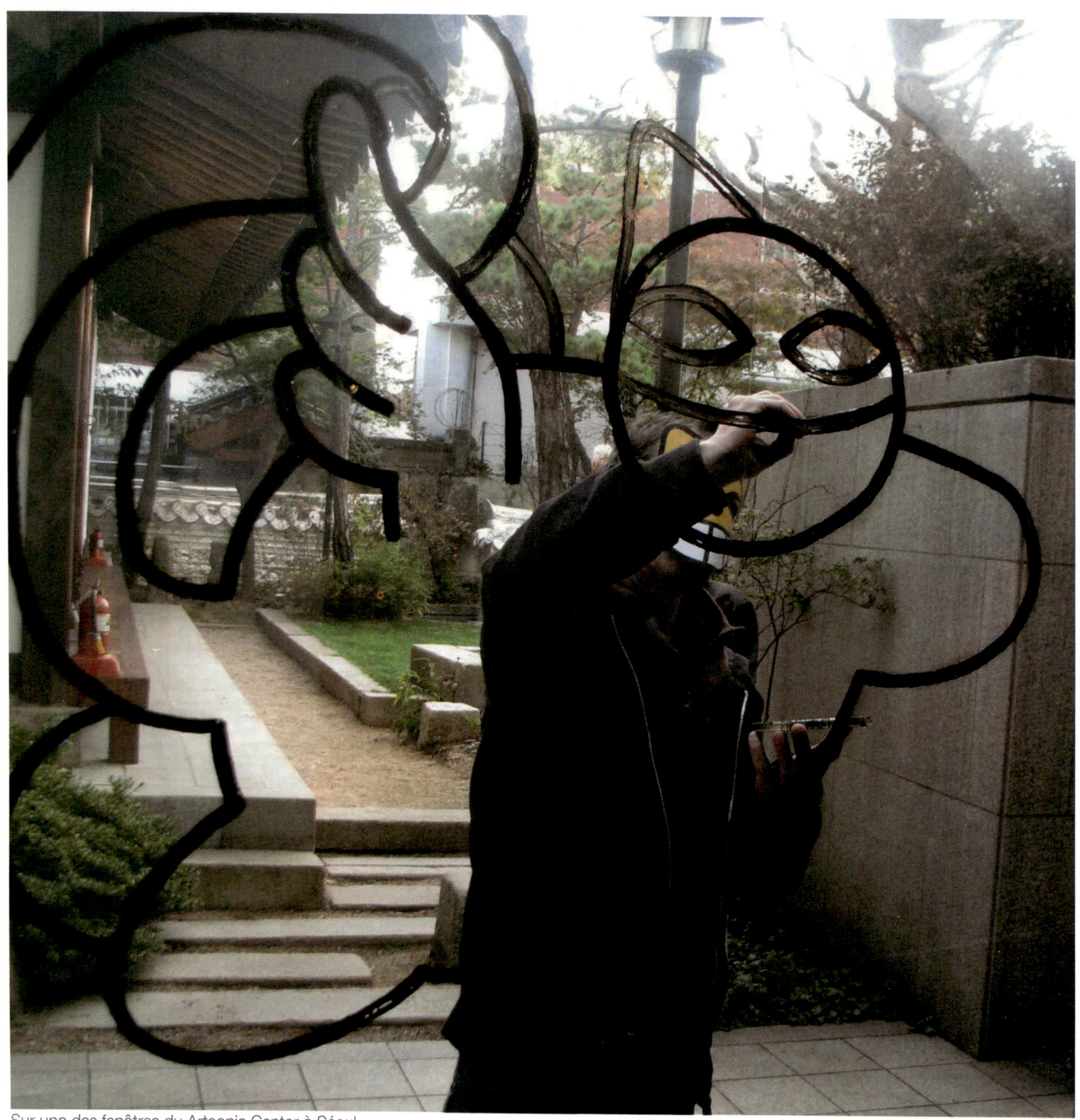

Sur une des fenêtres du Artsonje Center à Séoul.

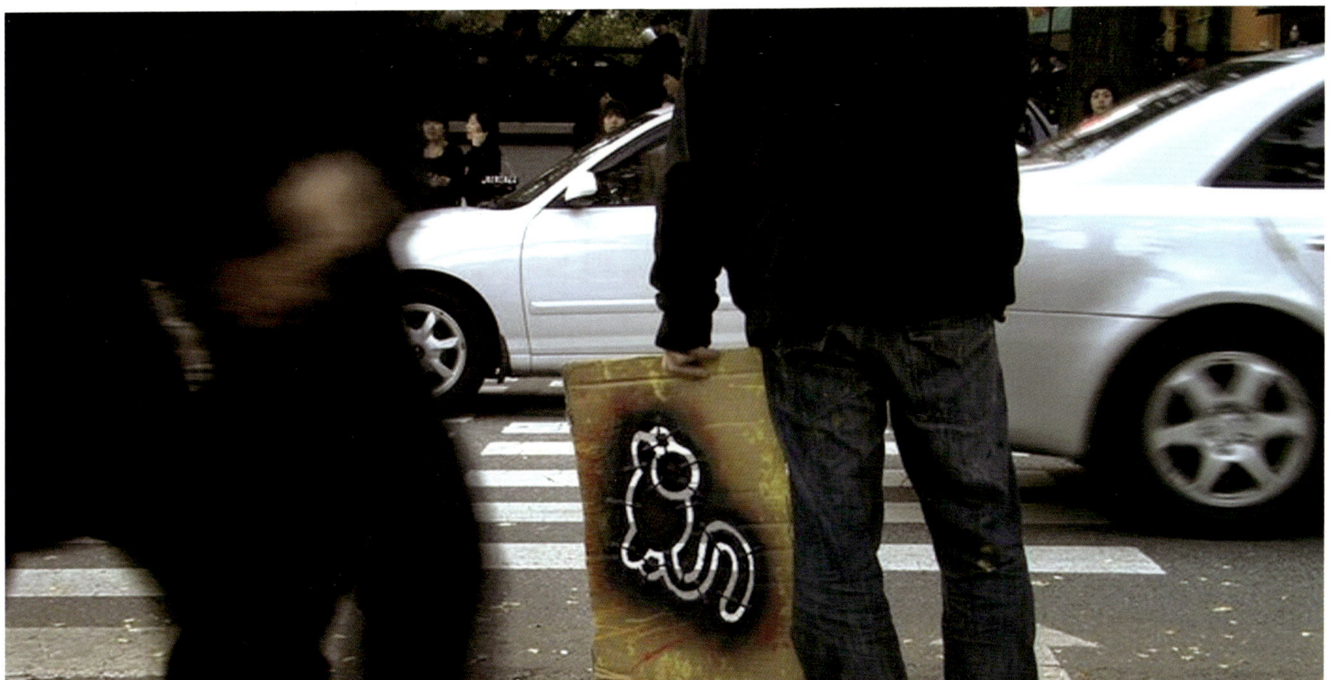

(...)

Après ce premier passage au Vietnam et en Corée du Sud, je retourne en novembre 2008 à Séoul, invité par Mme Kim Sunjung, directrice du Centre d'art contemporain Artsonje. Je participe à l'évènement Seoulplatform, *accompagné cette fois de Louise Traon et Etienne Sandrin. Une exposition retraçant l'ensemble des opérations Chat est programmée au Lock Museum dans le quartier de Dongsung-dong.*

Hyun Chul en profite pour nous inscrire à la Character Fair de Tokyo. Je vais pouvoir aller à Tokyo pour peindre des chats. Entre temps, je me fais voler mon sac avec mon passeport à l'intérieur. C'est la panique en cette veille du 11 novembre car les institutions françaises sont fermées. L'ambassade de France à Séoul et la préfecture du Loiret réussissent à me faire un passeport d'urgence. Quatre jours plus tard et un nouveau billet d'avion dans la poche, je rejoins Louise et Hyun Chul à Tokyo. Nous y rencontrons Yuko Fukuzaki et découvrons le mythique bar de La Jetée, tenue par Tomoyo. Ce petit lieu qui se trouve dans le quartier du Golden Gai à côté de Shinjuku, a accueillit des hôtes illustres (Chris Marker, Wim Wenders, Francis Ford Coppola, pour ne citer qu'eux...). Au début, Tomoyo faisait signer ses visiteurs dans un registre, mais faute de place pour tous les archiver, elle s'est limitée à conserver les cinq premiers registres qu'elle garde religieusement...

Lors de ma première nuit à Tokyo, je ne peux m'empêcher de peindre un chat sur la façade de l'hôtel. Le destin a fait que la fenêtre de la chambre donne accès aux toits. Le lendemain matin, je remets une dernière couche de peinture pour offrir aux Japonais un chat le plus parfait possible. Mais c'est jouer avec l'hospitalité et le civisme des Tokyoïtes, car déjà un policier fait irruption dans la chambre et nous voilà rendus au koban (poste de police) du quartier de Minami-Ikebukuro. La situation est alarmante car au Japon la garde à vue est de 21 jours. Notre avion part dans quelques heures, et j'ai promis de peindre un chat sur la porte de La Jetée avant de partir...

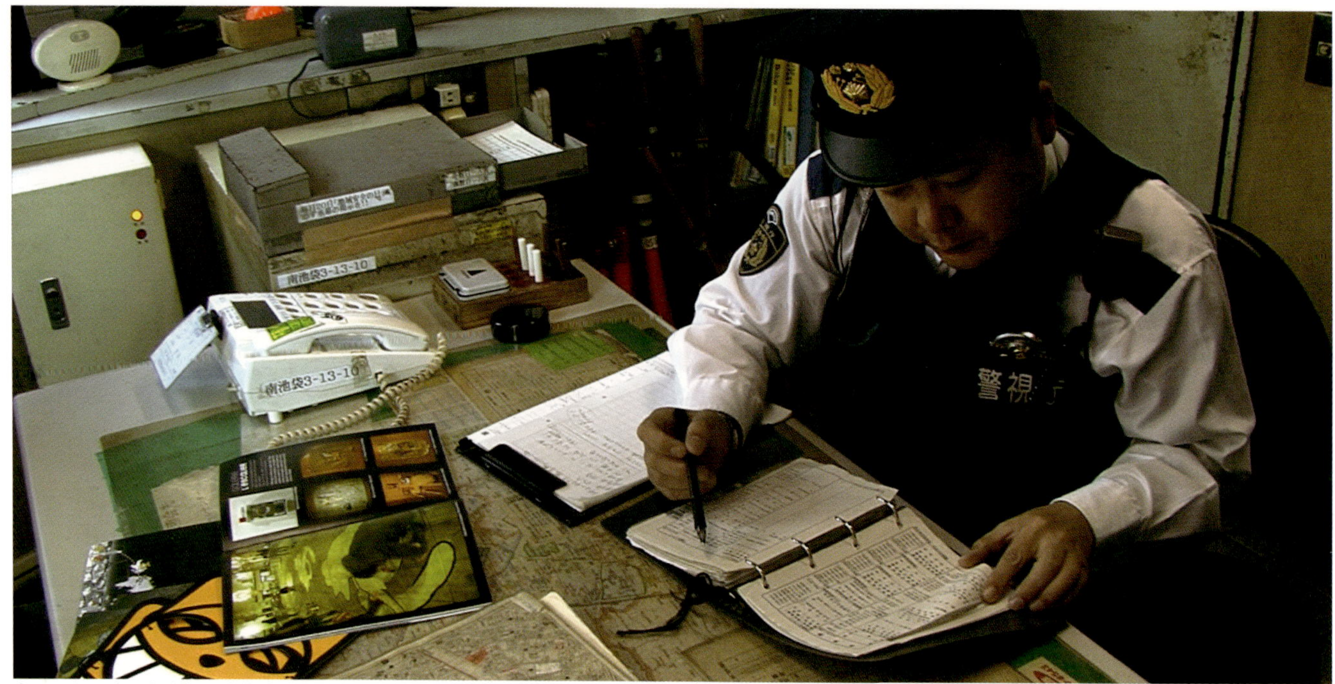

Commissariat de Minami-Ikebukuro. Le charmant policier cherche un traducteur pour résoudre la situation.

“Le chat qui monte sur le haut ne

Message de Yuko Fukuzaki à C.M.
Sujet : chat qui sourit
30/12/2004

Où as-tu trouvé ce cousin asiate du chat qui sourit ? C'est extraordinaire. Si ça se trouve à Tokyo, il faut que j'aille le voir. Pour *Chats perchés*, Atsuko m'a donné le numéro de *Libé* et la photo de la place de Beaubourg. Et j'ai pu lire quelques articles sur Internet. J'ai pu ainsi avoir l'impression de participer un peu à la première.

J'ai adoré *Chats perchés*. Le problème, c'est que ça me donne trop de nostalgie de Paris. Un de mes anciens élèves, qui habite à Paris et qui est revenu au Japon pour les vacances de Noël, m'a dit qu'il voyait de temps en temps ce chat au sourire et que lui aussi il en était intrigué... Moi aussi je voudrais bien le voir dans les rues en réel... et j'ouvrirai et fermerai le parapluie.

Pour le titre, j'ai eu beaucoup de mal pour trouver l'équivalent en japonais. « Le chat qui monte sur le haut ne se laissera jamais attraper » contiendrait à peu près ce que le titre en francais m'évoque finalement. Mais c'est trop long. Alors, j'ai retenu uniquement « Le chat qui monte sur le haut », espérant que les gens devinent la suite de l'énoncé... J'avais également pensé donner le titre en anglais « A grin with a cat », mais ce serait l'abus de pouvoir de traducteur. D'ailleurs, les Japonais ne le comprendraient pas. À propos, y-a-t-il déjà le titre en anglais ?

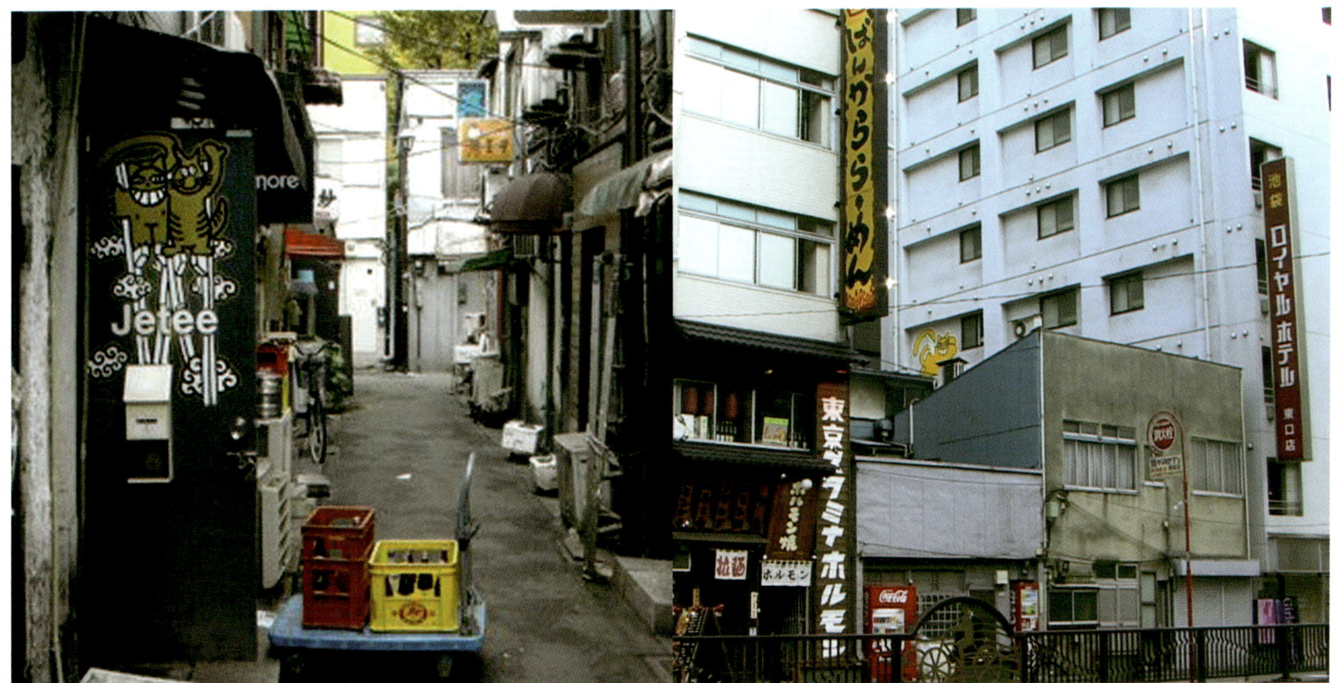

Bar de La Jetée dans le quartier doré : Golden-gai, Shinjuku / M. Chat sur l'Hotel Royal dans Minami-Ikebukuro.

se laissera jamais attraper”

Il reste du thé. Nous nous asseyons à nouveau autour de la petite table. C'est alors que Yuko te tend une feuille qu'elle venait d'imprimer sur laquelle était écrit cette phrase :

(...) l'hôte accueillant qui se croit propriétaire des lieux, c'est en vérité un hôte reçu dans sa propre maison. Il reçoit l'hospitalité qu'il offre dans sa propre maison, il la reçoit de sa propre maison – qui au fond ne lui appartient pas. L'hôte comme *host* est un *guest*. La demeure s'ouvre à elle-même, à son « essence » sans essence, comme « terre d'asile ». L'accueillant est d'abord accueilli chez lui. L'invitant est invité par son invité.

Extrait de Adieu à Emmanuel Lévinas *de Jaques Derrida.*

Yuko est traductrice, c'est un texte sur lequel elle a travaillé il n'y a pas longtemps. Tu te souviens, lorsqu'à l'aéroport de Séoul Incheon tu l'as appelée pour la première fois et que tu lui as demandé de t'héberger, elle a répondu aussitôt que son appartement était trop dérangé. Un ami t'avait bien informé qu'on ne demande pas l'hospitalité au Japon, à cause, certainement, de l'exiguïté de leurs habitations.
En arrivant à Tokyo, tu as reçu un message : « Je range frénétiquement mon appartement. Retrouvons-nous au métro Shinjuku sortie ouest ». A l'heure indiquée, Yuko t'attendait, munie d'une feuille imprimée d'une tête de chat...
C'est un signe, a-t-elle dit lorsqu'elle t'a tendu le texte de Lévinas. C'est alors que tu as compris que ta venue était autre chose qu'un futon déplié sur le sol, que c'était une intrusion dans un quotidien, une remise en cause de l'espace privé. Tu as pensé que ton voyage, le voyage, c'était cela, cette intrusion, cet accueil, ce partage de l'espace de l'autre et de son temps.

Louise Traon,
extrait du texte paru dans *Libération* le 22 juin 2009.

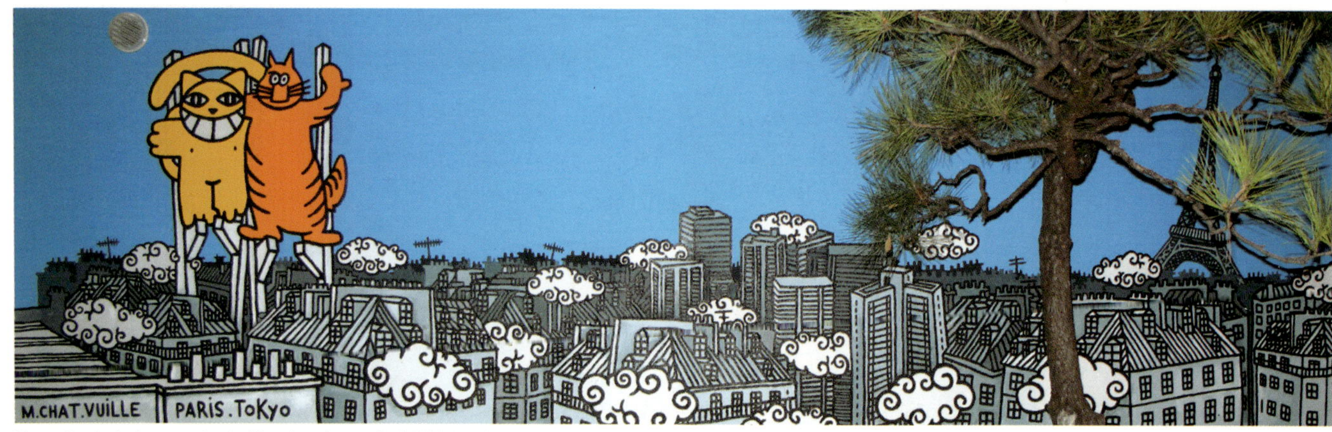

Façade de la brasserie de l'Institut français à Lidabashi.

[¬.¬] .... (__/)
/)__) .... (='.'=)

Je n'aurais vu Tokyo qu'à moitié. L'impression d'avoir été un autre ailleurs reste pourtant entière. Comme si ton texte à la seconde personne nous était destiné. Cherchant à tracer un parcours au travers de ceux que tu as vus. Comme un archéologue, confronté à une légende ancestrale et orale, j'ai été à Shinjuku, revoir le reflet au-dessus de la poignée nombril de la porte de La Jetée. Les deux oiseaux de Tokyo y étaient, sirotant du houblon avec ou sans glaçons... Pour nous remercier de leur avoir offert ce double reflet, les deux oiseaux nous ont fait nous envoler dans un bateau mouche. Navigant sur la baie de Tokyo, entre une délégation de Chinois et un couple d'amoureux tokyoïtes. La musique adoucit les mœurs, mais le karaoké casse les oreilles de Tomoyo... L'autre oiseau se met à danser le faune à la manière de Nijinski...

Dans mon dépays, je n'ai pas été au cimetière des chats de Goutokuji, mais le dernier soir, lors du vernissage de l'exposition que m'a organisée Tsuyoshi, une dame m'a ramené un petit maneki neko de cet endroit. Si tu ne l'as pas encore dans ta collection, je te l'offrirais, sinon celui que j'ai acheté pas très loin du temple de Asakusa à Tokyo. Ils attendent ton choix, tous les deux assis, la patte en l'air, sur mon étagère...
Comme l'oiseau nous l'avait annoncé dans ton texte, nous n'avons pas pu aller à la fête du poulet qui se donnait dans le temple d'Hanazono-jinja, juste à côté du Golden Gai. Le lendemain, lorsque nous y sommes passés, il ne restait qu'un homme endormi et une bande de jeunes ivres qui s'amusaient avec la cloche du temple. Un peu plus loin, deux personnes cherchant dans l'entrebaillement d'une double porte un kami endormi. En ressortant de l'enceinte, nous n'avons pas pu nous empêcher de saluer du regard les deux félins protecteurs...
Une visite avec deux élèves du maître-oiseau t'a appris que nos deux chats, l'un railleur, l'autre silencieux, rappelaient ces Komasinus, protecteurs de temples.

Que raconte la fresque sur l'ancienne chancellerie ? La commémoration d'un combat de samouraï, la rencontre d'un sumotori et d'une colombe, un oncle Picsou coincé dans son coffre ? Un lettrage écrit en hiragana par Psychoze dit : « No Man's Land », mais que raconte l'exposition « No Man's Land » ? Quelle est la ligne de conduite à avoir lorsqu'il n'y a pas d'humains ? Devons-nous construire des œuvres vouées à être détruites ou non vues ?

Chalutations

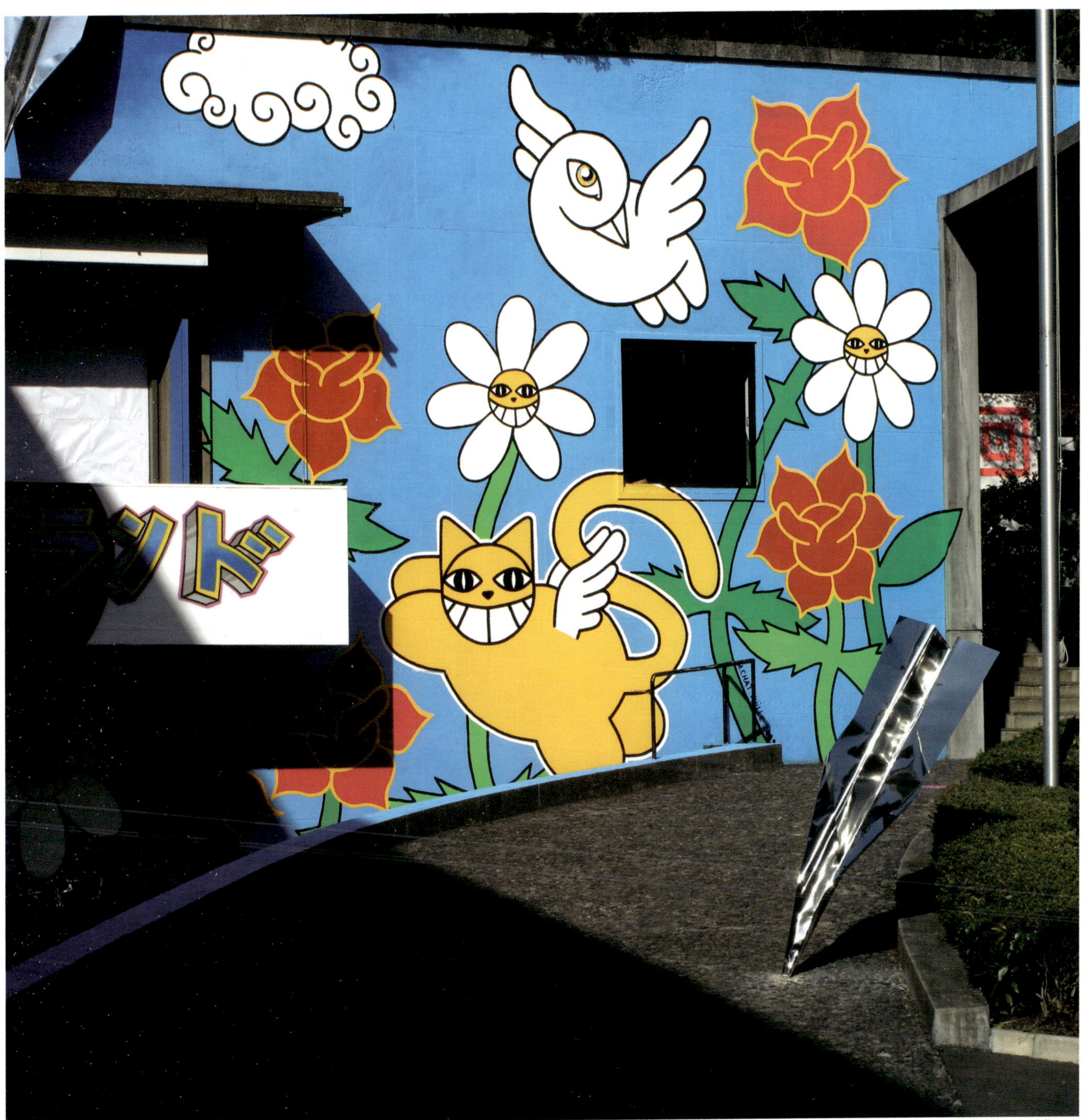

Façade réalisée avec PSY sur l'ancienne chancellerie de l'ambassade de France à Tokyo, projet Noman's Land, quartier de Hiroo.

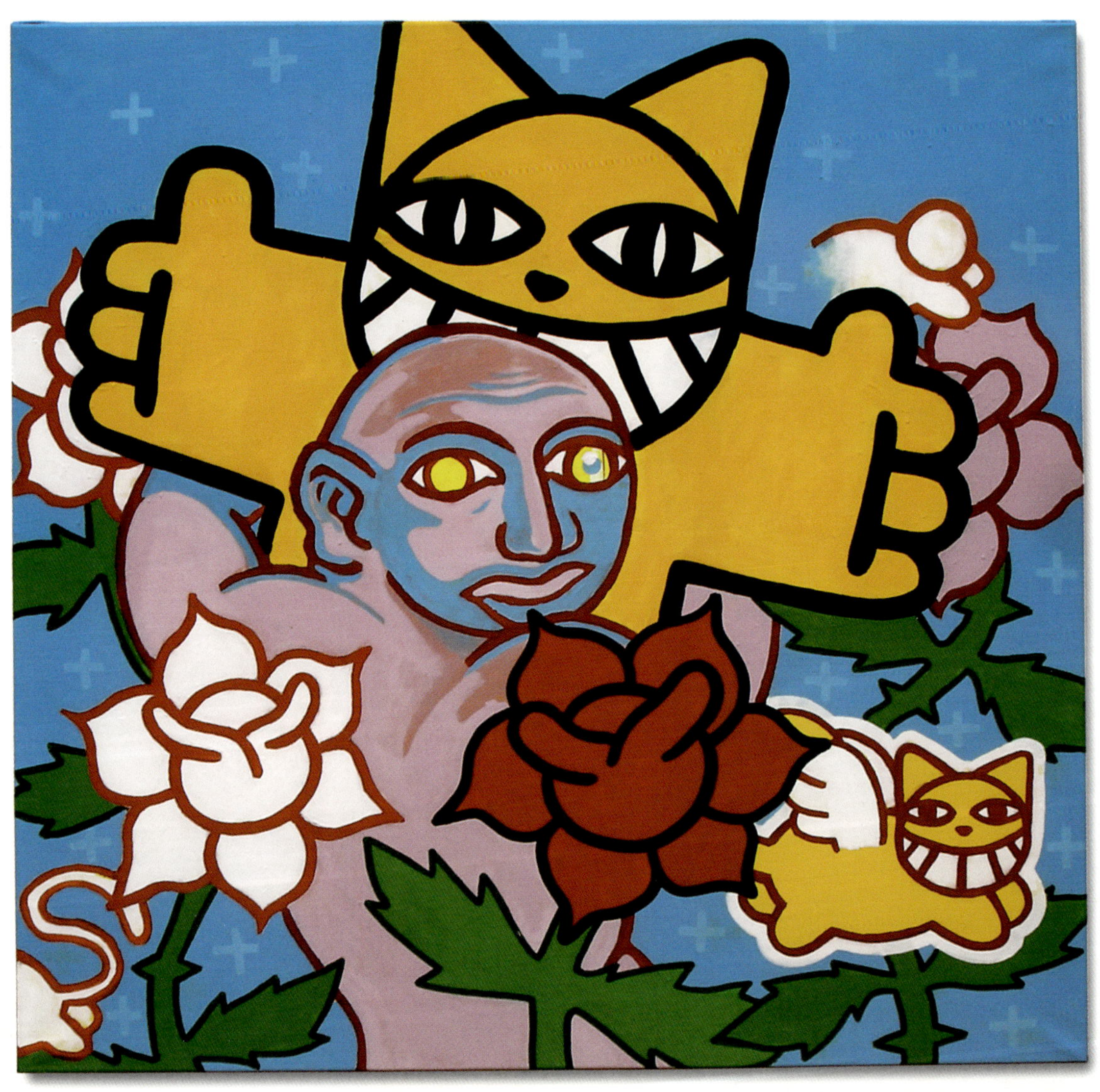

Homme au chat, acrylique sur toile (1 x1 m).

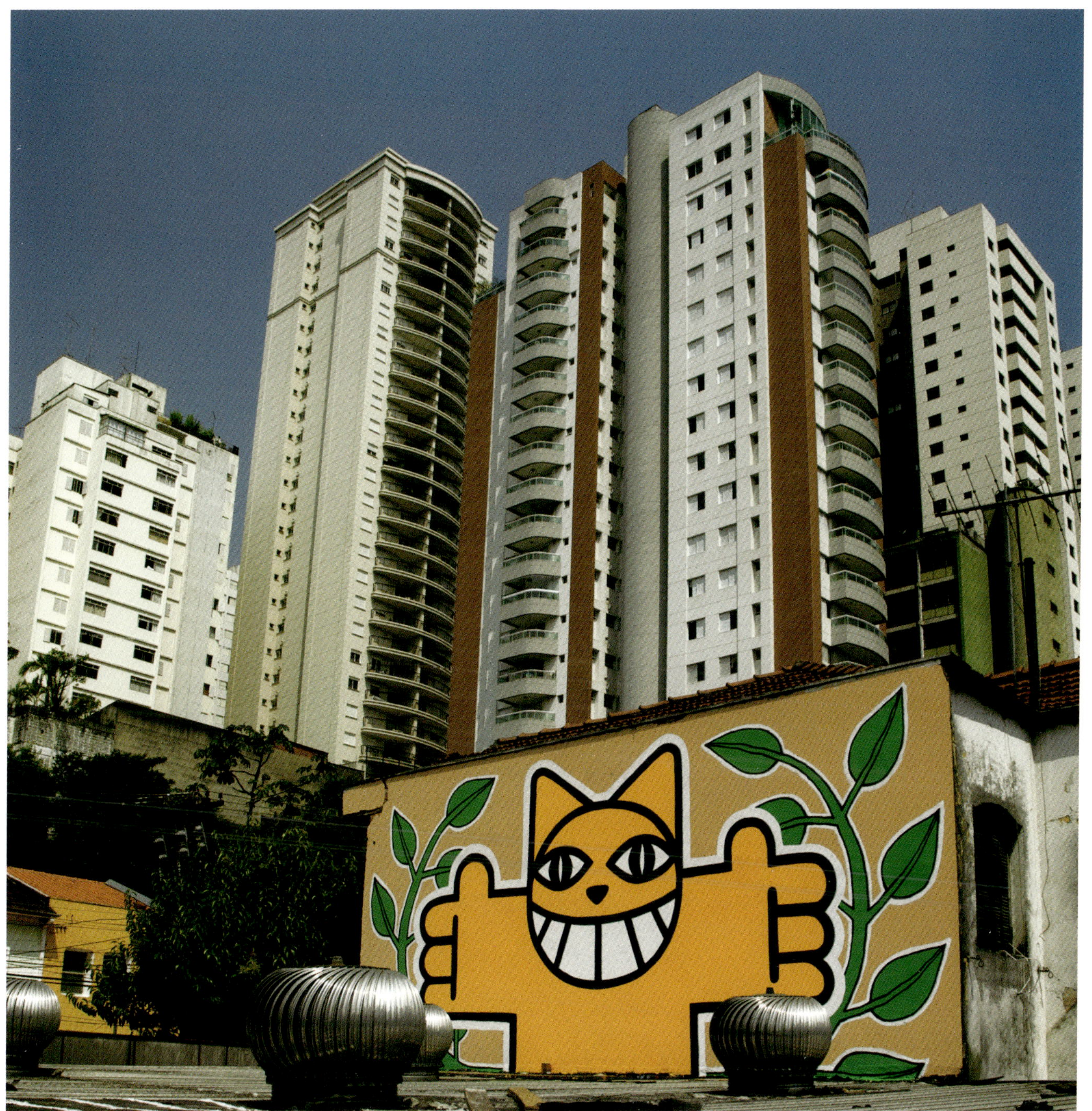

L'équipe de Choque Cultural permet la réalisation d'un mur peint au 997 rue Joâo Moura.

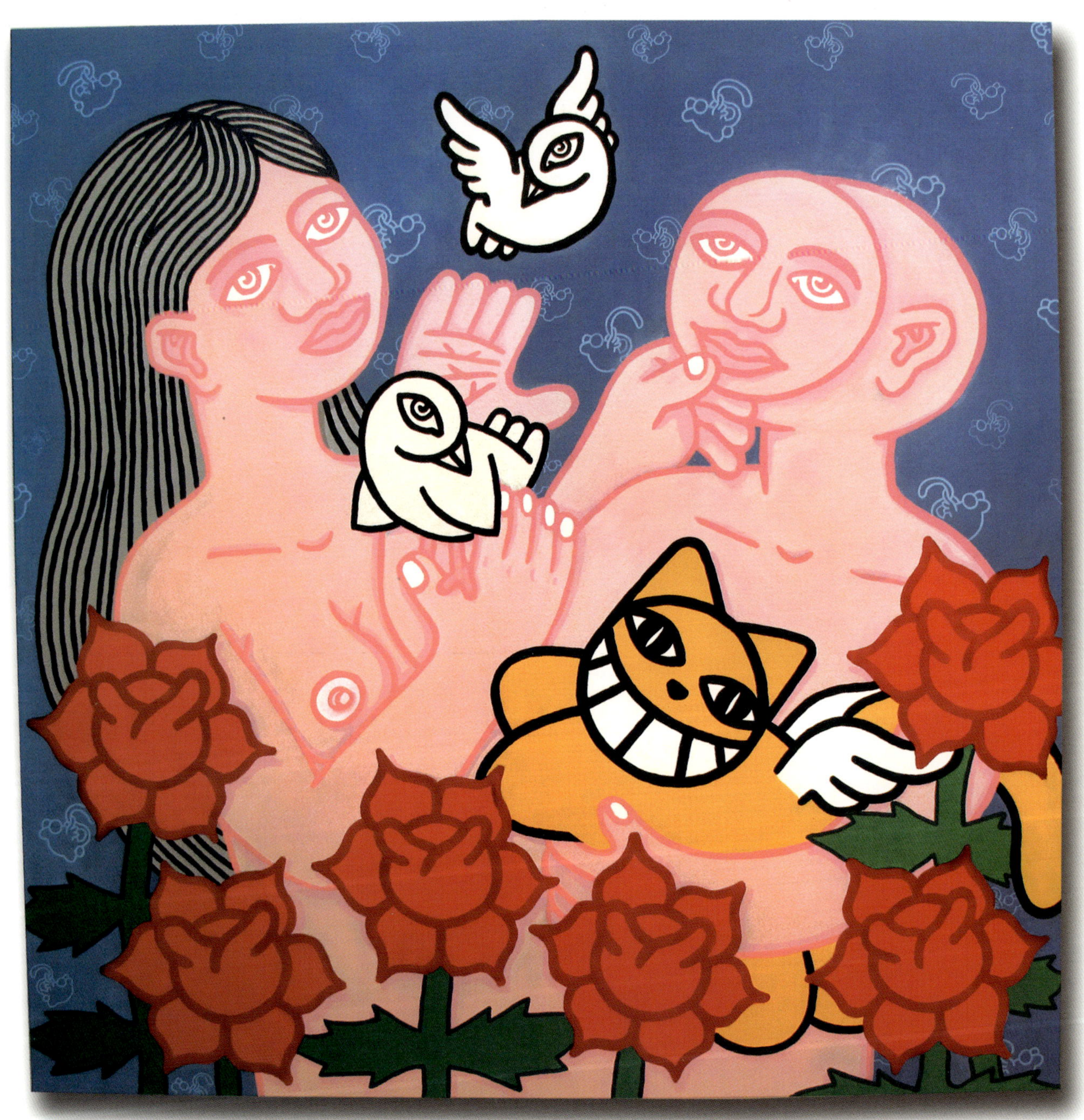

Couple, acrylique sur toile (1 x1 m).

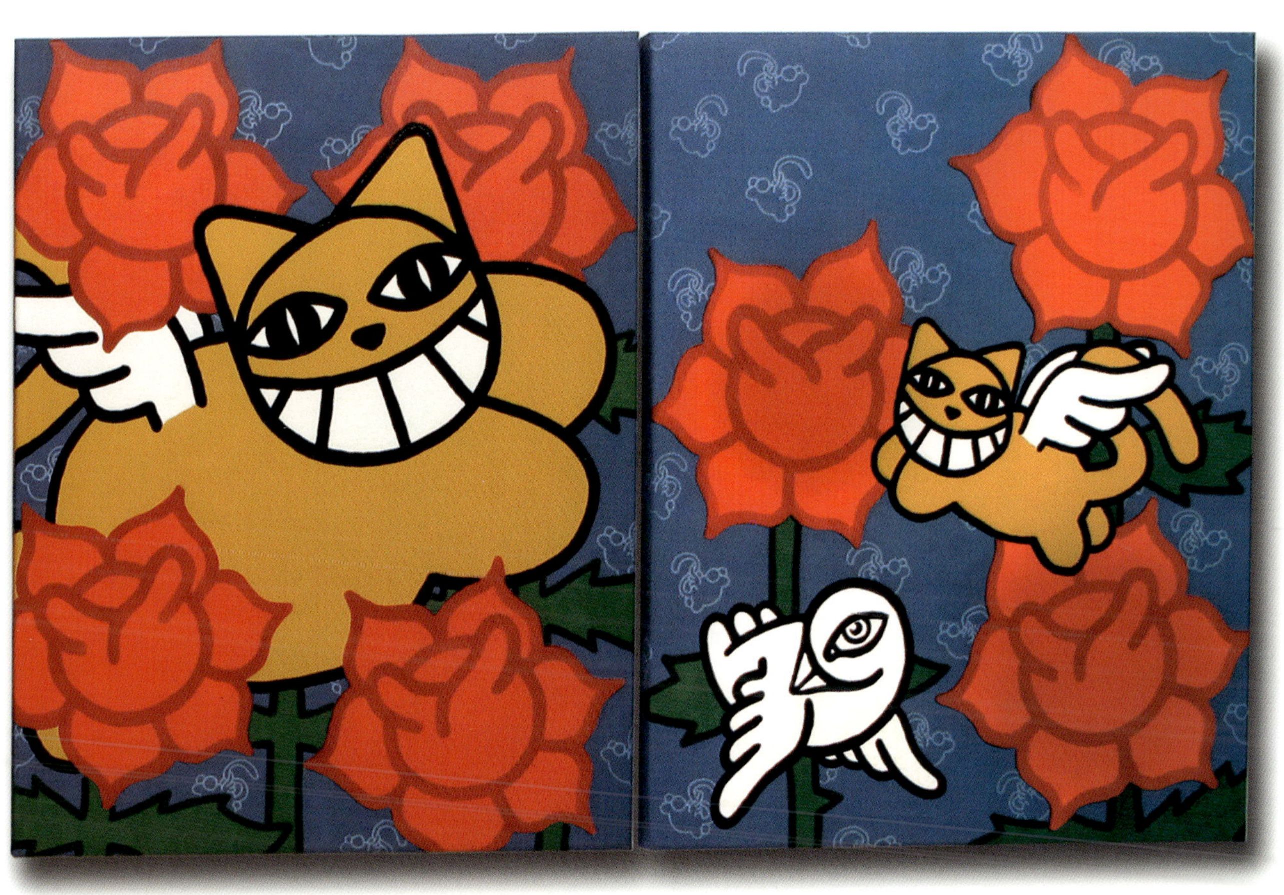

Printemps III et IV, acrylique sur toile (0,60 x0,80m).

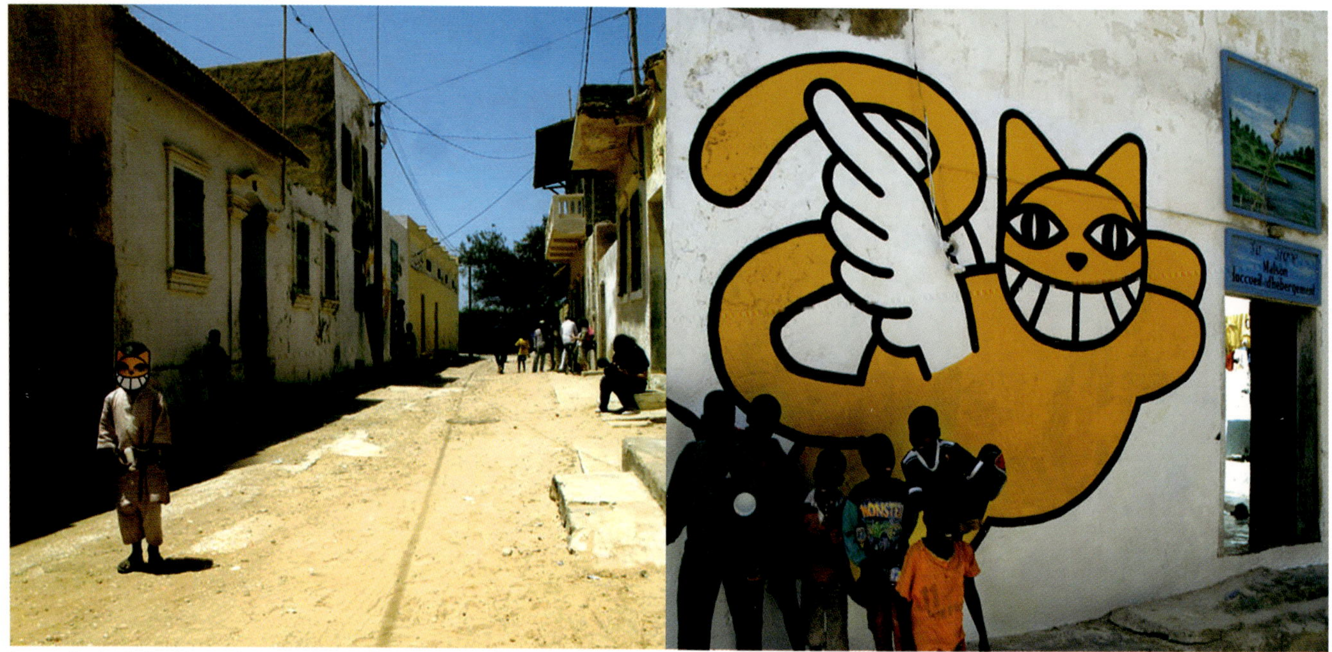

Les enfants de La Liane s'amusent avec leur nouveau Chat.

Nul n'est étranger en Teranga

Un jour après notre arrivée à Dakar, nous avons été à Saint-Louis dans le nord du Sénégal. J'ai pu rapidement rencontrer Claude Halliégot, enseignante française à la retraite, à l'initiative de l'association La Liane. Cette association créée en 2002 s'occupe des talibés issus des nombreux daras (écoles coraniques) de Saint-Louis. Les talibés sont des enfants de villages confiés par leurs parents peu fortunés à un marabout. Ce marabout a rôle de précepteur et doit éduquer ces jeunes enfants dans la tradition coranique.

En général, ces marabouts n'ont eux-mêmes pas de quoi subvenir à leurs propres besoins. On retrouve la plupart du temps ces enfants en train de mendier dans la rue. Régulièrement maltraités, ils se retrouvent livrés à eux-mêmes.
L'ONG La Liane emploie une cuisinière, un éducateur et un médecin, ce qui permet d'offrir des repas aux enfants abandonnés, de leur assurer un minimum de suivi et d'écoute. Et, quand c'est nécessaire, des soins médicaux. Cette association est soutenue par l'UNICEF et accueille des volontaires de tous les pays.
Quelques jours plus tard, à l'Institut français de Dakar, j'ai pu peindre sur les murs de la bibliothèque. La fresque a été inaugurée en présence de 500 enfants de différentes écoles de Dakar. Ils ont été invités à venir participer aux différentes activités que nous avons mises en place autour du personnage M.Chat : projections de films de voyages, atelier dessins, ateliers contes, ateliers masques, fresques à la craie...

Une fois la bibliothèque entièrement décorée, nous avons pu, avec les trois peintres en lettres qui m'aidaient, aller peindre « dans la nature ». J'avais repéré un village de pêcheurs situé dans le nord de Dakar : N'Gor.
Avec l'accord du directeur de l'école de N'Gor, nous avons réalisé

trois fresques éducatives. Une fois les croquis validés, chacun s'est mis à peindre... « Il faut se laver les mains », « L'école est le chemin de la réussite », « Éduquer une fille c'est éduquer toute l'humanité ».
Tout le monde était satisfait du résultat. Le directeur nous a invité à manger le mafé avec sa famille. Lors de ces réalisations, j'ai rencontré un Français qui essaie d'alléger la dette africaine, notamment en retrouvant différentes traces de cette dette et en prouvant que, dans une grande partie des cas, ce sont les dirigeants qui l'ont générée. Les citoyens des différents États africains ne devraient donc pas y être directement soumis...

Une fois l'école peinte, nous nous sommes promenés dans le village à la recherche de personnes souhaitant une peinture sur leur mur. Nous avons été interpellés par des rastas, disciples d'un marabout dont je ne me souviens plus du nom. Ils étaient partants pour que l'on réalise une peinture sur le mur contre lequel ils étaient adossés, mais en discutant nous nous sommes rendu compte que ce mur ne leur appartenait pas. Nous nous sommes rabattus sur le mur juste à côté, mur qui abritait l'atelier de confection d'une artisane couturière. Celle-ci était partante pour une peinture, à la seule condition que le nom de son atelier de confection apparaisse en grandes lettres... Chose promise, chose due : la fresque représentant l'atelier de couture Atany (du nom de la petite fille de la propriétaire) a été réalisée l'après-midi même. Je serais bien resté à peindre tous les jours, mais le retour était déjà programmé et un départ pour la Chine déjà prévu depuis plusieurs mois. Chose étrange, beaucoup des grands chantiers sénégalais ont été réalisés par des sociétés de construction chinoises. Encore plus rare, l'appel d'offre pour la gigantesque statue qui est en train d'être construite entre l'aéroport et Dakar a été remporté par une société de construction nord-coréenne. Le sculpteur sénégalais Ousmane Sow avait déposé un projet qui n'a pas retenu l'attention des décideurs politiques. La rumeur publique dit que les dirigeants ont récupéré, à titre personnel, un quart des milliers d'euros prévus pour financer cette construction monumentale...

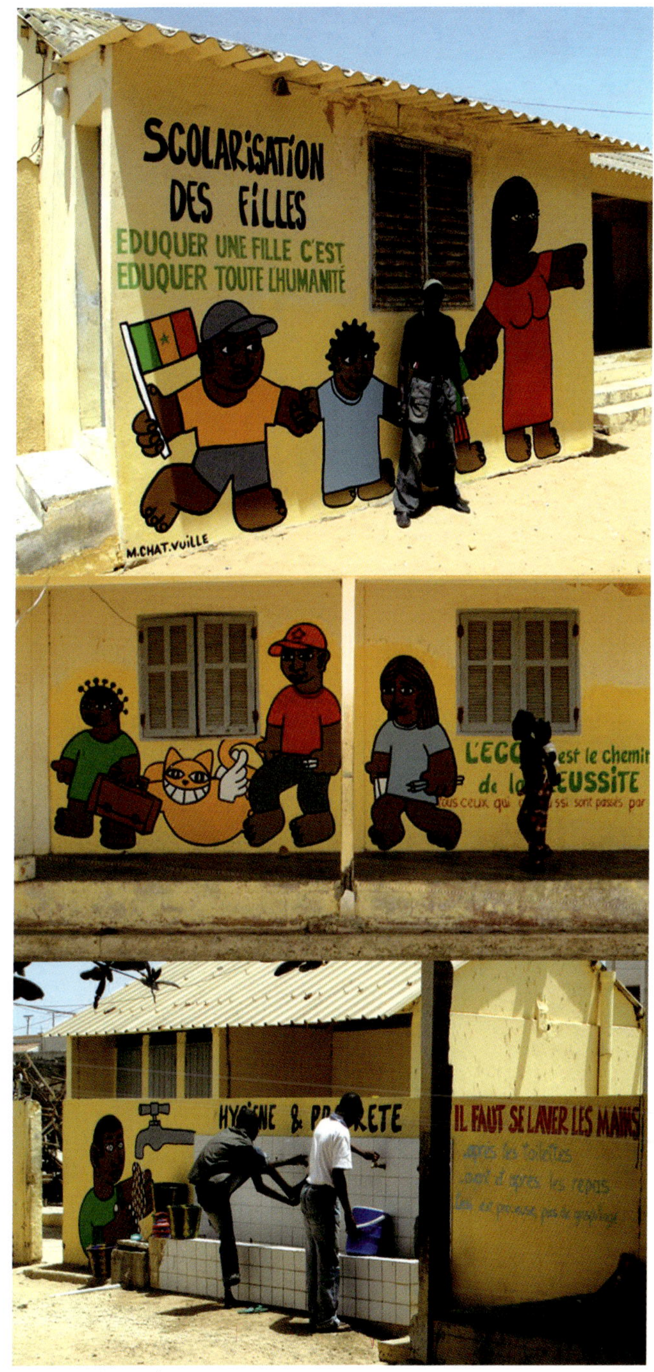

École du village de pêcheur de N'Gor au nord de Dakar.

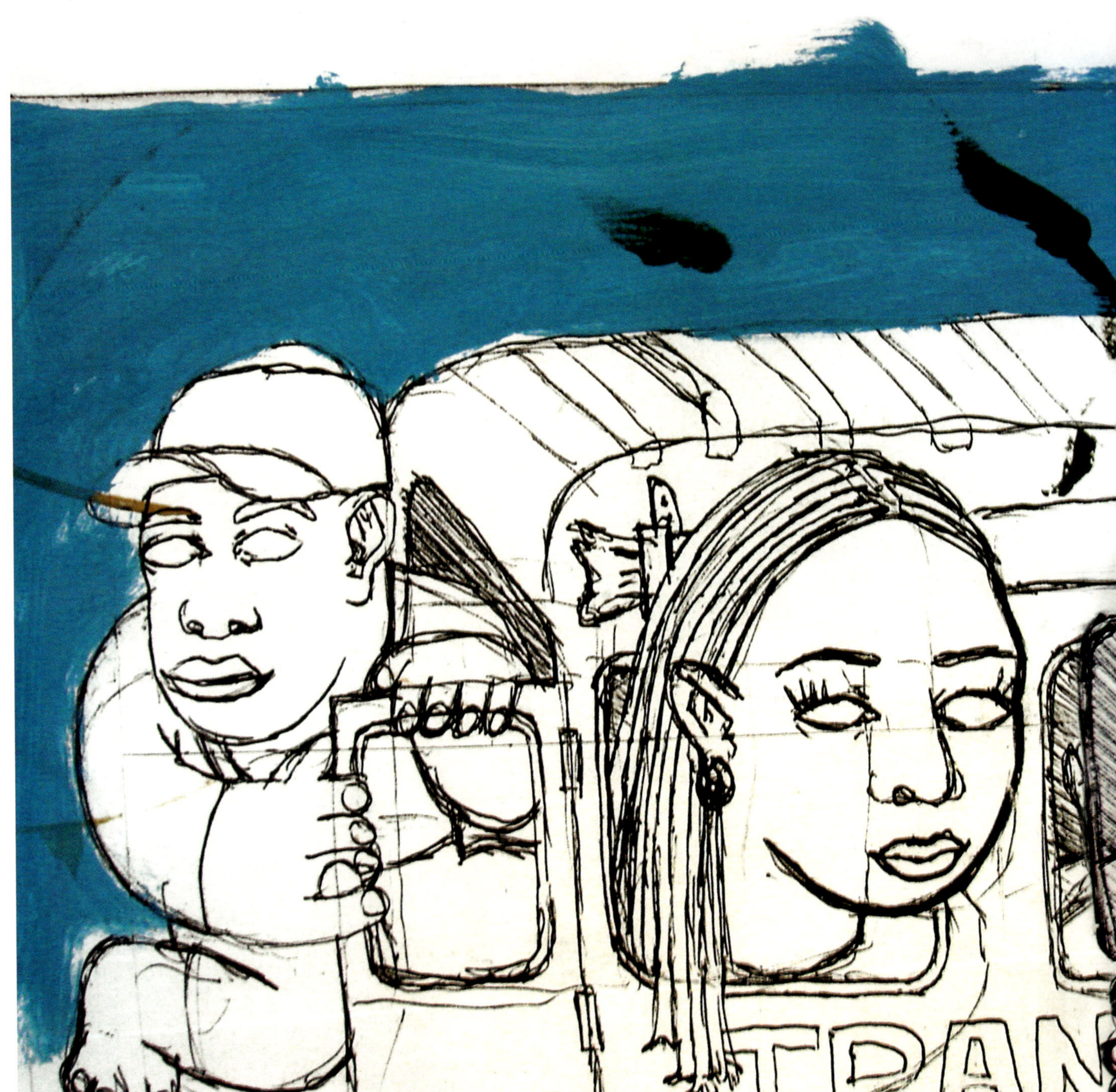

Esquisse pour la fresque de la bibliothèque de l'Institut français Léopold Sédar Senghor de Dakar.

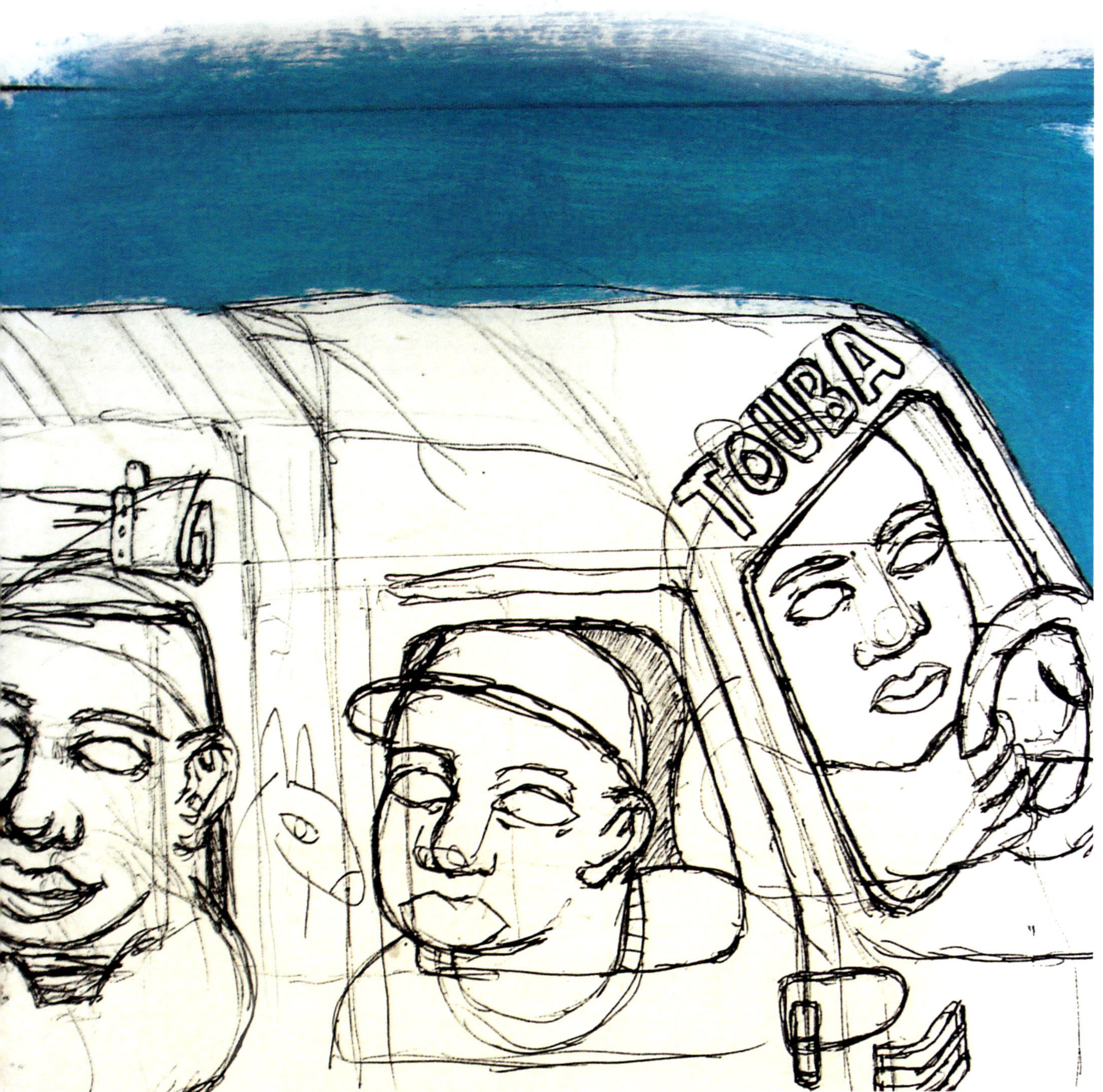
TOUBA

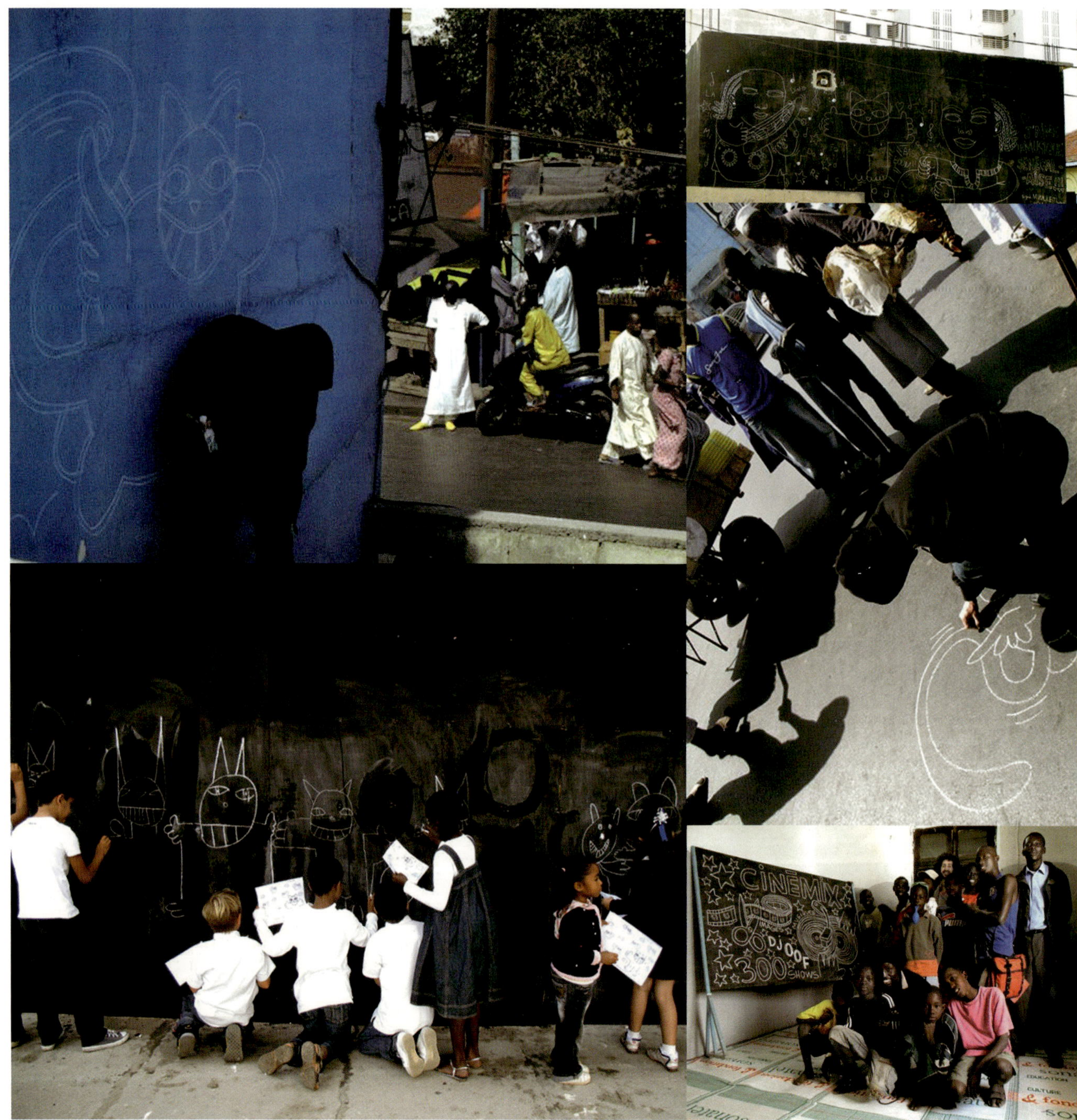

Dessin à la craie sur la scène de l'Institut et dans les rues de Dakar.

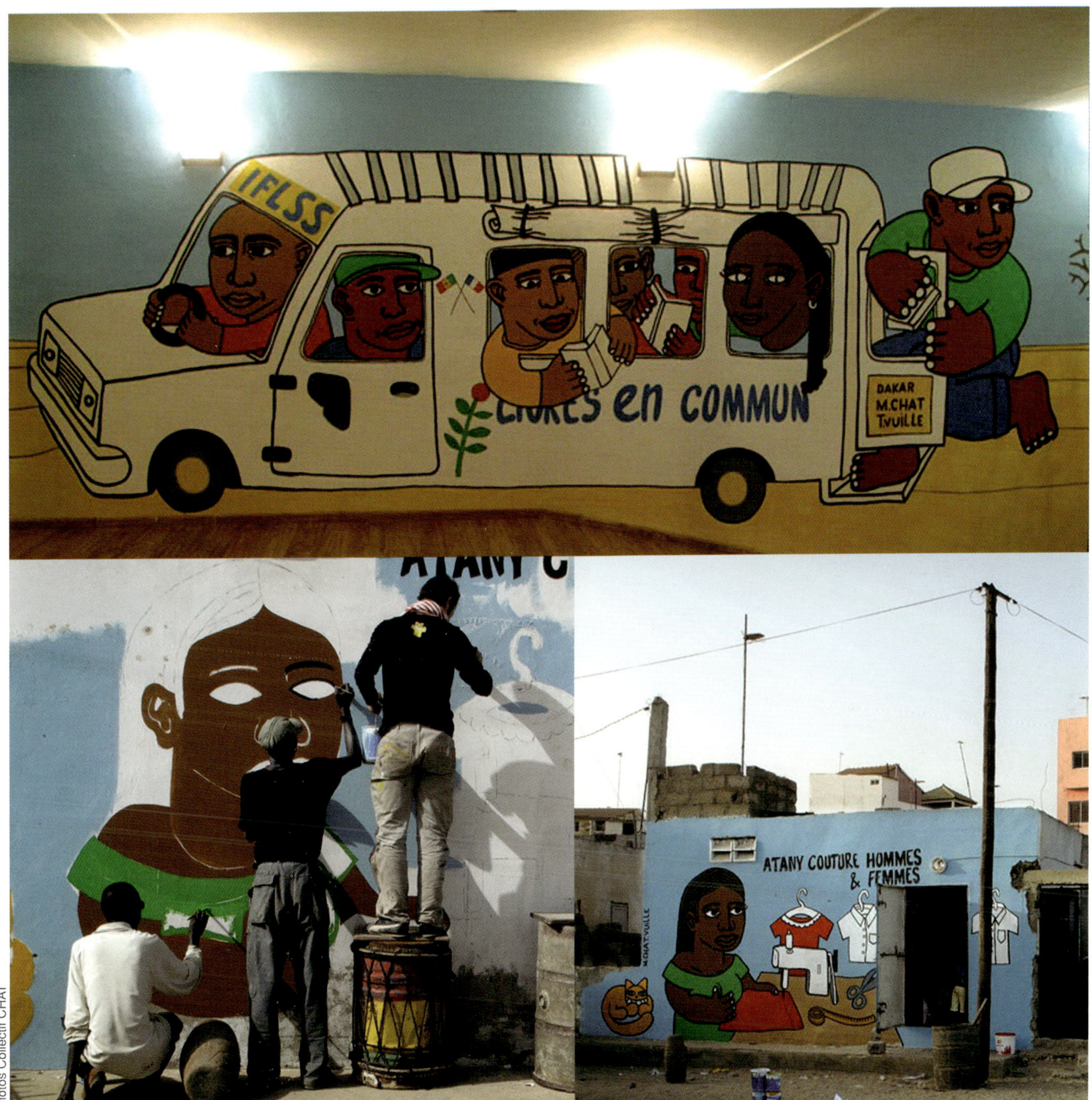

Détail de la fresque réalisée dans la bibliothèqe de l'Institut / Fresque sur l'atelier de couture Atany, dans le village de N'Gor.

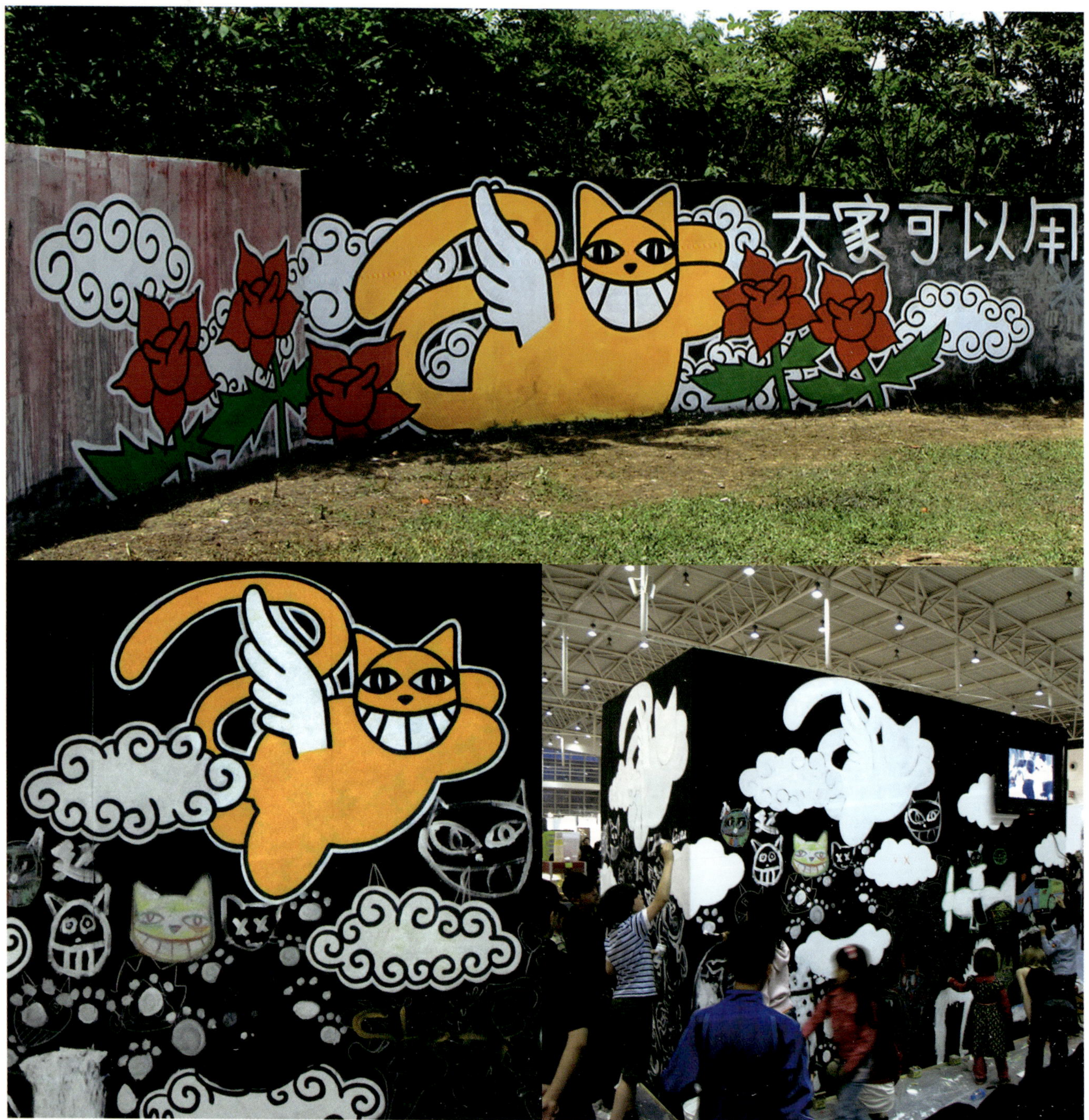

Deux types de peintures participatives lors du Zébra Festival de Chengdu et Bejing Art Fair organisées par Culture France.

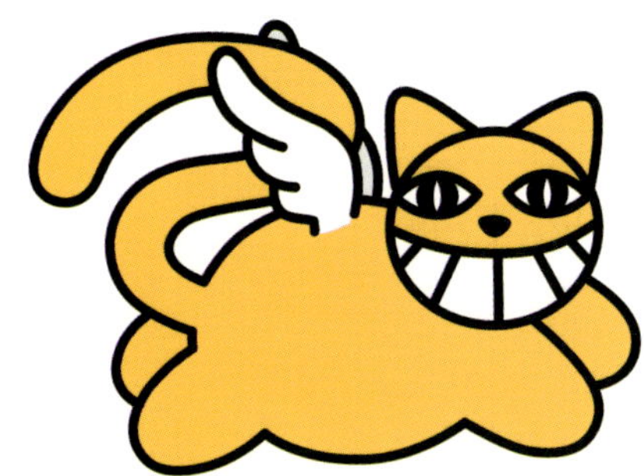

Cher Monsieur Chat,

J'ai reçu votre adresse e-mail grâce à Chris Marker : je lui avais écrit qu'à Berlin il n'y avait aucun chat et que cela manquait. Je connais le film *Chats perchés* depuis deux ans (et quelques films de Chris Marker qui m'ont totalement bouleversée comme *Lettre de Sibérie*, ou, évidemment *Sans Soleil*) et depuis, chaque fois que je suis à Paris, j'ai le nez en l'air pour trouver un des vos chats, qui me jettent un regard en me souriant de toutes leurs dents... (En 2007, quelques semaines après cette joyeuse découverte, j'ai visité l'exposition Airs de Paris. Coïncidence : il y avait une projection de *Zapping Zone* de Chris Marker comprenant quelques images qui m'étaient chères : celles du premier de vos chats que j'avais découvert en laissant mon regard flotter sur les toits. J'ai fait une photo – pardonnez-moi de ne pas avoir cru mes propres yeux – et, après mon retour à Berlin, en développant le film, j'ai même trouvé une deuxième ombre orange dans les rues, en arrière-plan (mes souhaits l'ont modelée immédiatement en compagnon ronronnant...).

Après un certain temps (mais assez long pour laisser les rêves mûrir et prendre corps si bien qu'ils semblent trop concrets pour qu'on puisse les oublier), j'ai pensé à vous écrire pour vous inviter à Berlin afin que vous laissiez la trace distincte d'un chat sur un de nos murs. C'est une invitation directe (j'espère qu'elle ne vous choque pas trop) et peut-être naïve. J'imagine que ce n'est plus facile de laisser votre chat reconnaissable sur les murs (Chris Marker a écrit que vous deviez en finir avec l'anonymat). Malheureusement pour moi, je ne suis ni un musée ni une institution qui pourrait vous inviter comme artiste à Berlin. Je suis écrivain et travaille à l'université Humboldt (dans le département littérature allemande), mais mon cœur dicte cette lettre : Berlin (et moi), on a tellement besoin d'un chat perché ! Je pourrais simplement vous offrir mon appartement avec plaisir pour y loger pendant votre séjour (et moi, je pourrais rester chez mon copain entretemps). Je sais que cela doit avoir l'air un peu étrange (dans le double sens du mot), mais comme parfois les souhaits (et la fantaisie) font plus que la raison, j'ose vous en parler. Un chat perché à Berlin – je le nourrirai chaque jour de mes regards – ça c'est sûr. Je sais que c'est très peu pour vous convaincre – mais je me fie aux frères et sœurs du chat à travers le monde et à votre compréhension... ça serait une telle joie de vous accueillir ici !

Très cordialement et tout le bien à vous et bon voyage en Chine (et dites un grand bonjour aux chats) – Kristin Schulz

P.-S : si jamais je peux faire quelque chose pour prouver le caractère sérieux de ce mail, n'hésitez pas à me le dire – je ferais de mon mieux ! Et s'il vous plaît, excusez mes fautes (j'ai fait des études de français il y a longtemps mais trop souvent les mots dansent avec la grammaire et je ne connais pas l'ordre des pas...).

à Thoma Vuille

Portrait de l'artiste en jeune chat

Je me souviens de l'embarras dans lequel je me suis trouvé pendant la manifestation du 1er mai 2008. Nous portions haut les pancartes du Chat quand quelqu'un est venu demander quel groupe nous étions, ce que le Chat représentait, ce qu'il voulait dire (il est vrai que manifestant, le Chat devait vouloir dire quelque chose).

Je t'avais posé la question, la réponse avait été que le Chat ne voulait rien dire, que c'était un chat et voilà tout. Permets-moi de ne pas en être sûr. Je n'ai jamais cru totalement à l'histoire du signe vide. Comment aurait-il été possible en ce cas, qu'avec les dangers que tu décris pour peindre les chats sur les murs des villes, tu aies continué à risquer ta peau sur les toits, Il fallait bien qu'existe dans l'urgence de cet acte répété un moteur, fût-il encore mal connu. Mais peu importe, certains actes n'ont pas à être justifiés. C'était dans les débuts, le signe d'une époque où agir sur l'étant-donné des villes faisait partie des transgressions courantes, attestant de la volonté de poser une empreinte sur le monde, de s'exposer, verbe dont la polysémie fait se correspondre à la fois le danger de l'acte et son résultat, l'inscription de la trace.

J'aurais voulu faire un portrait de l'artiste en jeune chat, mais je m'aperçois que faire un portrait demanderait une bonne définition du modèle. Mais comment saisir ce qui est en perpétuel mouvement ? Je n'y parviendrai probablement qu'à moitié. Je ne crois pas, même si les identités peuvent quelquefois se confondre, que le Chat soit l'alter ego de l'artiste, mais plutôt sa créature, son héros, son jeu, son signe et sa signature.
Tout a commencé par un acte d'insoumission manifeste, une stratégie d'inscription. Il s'agissait d'apposer sur les murs son image autant que faire se peut, avec occupation du territoire, modification de son usage par la présence répétée du signe, infiltration dans le texte des villes. En retour une proclamation d'existence, l'apparition de l'image et de l'artiste, court-circuitant les lieux obligés de l'exposition. Reste à savoir si la question de l'exposition avait un sens, menait quelque part. La question du rapport à l'art était néanmoins latente, il faudra voir comment elle s'est développée.
Il faut savoir aborder les chemins de traverse, plutôt que la grand-route, les lieux communs, les étant-donnés encore une fois. On dit qu'en devenant adultes, les chats accroissent leur territoire de manière systématique. Ce fut fait. On a vu le Chat apparaître petit à petit aux quatre coins de la planète – Paris, Sarajevo, New-York, Hong Kong, Saint-Louis du Sénégal, Séoul, Sao Paulo etc. Il est normal qu'à l'ère de la mondialisation, il accompagne le mouvement. Voilà pour l'extension géographique le processus d'empreinte s'applique au monde entier, transforme la planète en terrain de jeu et participe à la bataille des images, jouant d'égal à égal avec les icônes qui gouvernent le monde, de Coca-cola à Jésus-Christ. A bien observer, on pourrait dire que c'est quand le Chat est descendu des toits qu'il s'est pris à s'animer, à prendre parole, dépassant par là le statut d'image. C'est là où pourraient se rejoindre l'artiste et le Chat, dans l'observation attentive du monde. Il apparaissent dans les mani-

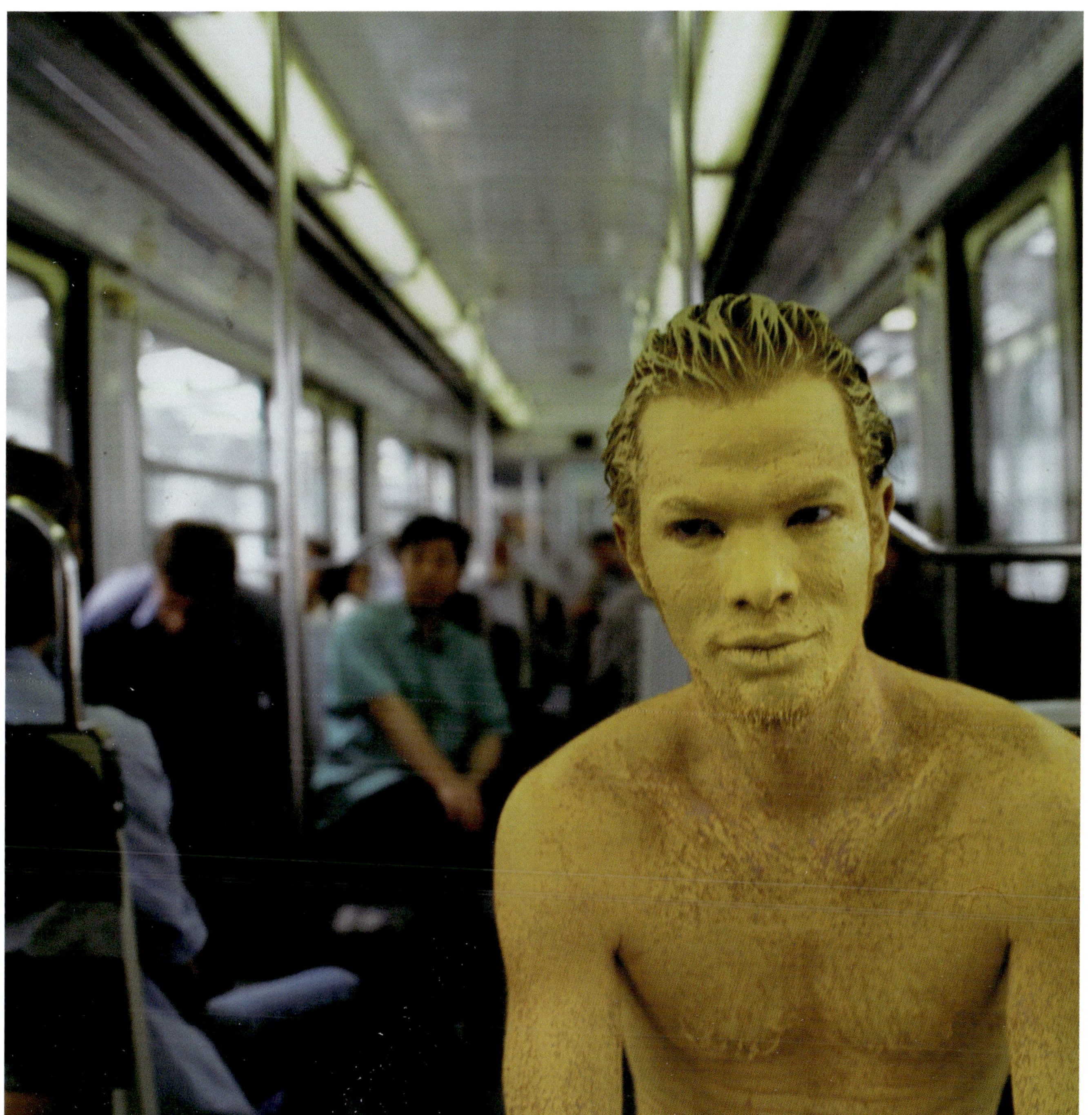

L'Homme jaune – peinture acrylique – sur la ligne 2, à Paris, 2003.

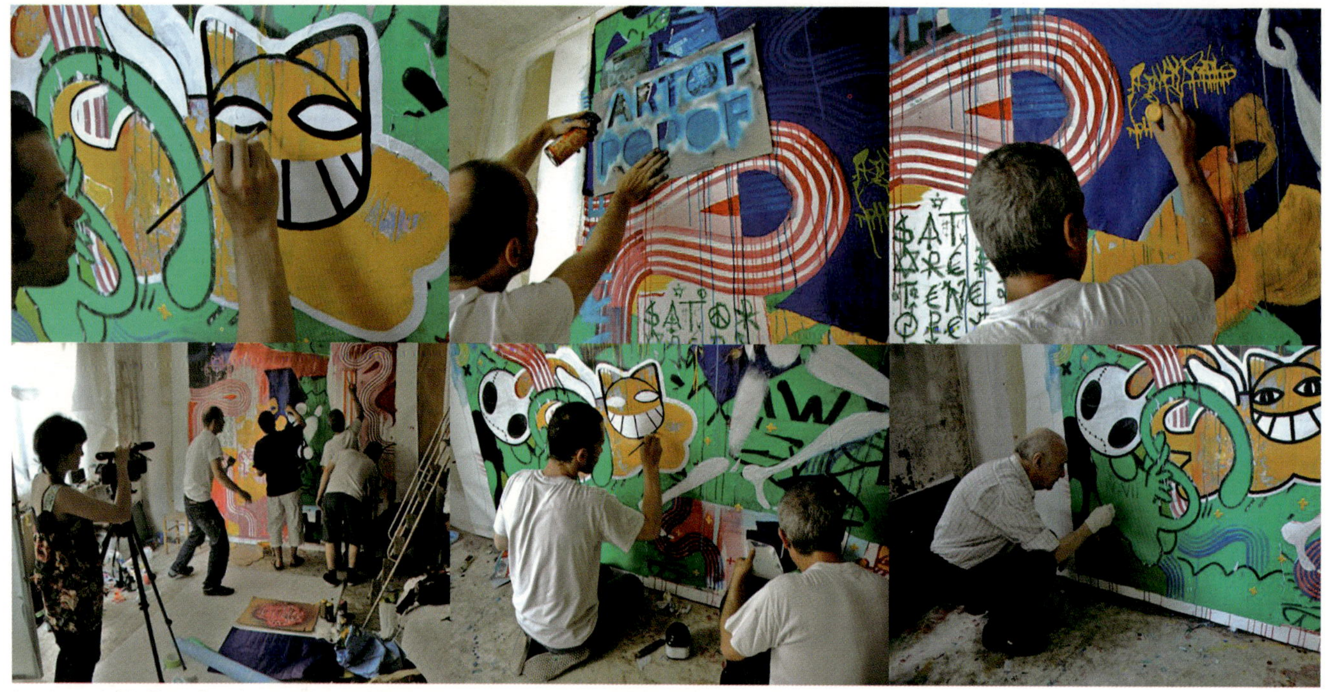

Artofpopof, M. Chat, Psyckoze, Jérome Mesnager, dans l'atelier de M. Villeglé.

festations anti-guerre (page 46), infiltrent le terrain des causes politiques, prennent les armes contre les mines anti-personnel (page 56), mais pas uniquement. Sur sa lancée, il était évident que M.Chat n'allait pas se soumettre à l'unique définition d'artiste de rue ou de *street artist* et chercherait à échapper aux catégories, qui à force de vouloir leur correspondre, contraignent tous les élans. Il ferait l'expérience d'autres voies. Est-ce à dire qu'il allait devenir le héros d'une aventure contemporaine ? Tu sais comme moi ce qu'ont saisi Chris Marker et Guillaume en Egypte sur la portée du geste, il n'est pas utile d'y revenir. Le Chat traverse son film mais ne fait que passer, attestant de son insaisissabilité. Un indice important néanmoins pour ceux qui cherchent un sens : « Nous étions les Chats de la liberté, si vous ne comprenez pas ce qu'on vous dit débrouillez-vous tous seuls. » Peut-on lire sur un carton vers la fin du film.

L'extension du territoire n'est pas que géographique. Le champ de l'art demeure à investir (ce qui est anticipé dans *Chats Perchés* où on peut voir la figure du Chat s'introduire dans un ensemble d'œuvres célèbres, des peintures des grottes de Lascaux aux suprématistes russes, voir page 96). Plusieurs angles d'attaque, dont on peut trouver des correspondances dans l'histoire de l'art, évidemment dans ses points de rupture. D'abord, l'affirmation et la prolifération sauvage du signe en territoire urbain, proche des stratégies développées par Daniel Buren entre autres dans les années soixante-dix. Puis la réitération d'actes artistiques fondateurs, laquelle n'est pas fortuite car à bien regarder, ces actions ont à voir avec l'espace urbain ou avec l'empreinte. Réappropriation donc de la technique du pinceau vivant inaugurée par Yves Klein (performance de l'homme jaune, la couleur du Chat), intégration de Chats dans le paysage sur le modèle du *Land Art* (le chat-champ page 85), prélèvements d'affiches avec Chats à la suite des Nouveaux Réalistes (toile collective avec M.Villeglé).

Pour autant, il ne s'agit pas là de la simple application

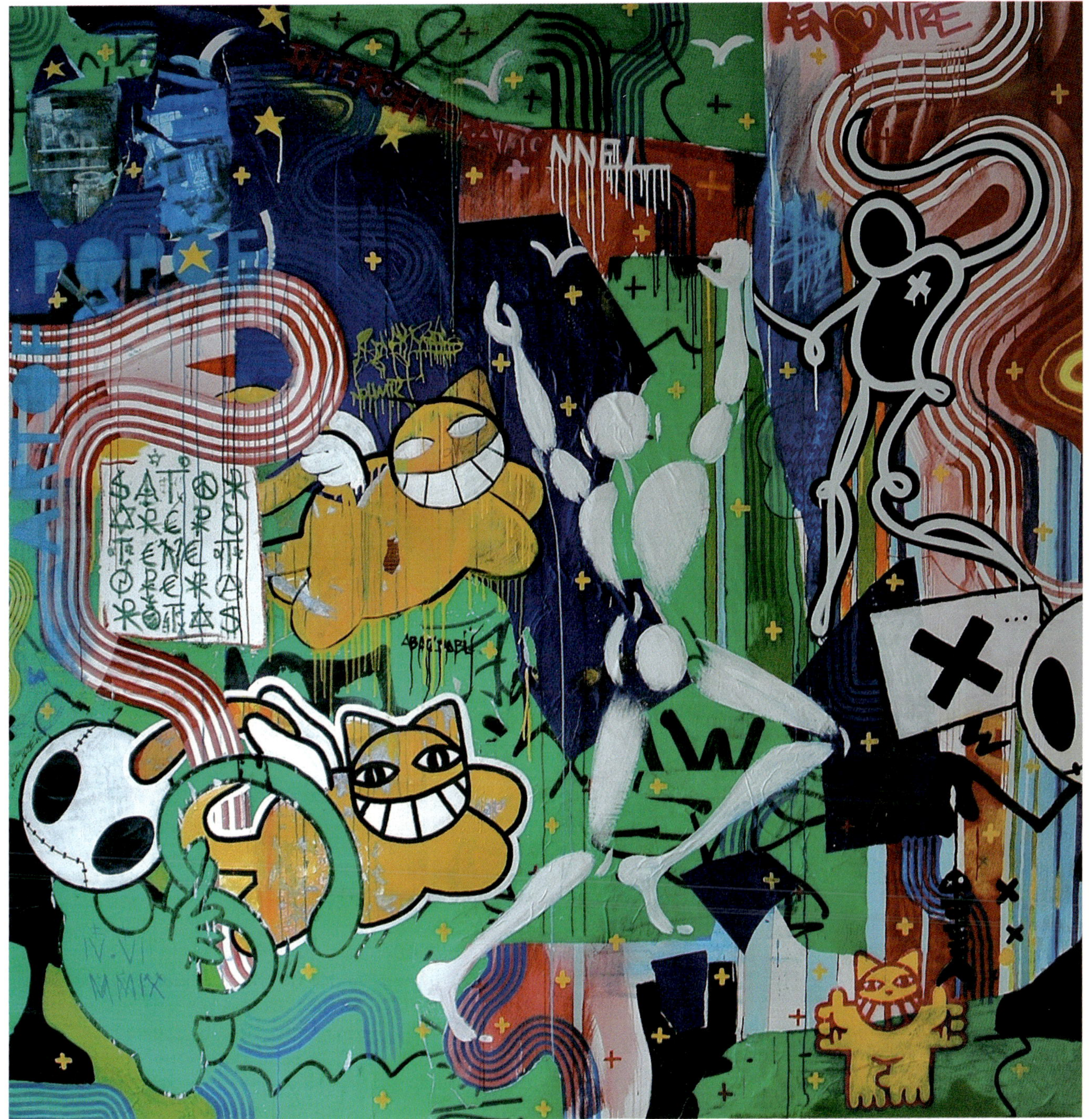

Toile collective réalisée dans l'atelier de M. VIlléglé, juillet 2009.

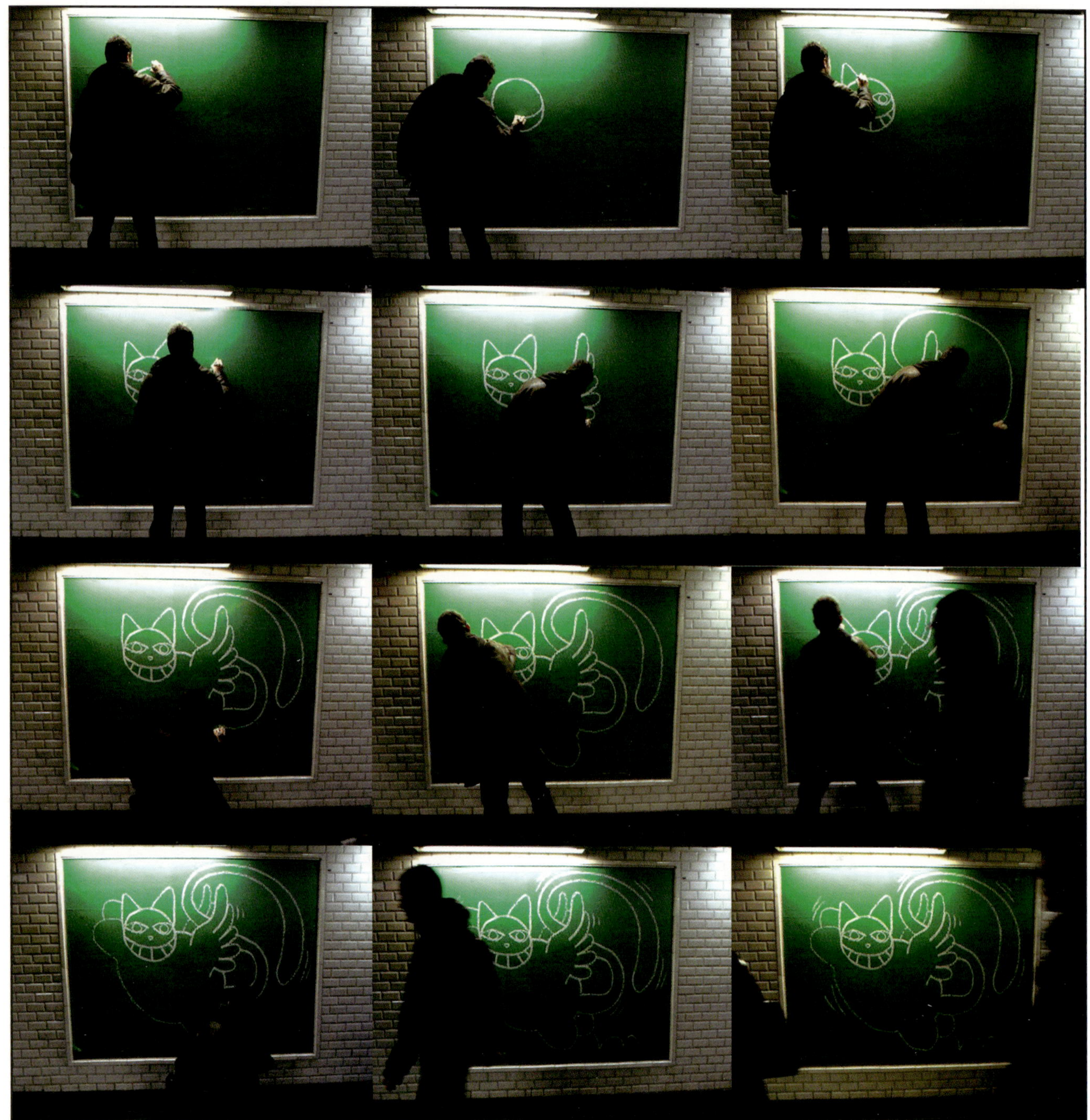

Dessin à la craie grasse offert à la RATP.

“Nous étions
les Chats de la liberté
Si vous ne comprenez
pas ce qu’on vous dit
débrouillez-vous
tous seuls”

d’un principe de détournement ou de *remake*. Ce qui est en jeu procède plutôt d’une décision de s’emparer du champ des références historiques, d’en effectuer la traversée afin de faire ressurgir au final l’image originelle du Chat. Ce qui conduit plus tard M.Chat, pour fêter ses dix ans, à envahir le musée des Beaux-Arts d’Orléans de manière spectaculaire avec des centaines de chats (accrochés, encadrés, mis en scène) portant par leur simple présence un subtil commentaire sur les fondations de notre civilisation.

Pour poursuivre l’entreprise, il a fallu explorer aussi le « monde de l’art », voir comment et selon quelles règles y participer. C’est ainsi que M.Chat se met à réaliser des toiles, des dessins, jusqu’à une sculpture monumentale (page 99) représentant le Chat, appliquant à son sujet des modes de représentation adaptés au milieu.

Je te l’avais dit, la construction du portrait n’est pas simple. On peut néanmoins, à partir des actions entreprises, dégager des constantes : logique d’intervention permanente, exploration des champs balisés, marquage méthodique, invention d’un usage du monde. Outre ce par quoi on pourrait tenter de qualifier l’artiste et son Chat après une décennie de démonstration (en vrac : activiste, résistant, Petit Poucet, rebelle, transgresseur, artiste urbain, sentinelle etc.), on peut observer la grande proximité du processus en marche avec ce qui caractérise toute existence humaine : passer, œuvrer, laisser derrière soi des traces de son passage. Reste à savoir si c’est toujours sur les chemins de la liberté.

Etienne Sandrin,
président du Collectif CHAT.

Chat Vitae...

1997-2000 :
Apparition des M.Chat à Orléans. Diffusion à Blois, Tours, Nantes, Rennes, Saint-Étienne, La Rochelle, l'Île-de-Ré...
2000-2003 :
Les M.Chat envahissent les toits de Paris. En avril 2002, lors de manifestations spontanées se déroulant à Paris à la suite du premier tour de l'élection présidentielle française, on a pu apercevoir un M.Chat sur une pancarte sous-titrée « Je ris jaune » (diffusé dans les journaux télévisés de 20 h). Apparition des pancartes M.Chat dans les manifestations, récupération par les médias nationaux. Diffusion à Londres, Vienne, Genève...
Première série de photographie l'homme jaune.
2004 :
08 *Street Parade*, Zürich, SUISSE.
12 Avant-première *Chats perchés*, Piazza Pompidou. Numéro spécial *Libération*, Centre Pompidou/ARTE, Paris, FRANCE.
2005 :
06 Exposition, Peuple et Culture, Tulle, FRANCE.
07 Résidence Centre André Malraux de Sarajevo, BiH.
09 Tramway 120 ans GRAS, Sarajevo, BiH.
10 Shadow Festival, Amsterdam, PAYS-BAS.
2006 :
05 *Mayday* lors du TriBeCa Film Festival de New York, USA.
06 Résidence au Hong Kong Art Center, CHINE.
06 Réalisation du *Big Mao* à Macao, CHINE.
08 Ateliers mobile, Loisir Culture et Vacances, FRANCE.
09 Intervention Die Neue Galerie à Graz, AUTRICHE.
11 International Films Festival Frankfurt, ALLEMAGNE.
12 Exposition, Galerie Wall, Orléans, FRANCE.
2007 :
Commande politique culturelle « Le temps des Arts de la rue en Région Poitou-Charentes »
02-07 Ateliers avec les enfants de l'institution Serenne, Orléans.
09 Heyne Kunst Fabrik, Francfort, ALLEMAGNE.
09 Exposition Maison de France de Mayence, ALLEMAGNE.
6/10 METAZONE Nuit Blanche, Paris IVe, FRANCE.
11-12 Exposition urbaine pour les 10 ans de M.Chat, Orléans.
2008 :
01 Exposition Ping Pong : André, Invader. Galerie Artcour, Paris.
02 Performance Galerie Kunstraum, Séoul, CORÉE du SUD.
1/03 Performance Theater ZERO, Séoul, CORÉE du SUD.
3-1/06 Interventions Festival international de Hué, VIETNAM.
5-15/07 Exposition, Second Hôtel, Séoul, COREE du SUD.
20 M.Chat dans Séoul.
16-25/07 « Les jardins de Stolac » Centre André Malraux/Handicap International, Stolac/Sarajevo, BOSNIE HERZÉGOVINE.
1-3/08 CHAT CHAMPS de 100m^2, Airvault, Poitou-Charentes.
10 NO MESSAGE, Galerie HUT, Séoul, CORÉE du SUD.
11 PLATFORMSEOUL, Artsonje/Pompidou, CORÉE du SUD.
25/11 Tokyo, JAPON.
28/11 Vente aux enchères Artcurial Champs-Élysées, sculpture M.Chat en acier thermolaquée, 1,50 m.
15/12 4 x 21 Angoulême, Poitou-Charentes.
12 Exposition Green House, Séoul, CORÉE du SUD.
2009 :
01 São Paulo, BRÉSIL.
03 Saint-Louis Dakar, Centre culturel de Dakar, SÉNÉGAL.
06 Performances, Art Bejing/Culture France, CHINE.
27/06-11/07 Galerie Roy SFEIR, Paris, FRANCE.
08 Écritures, CAM de Sarajevo, BOSNIE HERZÉGOVINE.
17/09 exposition collective parainé J. Villéglé (Arsen/Mesnager/Psychoze/Popof/Quik/Seen), galerie Matigon Léadouze, Paris.
17/10 exposition galerie Pierre Cardin/Studio 55, Paris.
22/10 Festival SLICK (FIAC OFF) au 104, Paris, FRANCE.
11 exposition, L'Épicerie, Marseille, FRANCE.
11 No Man's Land Institut, Art Onion, Tokyo, JAPON.
12 exposition collective Alice stil Alice, Paris, FRANCE.
12 exposition, galerie Gil Bastide, Orléans, FRANCE.

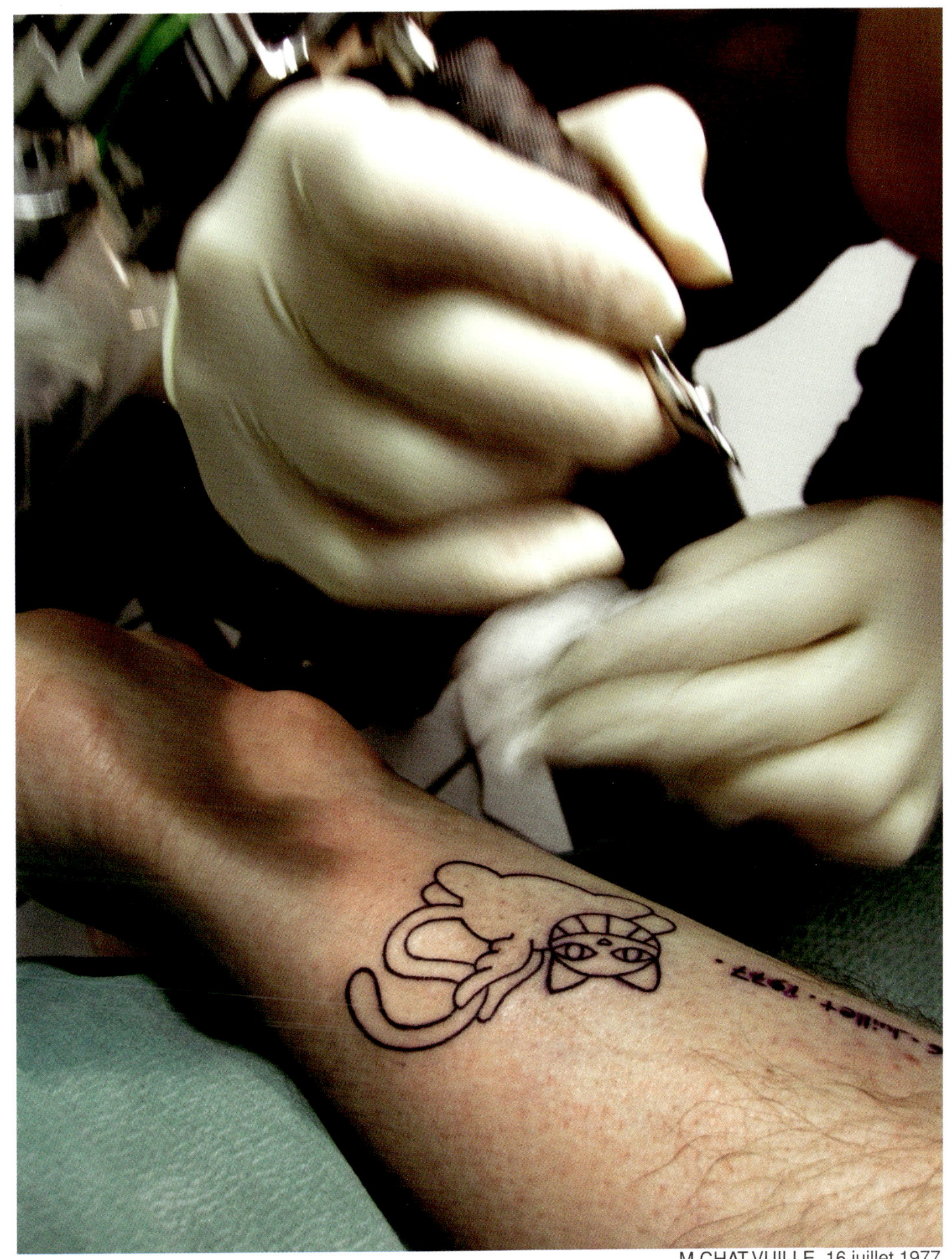

M.CHAT.VUILLE, 16 juillet 1977.

ATLAS MONDIAL

Amsterdam (Pays-Bas)
Waterfront of the Mauritskade (à côté de Tropenmuseum et Alexanderplein)
Blois
av. Jean-Moulin en allant vers la gare (à côté d'un garage vers les voies un mister chat volant)
Gare de Blois
Boisseaux
Sur une transformateur EDF au bord de la RN20. A proximité du lieu-dit La poste de Boisseaux
Bosnie-Herzégovine
A Sarajevo dans un passage entre la rue Mula Mustafe Baseskije et la place Trg fra grge martica)
Sarajevo avenue Tito
Sur la façade et sous le porche menant au Centre André Malraux (face au marché)
à côté de l'ambassade de Suisse
en face de l'ambasssade de France
en face du cinéma le Meeting Point
Sur un tramway à Sarajevo
Bourges
Au Propul'son (effacé)
A l'entrée de l'espace presse (effacé)
Dakar (Sénégal)
Institut français Léopold Sédar Senghor
Dans le village de N'gor
Francfort (Allemagne)
International Films Festival
Kaiser Platz
Goethe platz
Genève
Le long de la voie ferrée, vers la rue de Saint-Jean
Sur l'ancienne caserne des pompiers
Guidel-Plages (Morbihan)
Sur le blockhaus à l'embouchure de la Laïta (copie)
Ile-de-Ré
Saint-Clément-des-Baleines (plage de la Côte Sauvage)
Plage du Petit Bec (entre Saint-Clément et Les Portes)
Près du phare des Baleines (M Ubu Chat)
Rond-point à la Couarde-sur-Mer
La Rochelle
A la sortie de la gare (direction Poitiers)
Gare SNCF
Rue Saint-Nicolas (depuis les marches de la Guignette regarder l'immeuble d'en face, tout en haut, dans un renfoncement légèrement sur la gauche)
Macau (Chine)
50 x 30m sur la place du centre culturel
workshop dans toutes les écoles
Nantes
Cabine de rénovation église Saint-Nicolas
CHU
Cours des 50 Otages (effacé - M.Chat au balcon)
Dans les marches, rue de l'Heronnière
Rue des Trois-Croissants
Rue du Calvaire (M.Chat attend le bus)
rue du Chapeau-Rouge (M.Chat lit une carte)
Rue du Chapeau-Rouge
Rue du Moulin
Rue du Vieil Hôpital - rue de Bouffay (effacé)
New York (USA)
7th avenue, W27th street (à l'angle sud-est en face du Fashion Institute of Technology)
Au coin de la 6e Avenue et de la West 26
Au coin du Chelsea Park (au coin de la 10e Rue et de la 28e Avenue en regardant vers la 27e)
Union Square lors de la Mayday
Nogent-sur-Vermisson
Au lycée Legta de Chesnoy-les-Barres
Norwich (Angleterre)
Magdalen Street (M.Chat dans une télé)
Quay Side (M.Chat marche sur l'eau)
Saint Georges Street (M.Chat dans sa bouée)
Orléans
1 rue Charles Sanglier (3 x effacé)
15 boulevard de Verdun (église Saint-Paterne)
2 rue Pothier (à côté de l'ancienne bibliothèque de l'université de Droit)
26 boulevard Rocheplatte (dans un hélicoptère)
3 rue des Carmes (place De Gaulle)
32 quai du Chatelet (effacé. Avec une clef mécanique dans le dos. I can't stop.)
38 bis rue Notre-Dame-de-Recouvance (proche de la rue des Chats-Ferrés !)
4 avenue Dauphine (sur la droite après le pont)
4 rue Paul-Fourche (pensif à sa fenêtre)
5 boulevard Pierre-Segelle (arrêt Carré Saint-Vincent)
5 place Sainte-Croix
6 rue Isabelle-Romée
8 rue Ducerceau (au croisement rue de Bourgogne)
À l'intersection de la rue Royale et de la rue Hupeau (quasiment effacée)
Bords de Loire (à hauteur du 8 quai Barentin)
Boulevard Alexandre-Martin, près de la place Albert 1er. Le chat blanc imaculé où je me suis laissé interpeller
Boulevard Pierre-Segelle (carré Saint-Vincent)
Campo Santo (à côté de l'Institut d'arts visuels)
Institut Serenne (rue de la Hire)
Intersection de la rue de Bourgogne et de la rue des Pastoureaux (un des tous premiers...)
Jardin de la Vieille-Intendance (rue Alsace-Lorraine)
Place d'Arc (dans le hall d'entrée du centre commercial levez les yeux vers la verrière !)
Place de la République (effacé)
Place du Général de Gaulle, impossible de le louper
Place du Martroi, à bout de bras sous la neige...
Place Gambetta, peint à la gouache au pied de la médiathèque
Place Sainte-Croix
Pont Thinat (sous le pont, aux feux tricolores)
Rue Adolphe-Crespin
rue de l'Empereur (un des tous premiers)
Rue des Carmes (M.Chat dévalisant le coffre fort du Trésor public, effacé).
Rue des Huguenots (emplacement du tout premier M.Chat)
Rue du Dévidet
Rue du faubourg Bannier (M.Chat dans un avion)
Rue Parisie
Chat de gouttière galerie Wall rue d'Escures (effacé)
Voiture vue dans le quartier Dunois
Ouzbekistan
M.Chat voyage sur tissus pliable
Paris
Par ci par là dans sur les affiches bornes des couloirs du métropolitain
Ier
Quai du Louvre (dans le creux d'un arbre, rive droite)
Quai de l'Horloge
Quai des Orfèvres
Rue H.-Robert (place Dauphine)
Rue Rambuteau (visibles depuis la terrasse du Père Tranquille)
et autour du Centre Pompidou (dont deux au chaud derrière des bureaux)
IIe
111 boulevard de Sebastopol (intersection avec la rue Réaumur)
IIIe
243 rue Saint-Martin (intersection avec la rue Réaumur)
51, rue Réaumur (à l'Intersection de la rue Saint-Martin)
93 rue Beaubourg
Boulevard de Sebastopol
Rue Réaumur
Rue Volta (intersection avec la rue Réaumur)
IVe
Boulevard de Sebastopol
Dans le métro, ligne 1, entre les stations Saint-Paul et Hôtel-de-Ville (trois côté gauche quand on va vers Hôtel-de-Ville, deux côté gauche quand on va vers Saint-Paul (cinq en tout))
Tout autour de la place Georges-Pompidou
Sur la Piazza (Le Plus Gros M.Chat du Monde)
Place Stravinski (place de la Fontaine-aux-Automates, rue Brisemiche.)
Pont de Sully et boulevard Henry IV (des messieurs

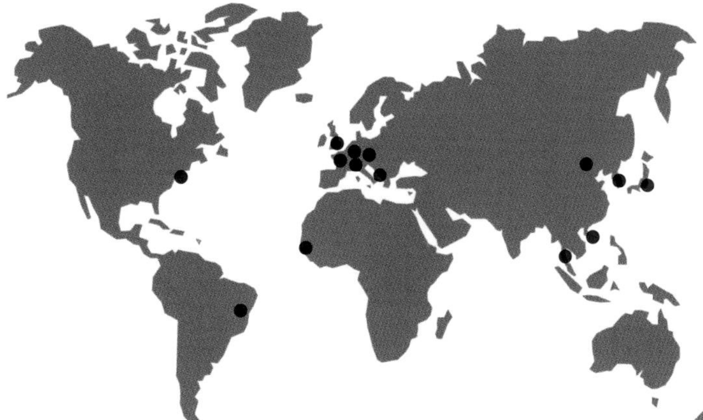

Chats éphémères ! C'était pendant la manifestation contre la guerre en Irak. Sur la banderole : "Faites des chats, pas la guerre !")
Rue de Rivoli (bien visible de la place Baudoyer)
Rue du Renard (mur au-dessus de la maternelle)
V^e^
Place Saint-Michel (tout en haut au-desus de la fontaine)
VIe
126-128 rue de Rennes (trois chats dont un perché)
14 rue Bonaparte (Ecole des beaux-arts dans un cadre avec des fleurs)
85 boulevard Raspail (éphémère...)
Galerie du Fleuve, rue de Seine (exposition 2009)
Quai Voltaire (trois en face du pont du Carrousel)e
X
112 boulevard de Magenta (à l'Intersection des boulevards de Rochechouart, la Chapelle et Magenta)
133, rue du Faubourg-du-Temple (direction de Belleville)
5 rue Alexandre-Parodi (depuis le canal Saint-Martin)
95 rue du Faubourg-du-Temple en allant à Belleville
Boulevard la Chapelle (côté Xe)
Canal Saint-Martin (sur le pont tournant à côté de l'Hôtel du Nord (effacé)
Station la Chapelle
XIe
29 rue de Rampon (au niveau du Grand Prieuré)
57 rue du Faubourg-Saint-Antoine ("zzz")
Intersection rue Jules-Ferry et rue de la République
Place de la République (sur la statue et dans la manifestation du 1er mai 2008)
Rue de l'Orillon (sur le terrain de sport devenu un gymnase)
XIIe
22 et 34 avenue Daumesnil
XIIIe
Sur le grand hangard de la Sernam, en face de la bibliothèque François-Mitterrand
Mur du quai 21 de la Gare-d'Austerlitz
Au marqueur sur des affiches dans la gare RER C
Trouvé un Monsieur Chat esquissé sur carton, abandonné devant le commissariat de la BNF !
XVe
"Tour de contrôle", tout au bout du quai 1, à l'intérieur et à l'extérieur la gare Montparnasse (effacé)
rue de Rennes sur une porte
XVIIe
277 boulevard Pereire
XVIIIe
10 rue Drevet
Face à la mairie, rue du Mont-Cenis
Boulevard de la Chapelle
Boulevard Ornano
A l'intersection des rues Livingstone et Charles-Nodier, sur le toit du marché Saint-Pierre
Sur la voie ferrée, rue de Jessaint
Au square Serpollet, rue des Cloÿs
Rue du Roi-d'Alger et du boulevard Ornano.
Rue Foyatier (effacé)
Effacé, au dessus d'une cabine téléphonique rue Francoeur
Rue Letort (square Sainte-Hélène.)
A la fenêtre rue Norvins et impasse du Tertre
XIXe
Au coin de la rue de la Fontaine au Roi en direction du métro Belleville.
Rennes
Sur la voie ferrée à l'entrée de la gare
Recife
Nordeste, État de Pernambuco (local de répétition dans le centre socio-culturel Usina)
Saint-Etienne
Rue du 11 Novembre
Sur des marches menant à un parking et haut d'une intersection dans une rue piétonne.
Dans un batiment désaffecté en plein centre ville
Saint-Louis (Sénégal)
Sur le mur de l'association la Liane.
À la craie dans les rues
Sao Paulo (Brésil)
Dans la cour du musée de l'Image et du Son
997 rue João Moura
Séoul (Corée du Sud)
Dans l'agence de Kim Hyun Chul
Autour du Lock Museum, quartier Dongsung-dong
Autour d'Artsunje, quartier de So keuk-dong.
Un peu au hasard des intersections d'une carte indéchiffrable.
Sur un bout de papier accroché à un arbre centenaire
Shrewsbury (Angleterre)
18 Canonbury street dans Kingsland, fait par E. Mauvais et son frère
Tokyo (Japon)
Bar La Jetée"Golden-Gai, dans le quartier de Kabukichö 1 - 1, à côté du temple d'Hanazono-jinja, métro Shinjuku Station ou Shinjuku-Sanchome
Sur la brasserie de l'Institut à Lidabashi
Sur la maison d'un architecte à Roppongi
dans le hall de la galerie Art Onion
Tours
Sur les marches en face de la Loire
Sur le mollet de Mlle Gatet
20 rue du Président-Merville en haut d'une tour
23 rue du Commerce, fait sécher son linge
De passage dans une manifestation étudiante
Vitry-sur-Seine
Angle avenue Jean-Jaurès /avenue Paul-Vaillant-Couturier
Vancouver (Canada)
Sur un container à l'University of British Columbia
Zürich (Suisse)
En pancarte lors de la Street Parade 2004

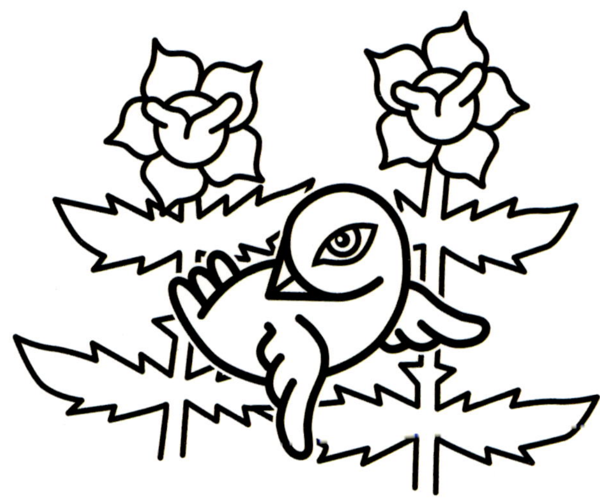

Ré-enchanter les villes

Le premier chat apparut un jour au cœur d'Orléans, rue des Huguenots exactement. D'autres, peu à peu, surgirent sous les toits en d'improbables espaces dont l'accès supposait une virtuosité d'acrobate. De bonnes âmes s'insurgèrent. Cela déparait l'ordonnancement grisâtre de nos murs (pourquoi faut-il que nos villes soient grises ?). D'autres y virent un caprice d'adolescent. Ils avaient tort. Ce que Thoma Vuille inaugurait, c'était une manière de ré-enchanter la ville. C'est une idée qui va loin, qui consiste à inscrire subrepticement la poésie là où on l'attend le moins, à se moquer des murs sans âme et des toits sans cœur. Ces chats étaient jaunes. J'ai souvent remarqué, à Orléans même, que toute apparition de la couleur – une œuvre d'art bleu ciel par exemple – suscitait de vives réactions car elle rompait avec l'ordre immémorial en vertu duquel nos villes sont grises, ou blanches ou de couleur crème lorsque le mur est neuf ou que le ravalement est passé par là. C'est un conservatisme qui est inscrit dans les esprits et dans les yeux. Le chat subvertit des siècles de grisaille. Il dévisage d'un air ingénu nos villes sans urbanité. Il nous dit : et si vous vous défaisiez de votre sempiternel attachement aux villes grisâtres ? Il se faufile dans tous les continents. Avec lui, les villes du monde se répondent. Elles recèlent désormais ce clignotant qui est un clin d'œil d'humanité. Il nous dit encore, ce chat : n'acceptez jamais que le réel ne soit que ce qu'il est ; réinventez vos villes dans une ferveur toujours renouvelée !
Merci Thoma Vuille.

Jean-Pierre Sueur,
Sénateur, ancien maire d'Orléans.

CRÉDITS PHOTOGRAPHIQUES : © Photos Collectif CHAT
M. KIM Hyun-Chul, p. 21, l'Homme jaune, p. 106, p. 129 © 2002
M. MARKER Chris, captures vidéo, pp. 31-32 *Chats Perchés* © 2004
M. TARDIF Raphaël, piazza Pompidou, p. 35 © 2004 / M. PLANCHET Jean-Claude / CENTRE POMPIDOU, pp. 36-37 © 2004
M. CAMUS Thibaud, gymnase rue d'Orillon, p. 76 © 2006
M. DIEU Benjamin, M.CHAT X ANS, pp. 97-98 © 2007 / p. 99, ARTCURIAL © 2008
M. LAVAL Sébastien, Vietnam pp. 103-104, Chat Champs p. 84 © 2008
M. LOPEZ Felipe GALERIA CHOQUE CULTURAL, p. 117 © 2008
MM. DROUIN Cyril et BONAN Philippe, toile commune Villéglé, p. 130 © 2009
Mlle TRAON Louise, captures vidéo, pp. 82, 108, 110-112, 124-125 © 2009

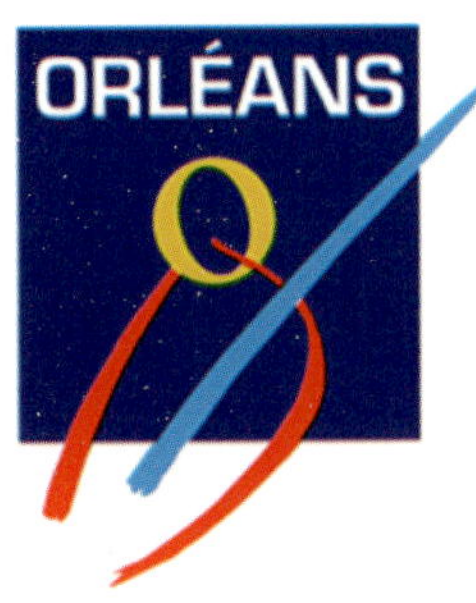

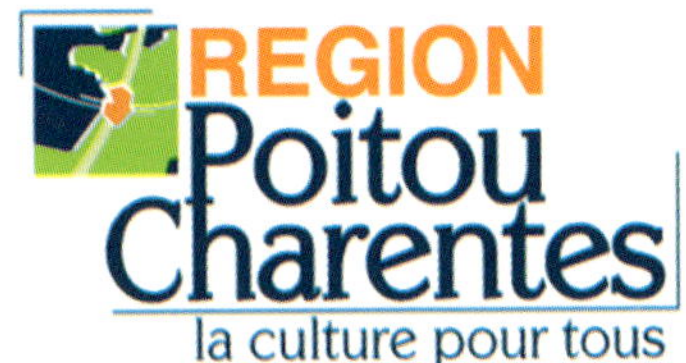

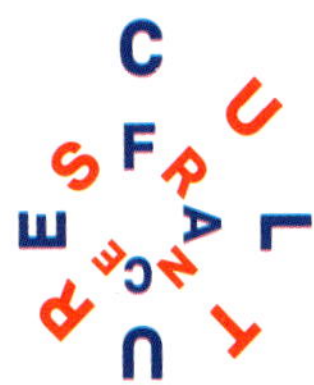

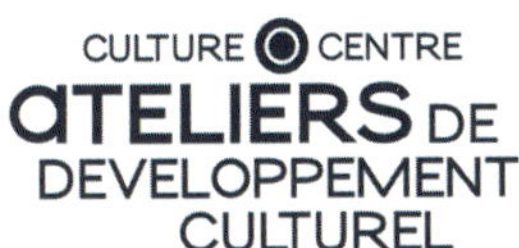

Avant-première *Chats perchés*, de Chris Marker
Les Films du Jeudi, Laurence Braunberger
ARTE France
Libération

Centre Georges Pompidou, FRANCE
Hong Kong Art Center, Connie Lam, CHINE
Centre culturel de Macao, CHINE
Centre André Malraux de Sarajevo, BiH

Le temps des Arts de la rue en Région Poitou-Charentes
Lycée L. Delage et J. Monnet, Cognac
Lycée Branly, Chatellerault
Lycée de l'Image et du Son, Angoulème
Centre socio-culturel de l'Airvaudais
DRAC Poitou

Francfort, ALLEMAGNE.
Festival international de films de Francfort
Heyne Kunst Fabrik

M.CHAT X ANS à Orléans
La Ville d'Orléans
la Région Centre et le Conseil général
Musée des beaux-arts d'Orléans
Médiathéque et bibliothéque d'Orléans
Musée d'Histoire naturel d'Orléans
Institution Serenne
Office de Tourisme

Cinéma des Carmes
Galerie Le Garage
Galerie L'Escalier
Le 108
Les ateliers Oulan Bator
L'Atelier
VENENUM

PLATFORMSEOUL, CORÉE DU SUD
Centre Artsonje / SAMUSO, Kim Sunjung
Centre Pompidou
Ambassade de France à Séoul
AirDesign, TTOMA, Minister KHC
Lock Museum
Flying Vélo, M. LEE
Second Hôtel
RONIN

Legitime / illégitime, São Paulo, BRÉSIL.
Ambassade de France à Sao Paulo
Musée de l'Image et du Son
Galerie Choque Cultural

SÉNÉGAL.
Dakar, Centre culturel Léopold Sédar Senghor
Le village et l'école de N'Gor
Centre culturel de Saint-Louis
Association La Liane
Association Ping Pong

Art Bejing,CHINE
Ministère de la Culture
Culture France
Ambassade de France à Pékin
Le festival Croisement
Zebra Festival

No Man's Land, Tokyo, JAPON,
Ambassade de France à Tokyo
L'Institut français de Tokyo
Art Onion, Hirano Tsuyoshi

Galerie Gil Bastide, Orléans
Galerie Roy Sfeir, Paris
Galerie Matigon Léadouze, Paris
Studio 55, Paris

Association :
Collectif CHAT, Orléans
Le Club des Amis du Chat, Saint-Médard
L'Epicerie, Marseille,
Dizzidence artistique, Bagnolet
Kolkoz 37, Montreuil
Loisir culture et vacances, Tours
TREMA, Nîmes
Peuple et Culture, Tulle

M. SAINT-JOURS Olivier
L'équipe des éditions Alternatives,
et tout particulièrement Gérard Aimé

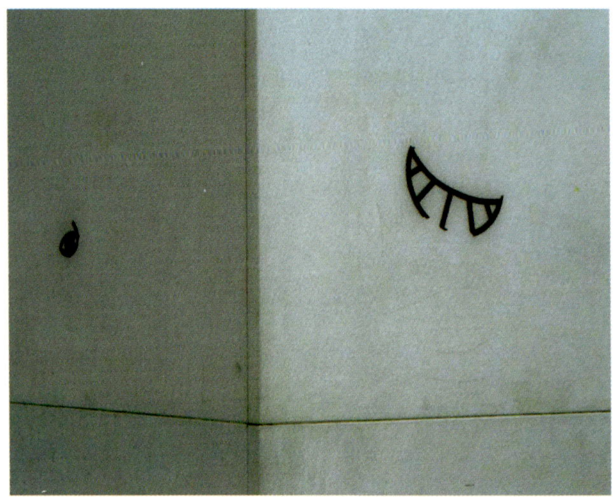

« Très bien, dit le chat ; et en même temps il se mit à disparaître très lentement, en commençant par le bout de la queue et en terminant par son sourire, qui demeurera un certain temps après que le reste eut disparu.
Bon, j'ai vu souvent un chat sans sourire, pensa Alice ; mais un sourire sans chat ! C'est la chose la plus curieuse que j'ai jamais vue de toute ma vie ! »

Lewis Carroll

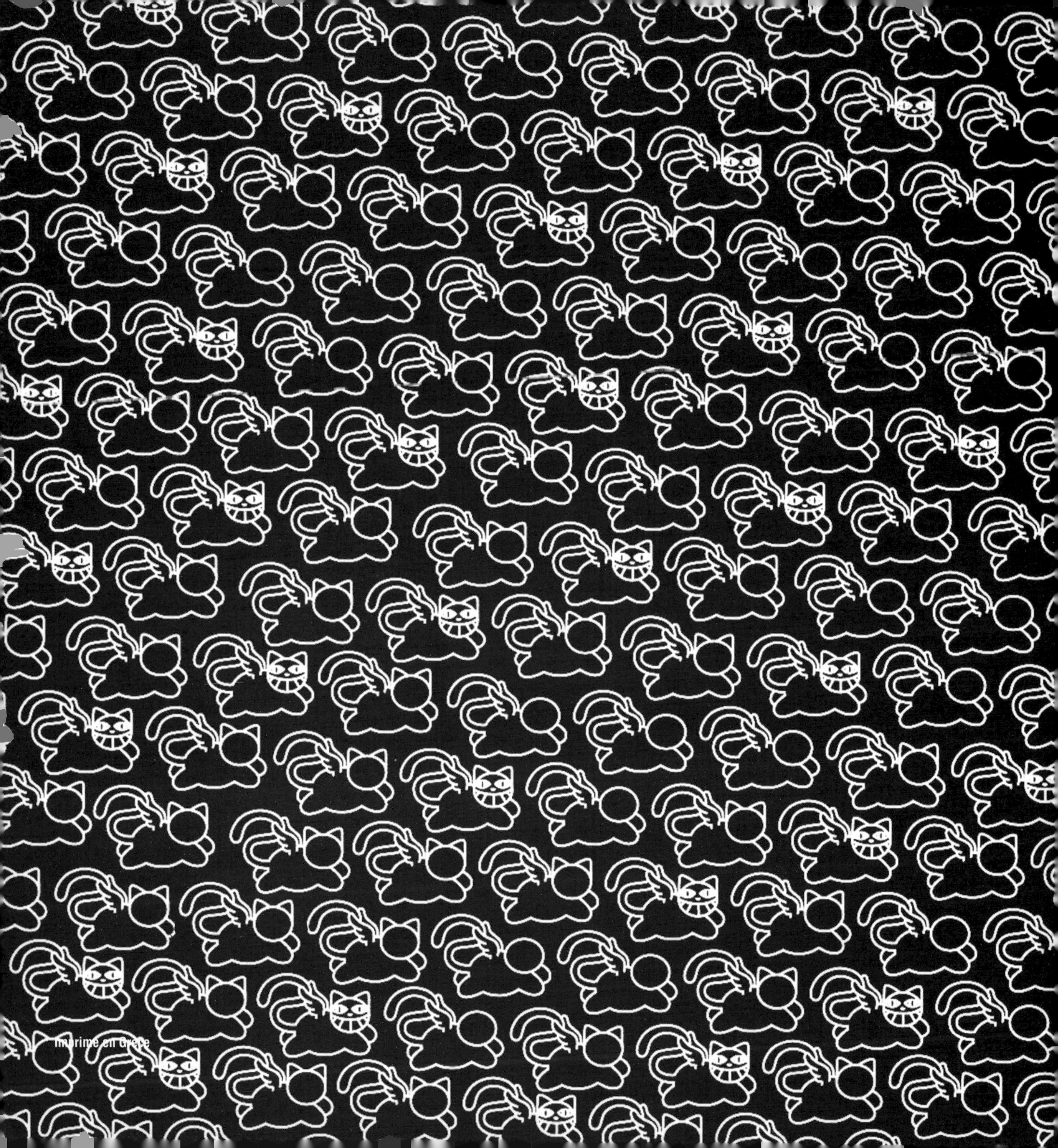

Imprimé en Grèce

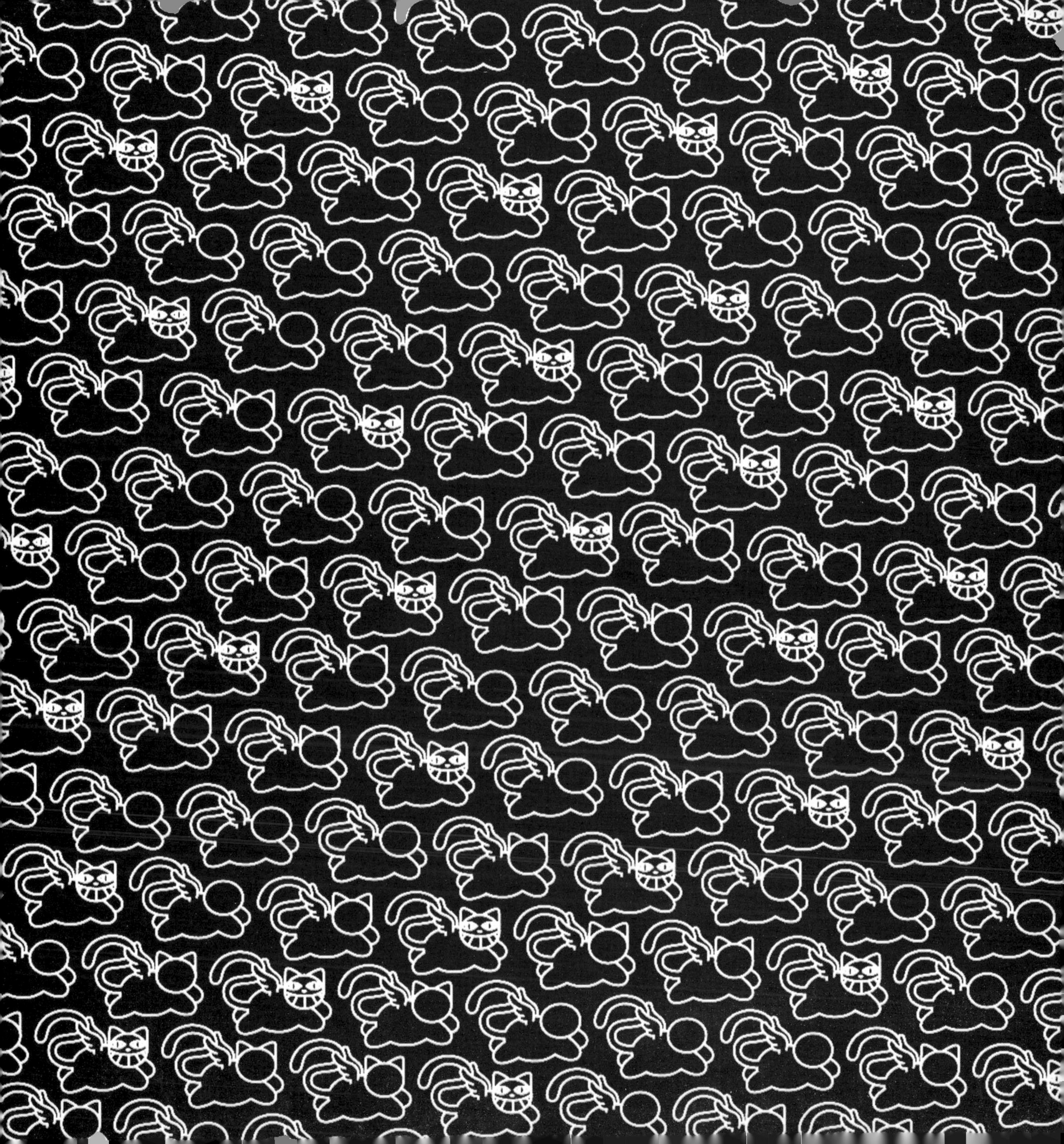

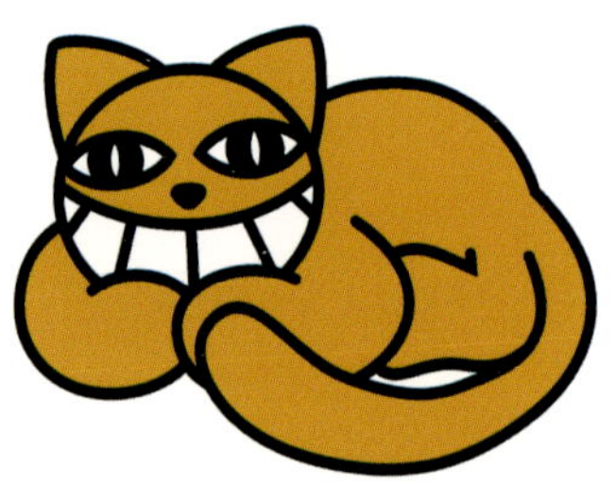

Numéro d'éditeur : 177185

Conception graphique et maquette : Thoma Vuille
Relecture : Joyce Weil, Camille Mansour
Photogravure : EG Graphique, Ivry-sur-Seine
Impression / façonnage : GR Presse, Athènes
Achevé d'imprimer en avril 2010
IMPRIMÉ EN GRÈCE, UNION EUROPÉENNE